데이터를 정보

데이터마이닝

데이터를 정보로, 정보를 지식으로 변환

데이터마이닝

Dursun Delen 지음 ▪ **허선, 신동민** 옮김

Σ시그마프레스

데이터마이닝 : 데이터를 정보로, 정보를 지식으로 변환

발행일 | 2016년 8월 22일 1쇄 발행

저자 | Dursun Delen
역자 | 허선, 신동민
발행인 | 강학경
발행처 | (주)시그마프레스
디자인 | 송현주
편집 | 한복임

등록번호 | 제10−2642호
주소 | 서울특별시 영등포구 양평로 22길 21 선유도코오롱디지털타워 A401~403호
전자우편 | sigma@spress.co.kr
홈페이지 | http://www.sigmapress.co.kr
전화 | (02)323−4845, (02)2062−5184~8
팩스 | (02)323−4197
ISBN | 978−89−6866−787−9

Real-World Data Mining

Authorized translation from the English language edition, entitled REAL-WORLD DATA MINING: APPLIED BUSINESS ANALYTICS AND DECISION MAKING, 1st Edition, 9780133551075 by DELEN, DURSUN, published by Pearson Education, Inc, publishing as Pearson FT Press, Copyright ⓒ 2015 by Dursun Delen.

* 책값은 뒤표지에 있습니다.
* 이 도서의 국립중앙도서관 출판예정도서목록(CIP)은 서지정보유통지원시스템 홈페이지(http://seoji.nl.go.kr)와 국가자료공동목록시스템(http://www.nl.go.kr/kolisnet)에서 이용하실 수 있습니다.(CIP제어번호 : CIP2016018907)

역자 서문

이제 '데이터마이닝'이나 '애널리틱스'라는 단어는 누구나 한 번쯤은 들어 봤을 정도로 관심이 뜨겁다. 데이터를 수집하여 분석함으로써 비즈니스 운영에 필요한 의사결정을 내리는 효용성과 필요성이 입증되었기 때문이다. 지난 수년 동안 컴퓨터 기술이 비약적으로 발전하여 처리 속도와 메모리에 대한 한계가 극복되고 있고, RFID 등 데이터 수집에 필요한 기술적 기반이 갖추어지고 있어 데이터마이닝과 애널리틱스는 최근 비즈니스에서 필수적인 기술로 자리잡고 있다.

이렇듯 데이터마이닝과 애널리틱스라는 개념이 일반화되었음에도 불구하고, 이에 대한 폭넓은 이해와 활용할 수 있는 기법을 습득하는 것이 생각 만큼 쉬운 것은 아니다. 복잡한 수학적 이론이나 모형, 전문적인 컴퓨터 구현 등과 관련된 전문서적은 실용적 측면에서 데이터마이닝과 애널리틱스를 이해하려고 하는 대상들에게는 생소하고, 오히려 관심을 저해하기도 한다. 데이터 안에 숨겨진 패턴들과 상관관계들을 어떻게 파악하는지, 그 작동원리는 무엇인지, 또한 이러한 기술들을 어떻게 비즈니스에 활용할 수 있는지에 대한 절차들과 기법들을 쉽게 이해할 수 있고 실용적으로 설명할 수 있는 매체가 필요하다.

이런 점에서 더선 델렌(Dursun Delen) 교수는 이 책을 통해 데이터마이닝과 애널리틱스에 대한 개념과 데이터마이닝 기법을 이해하기 쉽게 소개하고 있다. 이 책에서는 데이터마이닝 기법을 적용하기 위해 필요한 데이터 준비에 관한 설명과 다양한 적용 절차 등을 체계적으로 설명한다.

또한 데이터마이닝 기법 중 대표적인 기법들을 비전문가들도 이해할 수 있도록 복잡한 수학적 표현을 절제하고 실제 예시들을 들어 나열하여, 각 기법에 대한 관심을 유도하였다. 최근 웹문서와 소셜 네트워크의 확산으로 우리의 실생활에 적용할 수 있는 텍스트마이닝에 대한 소개도 포함하였다. 마지막으로 방대한 양의 데이터에 대한 분석이 가능해진 현 시대의 흐름에 발맞추어 빅데이터 애널리틱스에 대한 설명도 추가하였다. 무엇보다도 각 장의 마지막에는 실제 데이터마이닝 적용 사례들을 제시함으로써 각 장의 내용에 대한 실질적 이해와 관심을 높일 수 있도록 하였다.

비즈니스 애널리틱스와 데이터마이닝 분야에 대한 전문적 식견과 축적된 실무적 경험을 갖춘 델렌 교수의 이번 책을 통해 비전문가들이 데이터마이닝에 대해 체계적이고 현실적인 이해를 할 수 있도록 이 책을 한글로 번역하게 되었다. 대학교 공학 계열 학부 과정의 학생들이나 경영, 경제, 사회학을 포함한 인문 계열의 학부생, 대학원생 그리고 기업에서 데이터 분석 관련 현업을 담당하는 실무자를 독자로 고려하여 한글화 번역 작업을 진행하였다.

이 번역서에 대한 몇 가지 특징을 나열하면 다음과 같다.

- 이 책의 이해를 위해서 별도의 수학적 이론에 대한 사전 지식이 필요하지 않도록 하였다.
- 영어 문장의 번역 과정에서 원서의 의도에 벗어나지 않는 범위에서 최대한 그 내용을 이해하기 쉽게 전달할 수 있도록 문맥과 상황에 맞게 번역하였다.
- 외래어와 외국어의 구분이 모호할 경우 가급적 한글로 만들어 가독성을 높이고자 하였다. 꼭 필요하다고 생각되는 영문 용어만 남겨두었다.

아무쪼록 이 번역서가 신속하고 정확한 의사결정을 필요로 하는 글로

벌 비즈니스 환경에 대처하고, 급속하게 발전하고 있는 정보기술과 데이터 과학의 장점을 활용할 수 있는 데이터마이닝 분야에 대한 흥미로운 안내서가 되기를 바란다. 이 번역서를 통해 IT 강국이라는 자부심에 걸맞게 실질적이고 효과적인 데이터마이닝과 애널리틱스 기법을 활용할 수 있는 기본 원리와 실무적 감각을 습득할 수 있는 기회가 제공되기를 기대한다. 이 책의 번역 마무리 과정에서 한양대학교 대학원 산업경영공학과의 안길승 군과 주태종 군이 수고를 많이 해주었다.

   이 책이 나오기까지 출판에 지원을 아끼지 않은 (주)시그마프레스 관계자들에게 감사드린다.

2016년 8월

허선, 신동민

저자 서문

더선 델렌(Dursun Delen) 박사는 애널리틱스, 데이터마이닝 그리고 '빅데이터'가 무엇인지를 알고 싶어 하는 사람들을 위해서 탁월한 학습도구를 효과적으로 설명해주는 간결하고도 내용이 충실한 책을 써 왔다. 비즈니스 환경이 점점 더 복잡하고 글로벌화하면서 의사결정자들은 가장 좋은 가용한 증거들을 바탕으로 보다 빠르고 정확하게 움직여야 한다. 이러한 일에 현대의 데이터마이닝과 애널리틱스가 필수불가결하다. 이 참고서는 독자—학생들과 전문가들—에게 숨겨진 패턴들과 상관관계들을 찾아내기 위해 데이터마이닝과 애널리틱스를 사용하는 방법을 보여주며, 이로써 의사결정을 개선하는 데에 어떻게 활용할 것인가를 설명한다.

저자는 적당한 분량의 개념, 기법, 사례 등을 제공하여 독자로 하여금 데이터마이닝 기술들이 어떻게 작동하는가를 이해하도록 돕는다. 다루는 범위는 데이터마이닝 과정들, 방법들 그리고 기법들과 데이터의 역할, 관리와 도구와 척도들 및 텍스트, 웹마이닝과 감성분석 그리고 최첨단의 빅데이터 접근법과의 통합 등이며 다음과 같다.

제1장에서 저자가 그림 1.2에 보는 바와 같이 제2차 세계대전부터 현재에 이르기까지 애널리틱스의 뿌리를 추적하고 있는 것은 인정받을 만하다. 즉, 독자들을 1970년대 의사결정지원 시스템으로부터 1980년대 기업·최고경영자 IS 시스템 그리고 1990년대와 2000년대 초 우리 모두 들어 봤던 비즈니스 인텔리전스(BI), 마지막으로 오늘날 애널리틱스의 일상적 활용(2000

년대)과 빅데이터(2010년대)로 이끌고 있다. 이 모두가 제1장에 있는데, 이 책의 나머지 부분에 무엇이 올 것인가를 예고하고 있다.

제2장은 데이터마이닝에 대하여 매우 이해하기 쉽게 설명하고 또 훌륭한 분류법을 제시하고 있다. 이 장에서 저자는 데이터마이닝을 몇 가지 다른 관련 용어들과 구분하면서, 이것이 진정으로 뜻하는 바는 지식의 발견이라고 주장하고 있다. 많은 사람들이 데이터마이닝을 그 자체로 새로운 원리라고 생각하고 있는 반면에, 저자는 참신하게도 여러 원리들의 중심에 자리잡은 문제해결 및 의사결정 철학이라고 주장하고 있다. 이 장에서는 일반인들을 위해 많은 실제 사례, 직관적인 그래픽 그리고 현실적인 토론 등으로 데이터마이닝의 신비로움을 드러낸다. 내 생각에는 이것이 보다 폭넓은 독자들에게 데이터마이닝과 같이 겉보기에 복잡하고 매우 기술적인 주제를 묘사하는 탁월한 방법이라고 생각한다.

제3장에서 델렌 박사는 어떤 독자라도 이해할 수 있게 표준화된 데이터마이닝 과정에 대한 다양한 접근방법들을 제공한다. 이 장에서 첫 번째로 설명하는 표준화된 과정은 KDD(데이터베이스에서 지식 발견)인데, 이 분야의 초기 개척자인 우사마 파야드(Usama Fayyad)에 의해 개발된 것이다. 델렌 박사는 KDD 데이터마이닝 과정의 흐름을 예시하는 다이어그램(그림 3.1)으로 KDD를 멋지게 설명하고 있다. 게다가 여러 그룹들과 개인들이 제안한 다른 데이터마이닝 '스키마'들을 검토함으로써 이 분야에서 기본적인 사고 전개에 대해 보여주고 있다. 이들 스키마의 유용성을 예시하기 위해 이 장의 마지막 부분에 '새로운 지식을 위한 암 데이터의 마이닝'이라는 데이터마이닝 사례연구를 제시한다.

제4장은 데이터마이닝에서 사용하는 데이터의 형태를 고려하였는데, 계속 늘어나고 있는 텍스트 데이터(즉, 아마도 오늘날의 세계에서 가용한 데이터의 90%를 차지하는 비정형 비수치형 데이터)를 포함한다. 데이터 준비는 데이터마이닝에서 가장 중요한 부분이다. 데이터는 유용한 모

형을 만들기 위해 정제해야 하고 좋아야 한다('쓰레기가 입력되면 쓰레기가 나온다'). 그래서 데이터 준비 단계가 데이터마이닝에 관련된 시간의 90% 정도를 차지할 정도이다. 델렌 박사는 훈련 및 시험 데이터 집합을 만드는 것을 포함하여 데이터를 샅샅이 들여다보고, 이를 정제하여 데이터 애널리틱스를 위한 준비를 하고 그림 4.6에서 k-중 교차검증을 학습자가 아주 편리하도록 도표화하였다.

제5장에서 델렌 박사는 비전문가들도 이해할 수 있도록 가장 많이 쓰이는 데이터마이닝 알고리즘들을 설명한다. 이 가운데 신경망과 SVM(지지벡터기계)은 이 복잡한 수학적인 과정들을 독자들이 정말로 이해할 수 있도록 돕는 예시들로 자세히 설명한다. 델렌 박사는 직접 예시들을 만들었는데 이것들이 이 책의 가치를 높이고 있다.

텍스트마이닝(텍스트 애널리틱스)은 제6장에서 자세히 설명하고 있는데, 델렌은 우리가 2012년 발간한 책인 *Practical Data Mining*[집필주간(개리 마이너), Miner, G.D.; Delen, D.; Elder, J.; Fast, A.; Hill, T.; Nisbet, B. Elsevier/Academic Press: 2012]에서 그가 처음으로 만들었던 다이어그램으로부터 출발하고 있다. 델렌은 1,100쪽에 이르는 이 큰 책을 단 하나의 장에 정리해 넣었고 그 모든 것을 다 설명하였다. ─ 한 마디로, 처음 배우는 사람들에게 매우 유익하다.

마지막 장인 제7장에서 델렌은 애널리틱스 분야에 새로이 떠오르는 단어인 빅데이터 애널리틱스를 소개한다. 빅데이터는 뉴스에서 거의 매일 듣는다. 무슨 뜻인가? 사람마다 서로 다른 뜻을 이야기한다. 하지만 이 데이터마이닝 분야에서 15년 이상 몸담아 온 내가 말할 수 있는 것은, 나는 항상 빅데이터를 다루어 왔다는 점이다. 데이터 저장공간의 비용이 계속 감소하고 클라우드 저장소의 가용성에 더해 보다 빠르고 더 빠른 컴퓨터가 등장함으로써 아주 작은 노트북도 데이터 분석에 있어서 분산처리와 멀티스레딩(multi-threading)을 할 수 있다. 아주 작은 태블릿조차 수

십 년 전 에어컨이 있는 한 방 가득 모아놓은 메인프레임 서버들보다도 강력하다는 의미이다. 오늘날에는 심지어 스마트폰에서 여러 서버들과 클라우드 저장소를 움직일 수도 있다. 데이터는 점점 더 커지고 그것을 처리하기 위한 실제 기계는 점점 더 작아지고 있다.

하지만 빅데이터는 적어도 내가 볼 때에는 대부분 잘못 이해되고 있다. 많은 사람들이 데이터마이닝은 빅데이터가 필요하다고 생각한다. 나는 병원 레지던트들과 10년간 일해왔는데, 그들은 1년짜리 연구 프로젝트에서 수많은 변수들을 보고 싶어 하지만 대개 제한된 시간 동안 그렇게 많은 변수들로부터 필요로 하는 사례들의 극히 일부만을 얻는다. 전통적인 통계학은 별 볼일 없는 데이터 집합에 대해서는 거의 소용이 없다. 하지만 현대의 데이터마이닝 방법인 기계학습을 사용하여 아주 작은 데이터 집합으로부터도 유용한 가설들을 만들어냄으로써 기존의 p-값을 사용하는 피셔(Fisher) 방식의 통계량만으로는 얻기가 불가능했던 지식들을 찾아낼 수 있다. 전통적 통계학은 20세기의 파격이었다. 1900년대 이전에는 데이터 분석에서 베이지안 통계학이 수 세기 동안 주류를 이루어 왔다. 2000년대 들어서 SVM, 신경망 등을 포함하여 새로운 현대식 버전의 베이지안 통계학의 시대가 왔고 21세기에 들어서는 다시 베이지안의 시대로 되돌아 왔다. 불행히도 '전통적인 통계학으로 훈련받은' 간부들이 이를 따라가기에는 좀 시간이 걸리겠지만…. 하지만 최첨단은 베이지안, 데이터마이닝 그리고 빅데이터와 함께 있다. 데이터마이닝에 대해 배우고 이에 대한 기술적 이해를 높이고 싶은 사람이라면 이 책을 읽어야 한다. 다 읽고 나면 이 분야를 잘 이해하게 될 것이다!

개리 D. 마이너, Ph. D.

두 권의 최고의 책(PROSE) 상을 수상한 애널리틱스 책의 저자

선임 애널리스트, 헬스케어 응용 분야 전문가

델, 정보 경영 그룹, 델 소프트웨어

차례

제6장   # 텍스트 애널리틱스와 감성분석   183

제7장   # 빅데이터 애널리틱스   229

애널리틱스란?

비즈니스 애널리틱스는 비즈니스 분야에서 다른 어떤 용어보다도 새롭게 각광받고 있다. 쉽게 설명하자면, 애널리틱스는 다양한 데이터와 전문지식을 대상으로 정교한 수리적 모형을 사용하여, 명료하고 시의적절한 의사결정을 내릴 수 있도록 지원하는 것을 목적으로 하는 기술이자 과학이다. 어떤 면에서 애널리틱스는 의사결정과 문제해결에 관한 모든 것이라고 할 수 있다. 최근 들어 애널리틱스는 "데이터 내에서 유의미한 패턴을 발견하는 방법"이라고 정의되기도 한다. 요즘처럼 방대한 데이터 시대에서 애널리틱스는 많은 양과 다양한 데이터들을 대상으로 사용되는 추세에 있다. 애널리틱스가 데이터 중심이라 할지라도, 많은 수의 애널리틱스 애플리케이션들은 아직도 매우 제한적인 데이터를 사용하거나 혹은 데이터 없이 수행되고 있기도 하다. 많은 애널리틱스 프로젝트들은 데이터 처리에 대한 설명과 전문지식에 의존하는 최적화나 시뮬레이션과 같은 수리적 모형을 이용한다.

비즈니스 애널리틱스는 복잡한 비즈니스 관련 문제를 해결하기 위한 도구들, 기술들 그리고 애널리틱스의 원칙들을 포함하는 애플리케이션이다. 기업들은 흔히 그들의 비즈니스 성능을 서술, 예측 혹은 향상시키기 위해 비즈니스 데이터들에 대해 애널리틱스를 적용한다. 그들은 다음과 같은 여러 목적과 방법들을 통해 애널리틱스를 사용해 왔다.

- 고객들[고객관계관리(CRM)의 모든 단계들(정보습득, 유지, 강화)을 포함하는], 직원들 그리고 그 밖의 이해관계자들과의 관계 개선을 위하여,
- 사기성 거래들과 비정상적인 행위를 감별하고 이를 통해 궁극적으로 비용절감을 하기 위하여,
- 고객만족도와 수익성의 개선을 이끄는 제품 및 서비스 특징들을 파악하고 가격책정을 향상시키기 위하여,
- 적절한 메시지와 최소비용의 홍보를 통해 더 많은 고객들에게 접근하는 방식의 마케팅 및 광고 캠페인을 최적화하기 위하여,
- 최적화 기법과 시뮬레이션 모델링 기법을 이용하여 언제 어디서든 최적의 재고를 운용하거나 자원을 할당하는 방식으로 운영비를 최소화하기 위하여,
- 직원들이 고객들과 직간접적으로 연계되어 업무를 수행할 때 더 빠르고 더 나은 의사결정을 내릴 수 있도록 적절한 정보와 통찰력을 제공하기 위하여.

애널리틱스란 용어는 아마도 유행어처럼 최근 들어 급속히 증가하는 인기로 인해 인텔리전스, 마이닝, 발견 등과 같은 기존의 여러 용어들을 대체해서 사용되고 있는 형국이다. 예를 들어, 비즈니스 인텔리전스는 이제 비즈니스 애널리틱스란 이름으로, 고객 인텔리전스는 고객 애널리틱스로, 웹 마이닝은 웹 애널리틱스로, 지식발견은 데이터 애널리틱스라는 새 이름으로 불리고 있는 중이다. 현재의 애널리틱스는 데이터의 양과 다양성, 속도

그림 1.1 애널리틱스와 빅데이터의 단어 구름

(결국 우리가 빅데이터라고 칭하는)로 인해 보다 광범위한 계산을 필요로 하고 있다. 따라서 현대 애널리틱스 프로젝트에 사용되는 도구들, 기술들 그리고 알고리즘들은 경영과학, 컴퓨터 과학, 통계학, 데이터 과학 그리고 수학 등의 다양한 분야에서 개발된 가장 최신의 방법론들을 지렛대 삼아 활용되고 있다. 그림 1.1은 애널리틱스 및 빅데이터와 관련한 여러 개념들을 포함하는 단어 구름을 보여주고 있다.

애널리틱스와 분석은 어떻게 다른가?

애널리틱스(analytics)와 분석(analysis)은 종종 서로 대체하여 혼용되기도 하지만, 두 용어는 분명 다른 의미와 목적을 지니고 있다. 분석은 기본적으로 전체 문제를 부분적으로 분리하여 그 쪼개진 부분을 보다 세밀한 단계에서 더 면밀히 검토할 수 있게 하는 과정이다. 이것은 전체 시스템에 대한 검토가 가능하지 않거나 혹은 그 현실성이 떨어진다고 판단될 때 종종 사용된다. 또한 시스템이 보다 더 기본적인 구성요소로 분해되어 단순화될 필요가 있을 때 사용되기도 한다. 이를 통해 일단 세밀한 부분에서의 향상이 이루어지고 부분적인 문제에 대한 검토가 완료되고 나면, 전체 시스템(개념적이거나 실제 물리적 시스템이거나)에 대한 검토는 합성(synthesis)이라는 절차를 통해 조립되어 진행된다.

반면, 애널리틱스는 보다 전체적인 관점에서 복잡한 문제를 해결하고, 보다 더 낫고 더 빠른 의사결정을 내리기 위한 다양한 방법론들, 기술들 그리고 연관된 도구들의 종합적 접목을 통해 새로운 지식·통찰력을 만들어 나가는 과정이다. 본질적으로 애널리틱스는 복잡한 상황을 총체적으로 집어내기 위한 다면적이며 다학제적인 접근법이라 할 수 있다. 애널리틱스는 우리가 살고 있는 복잡한 현실을 정량적으로 이해하기 위해 데이터와 수리적 모형들을 이용한다. 비록 애널리틱스가 여러 발견 과정에서 다양한 단계들 내의 분석 행위를 포함하고 있다고는 하지만, 이는 단지 분석뿐만 아니라 합성 및 그 밖의 보완적인 작업들과 절차들을 종합적으로 포함하고 있다고 할 수 있다.

데이터마이닝은 어디에 적합한가?

데이터마이닝은 주로 대규모 데이터 집합에서 그 패턴과 데이터 사이의 관계를 통해 새로운 지식을 발견해내는 과정이다. 애널리틱스의 목표가 데이터·사실들을 통해 어떤 실행 가능한 통찰력을 이끌어내는 것이라고 한다면, 데이터마이닝은 그 목표를 달성하기 위한 핵심 기법이자 요인이라고 할 수 있다. 데이터마이닝은 애널리틱스보다 더 긴 역사를 가지고 있다. 애널리틱스가 점차 의사결정 보조와 문제해결 기법·기술들을 지원하는 거의 모든 분야에 관련된 지배적인 용어가 되어감에 따라, 데이터마이닝 또한 애널리틱스의 범주 안에서 변수들(예를 들어, 장바구니 분석과 같은 것에서) 사이의 관계와 유사성을 밝혀내는 서술적 분석에서부터 주요 변수들의 예측값을 추정하는 모형을 개발하는 부분까지 폭넓게 활용되고 있다. 이 장의 후반부에서 더 다루겠지만, 데이터마이닝은 애널리틱스의 범주 안에서 가장 간단한 것에서부터 아주 정교한 것에 이르기까지 핵심적인 역할을 수행하고 있다.

왜 애널리틱스가 갑자기 각광을 받는가?

애널리틱스는 요즘 비즈니스 분야의 유행어로 인식되고 있다. 요즘 그 어떤 비즈니스 학술지나 잡지를 살펴보더라도 애널리틱스 자체에 대한 것이나 애널리틱스가 어떻게 경영·운영에 대한 의사결정 방법을 바꿔가고 있는지에 대한 기사들을 쉽게 발견할 수 있다. 애널리틱스는 증거 기반 경영 기법(다른 말로 증거·데이터에 따른 의사결정 기법)이라는 새로운 꼬리표를 달게 되었다. 그런데 왜 애널리틱스는 최근 들어 더 유명해진 것일까? 오늘날 유명세를 타게 된 이유는 크게 필요성, 가용성 그리고 문화적 변화라는 세 가지 요인으로 설명할 수 있다.

필요성

익히 알려진 대로, 오늘날의 비즈니스 역시 그 여느 때처럼 어떠한 것이라도 포함하는 광의의 의미를 지닌다. 비즈니스의 경쟁구도는 국소적인 것에서부터 시작해서 지역적, 국가적 그리고 현재는 전 세계적인 양상으로 확산되고 있다. 결국 비즈니스의 규모에 상관없이 모든 종류의 비즈니스는 오늘날 세계화에 따른 경쟁구도하의 압박에서 자유로울 수 없다. 오늘날 세계화 현상은 어떤 한 지역에 국한된 보호주의 비즈니스를 위한 관세나 운송비와 같은 무역 장벽을 무력하게 만들고 있다. 비단 세계화 속의 경쟁구도뿐만 아니라 고객들 또한 더 많은 것을 요구하고 있는 상황이다. 오늘날 고객들은 최저 가격으로 최상 품질의 제품 혹은 서비스 수준을 최소한의 시간에 제공받기를 원한다. 이러한 상황에서 비즈니스의 성공 혹은 단지 생존을 위한 전략마저도 시장 주도로 흘러가는 상황에 대비해 비즈니스 자체의 기민함과 관리자들의 신속하면서도 최선의 의사결정에 크게 의존하고 있다. 따라서 사실에 근거하면서도 더 빠르고 더 나은 의사결정에 대한 필요성이 이전보다 더욱 더 커지게 되었다. 오늘날 애널리틱스는 시장에서 경쟁력 향상을 위해 관리자들이 더 빠르고 더 나은 의사결정을 내릴 수 있게끔 도와주는 가장 유망한 방법이라 할 수 있다. 또한 애널리틱스는 비즈니스 관리자들이 세계화 속의 비즈니스 경영에서 느낄 만한 혼돈의 양상을 해소해주는 최선의 방법으로 인식되어 가고 있다.

가용성

최근 기술적 발전과 각종 소프트웨어 및 하드웨어의 발전으로 인해 조직들은 엄청난 양의 데이터들을 수집할 수 있게 되었다. 다양한 종류의 센서들과 RFID를 기반으로 한 자동화된 데이터 수집 시스템은 조직 데이터들에 대한 양적 · 질적 향상을 가져왔다. 사회매체와 같은 인터넷 기반 기술을 통해 수집된 풍부한 데이터들과 결합하여 비즈니스는 그들이 처리할 수 있는 능력보다 훨씬 많은 양의 데이터를 획득할 수 있다. 소위 '데이터의 홍수 속에 빠져 있지만 데이터를 통한 지식은 여전히 부족한 상황'인 것이다. 데이터 수집 기술과 함께 데이터 처리 기술 또한 괄목할 만한 발전이 이루어지고 있다. 오늘날 컴퓨터들은 많은 수의 프로세서들과 메모리 용량을 보유하고 있다. 그로 인해 컴퓨터들은 매우 방대하면서도 복잡한 데이터들을 실시간으로 혹은 적절한 기간 안에 처리해낼 수 있다. 비즈니스 조직들은 하드웨어와 소프트웨어 기술의 발전으로 데이터 수집 · 처리 시스템을 더 저렴한 가격으로 보유할 수 있게 되었다. 대기업이 그러한 시스템을 직접 소유하고 사용하는 것 이외에도 중소기업의 경우는 서비스로서의 소프트웨어(또는 하드웨어) 형태로 외부 애널리틱스를 보다 저렴한 가격에 빌려서 사용하거나 사용한 만큼 비용을 지불하는 방법으로 이용할 수 있게 되었다.

문화적 변화

과거 직관에 의존한 의사결정에서 사실 및 증거 기반의 의사결정으로의
변화가 조직 차원에서 이루어지고 있다. 성공적인 조직들은 데이터·증
거 기반 비즈니스 실무 환경으로 이행해 가기 위해 의식적인 노력을 기울
이고 있다. IT에 의해 데이터의 획득이 용이해지면서 이 같은 기업의 패
러다임 변화는 생각했던 것보다 더 빠르게 이루어지고 있는 중이다. 점점
더 새롭게 계량적 상식을 갖춘 관리자들이 기존 '베이비붐' 세대의 관리
자들을 대체함에 따라 증거 기반의 경영 패러다임의 변화는 더 심화될 것
으로 보인다.

애널리틱스의 응용 분야들

비즈니스 애널리틱스에 대한 갑작스런 관심은 새롭기는 하지만, 비즈니
스 실무의 거의 모든 측면을 아우르는 수많은 애널리틱스 애플리케이션
들이 이미 사용되고 있다. 고객관계관리(CRM) 애플리케이션을 예로 들
면, 새로운 고객층을 발굴한다거나, 추가판매(up-sell)나 교차판매(cross-
sell) 등의 기회를 모색한다거나, 구매의욕이 높은 경향을 가진 고객을 찾
기 위해 개발된 정교한 모형들을 이용한 성공 사례들을 어렵지 않게 찾
을 수 있다. 또한 기업들은 사회매체 애널리틱스나 감성분석을 이용하여
소비자들이 그들의 제품·서비스 및 브랜드 이미지에 대해 어떻게 생각
하고 있는지 자세히 알기 위해 애쓰고 있다. 그 밖에도 신용카드 부정 사
용 적발, 위험요인 감소, 제품가격 정책, 마케팅 홍보·캠페인 최적화, 재
무계획, 인력유지계획, 인재채용 그리고 보험통계 추정 등이 애널리틱스
가 활발히 사용되고 있는 비즈니스 애플리케이션의 좋은 예이다. 오히려

애널리틱스 애플리케이션이 사용되지 않는 비즈니스 분야를 찾기가 어렵다고 해야 할 것이다. 이렇듯 업무 보고에서부터 데이터 웨어하우징까지, 데이터마이닝에서부터 최적화 애널리틱스까지 비즈니스의 거의 모든 측면에서 애널리틱스가 폭넓게 이용되고 있다.

애널리틱스 도입의 중요 과제

애널리틱스의 장점과, 이를 사용해야 할 이유는 뚜렷하지만, 한편으로는 아직도 많은 기업들이 여기에 동참하는 것을 꺼리고 있기도 하다. 다음에서 애널리틱스 도입에 따른 몇 가지 주요 장애물을 소개한다.

- **애널리틱스에 특화된 인재** : 데이터를 통해 실행 가능한 통찰력으로 변환할 수 있는 능력을 지닌 데이터과학자들이나 정량적 방법론에 능통한 귀재들이 무척 드문 게 사실이다. 그중에서도 정말 뛰어난 인재는 더욱 찾기 힘든 상황이다. 애널리틱스라는 분야가 비교적 새로운 것이어서 애널리틱스에 특화된 인재 양성이 이제야 활발히 이루어지고 있는 중이다. 수많은 대학들이 애널리틱스 인재 양성을 위해 학부나 대학원 과정을 신설하고 있다. 애널리틱스가 각광받음에 따라 빅데이터를 유용한 정보나 지식으로 바꿈으로써 관리자 등 의사결정자이 현실 세계의 복잡성과 싸워나갈 수 있도록 도울 수 있는 능력을 가진 인력에 대한 수요가 점차 증가하고 있다.
- **문화** : "세 살 때 버릇이 여든까지 간다."라는 속담처럼, 그 어떤 조직이라도 전통적인 경영방식(종종 직관이 의사결정의 기조가 되는)에서 현대적인 경영방식(데이터와 과학적 모형이 경영관리의 결정방식이나 조직집단의 지식의 기반이 되는)으로 바꾸는 과정은 생각처럼 쉽지 않을 것이다. 사람들은 일반적으로 변화를 반기지 않는다.

변화란 어쩌면 지금까지 배워 온 것들 혹은 과거로부터 익숙해진 것들을 버리고, 앞으로 감당해야 할 것들을 처음부터 다시 배워나가는 것을 의미할 수도 있기 때문이다. 변화는 수년간에 걸쳐 축적된 지식(권력이라고도 할 수 있는)을 쓸모 없게 만들거나 혹은 잃어버리게 할지도 모른다. 조직문화의 변화는 애널리틱스라는 새로운 것을 조직의 경영 패러다임으로 수용하는 데 있어서 어쩌면 가장 힘든 부분이 될지도 모를 일이다.

• **투자 회수(ROI)** : 애널리틱스 도입을 위한 또 하나의 진입장벽은 투자 대비 회수에 대한 타당성을 분명하게 밝혀내기가 무척 어렵다는 점이다. 애널리틱스 프로젝트들은 보통 무척 복잡하고 많은 비용이 소요되는 시도인 데 비해 프로젝트를 통한 수익이 즉각적으로 발생하기 힘든 성질을 띠고 있다. 경영진들은 특히 대규모의 프로젝트에서 애널리틱스에 대한 많은 투자를 꺼리고 있는 상황이다. 그들은 이러한 의문들을 가지고 있을 것이다. 애널리틱스 도입으로 인한 부가가치가 과연 투자비용보다 더 클 것인가? 만약 그렇다면, 언제쯤 수익으로 회수가 가능한가? 애널리틱스의 도입에 따른 가치를 그 정당성을 입증할 만한 구체적인 숫자로 변환해서 나타내기는 매우 어렵다. 애널리틱스를 통해 얻어지는 가치는 대부분 파악하기 어렵거나 전체적인 양상을 내포하기 마련이다. 만약 성공적으로 수행되었다고 한다면, 애널리틱스는 이미 해당 조직을 새롭고 더 발전된 형태의 조직으로 탈바꿈시켰음이 분명하다. 따라서 애널리틱스에 대한 투자 및 도입이나 분석적 경영 실용화를 수치적으로 합리화하기 위해서는 유형 및 무형의 요소가 복합적으로 고려되어야 한다.

• **데이터** : 최근 각종 매체들은 빅데이터를 더 나은 사업 수행방식 수립을 위한 매우 가치 있는 자산으로 묘사하는 등, 매우 긍정적인 방향으로 다루고 있다. 특히 기업이 빅데이터를 가지고 무엇을 할지를

알고 있거나 이를 이해하고 있다면, 앞서 매체들이 지적한 긍정적인 효과는 대부분 사실일 것이다. 하지만 빅데이터에 대해 전혀 모르고 있다면, 이는 그 자체만으로도 틀림없이 커다란 도전이 될 것이다. 빅데이터는 단지 방대한 양뿐만이 아니라 그 형태가 비정형적이고, 전통적 방식의 데이터 수집 및 처리 도구들이 감당하기 힘든 속도로 쌓여가고 있다. 또한 본질적으로 무척 엉망이고 지저분할 수도 있다. 어떤 조직이 빅데이터를 실행 가능한 통찰력으로 변환하여 사용해서 애널리틱스 활용에 성공하기 위해서는, 바로 이 빅데이터를 세심하게 다루는 계획된 전략이 우선 필요하다.

- **기술** : 기술이 개발되어 비로소 활용성을 갖추고, 쉽게 사용 가능하고, 비용 측면에서도 사용할 수 있게 될지라도, 전통적으로 덜 기술적인 비즈니스에서는 사실 이러한 기술을 수용하는 것마저 또 다른 도전 과제가 될 수도 있다. 애널리틱스를 위한 인프라 구축을 감당할 여력이 있는 기업이라 할지라도 여전히 그 도입을 위한 비용은 높은 편이다. 재정적 보조나 확실한 투자 회수에 대한 보장이 이루어지지 않는 한 어떤 비즈니스의 경영진들은 분명히 애널리틱스를 위한 필수적 기술들에 대한 투자를 꺼릴 것이다. 또 어떤 비즈니스에게는 소위 서비스로서의 애널리틱스(AaaS : analytics-as-a-service) 비즈니스 모형(애널리틱스를 실행하기 위해 외부 소프트웨어와 하드웨어·인프라를 빌려 사용하는)이 비용이나 실행의 용이성 측면에서 훨씬 더 현실적인 접근이 될 수도 있다.

- **사생활침해 문제 및 보안** : 데이터 및 애널리틱스의 활용에 있어서 가장 흔히 제기되는 비관론 중의 하나는 바로 보안에 관한 것이다. 민감한 정보가 포함된 데이터 누출에 관련된 이야기를 종종 듣기도 하는데, 실제로 가장 완벽하게 보안된 데이터 인프라란 모든 네트워크에서 단절되거나 격리된 형태(데이터와 애널리틱스를 활용하는 것과

가장 반대의 형태)로 운영하는 것밖에 없지 않을까 한다. 데이터 보안에 대한 중요성이 높아짐으로써 전 세계 IT 부서에서는 정보 보증(information assurance)이 가장 중요한 관심 분야로 되었다. 정보 인프라를 보호하기 위한 기법들이 정교해짐과 동시에 공격기술 또한 더 정교해지고 있으며, 개인정보 보호에 대한 중요성 또한 더욱 강조되고 있다. 현재 혹은 잠재적인 고객들에 대해 개인 데이터를 지나치게 사용하는 것은 비록 법정한도 내에서라도 최대한 피하거나 면밀히 검토되어야만 한다.

이 같은 몇몇 진입장벽에도 불구하고 비즈니스의 규모나 업종을 막론하고 애널리틱스 도입은 점점 늘어나고 있고, 오늘날 기업들에게 필수불가결한 요소로 인식되고 있다. 사업을 추진하는 데 있어서 그 복잡성이 더해질수록 기업들은 혼돈 양상 속에서 하나의 중심을 잡아줄 질서를 찾기 위해 노력 중이다. 아마도 이러한 노력에 대한 성공을 거두는 기업들이 애널리틱스의 역량을 십분 활용할 수 있을 것이다.

애널리틱스의 역사와 진화과정

애널리틱스는 비교적 최근 들어 많이 각광받고 있지만, 사실 이것은 아주 새로운 개념은 아니다. 제2차 세계대전 중이던 1940년도까지 거슬러올라가 보더라도, 비즈니스 애널리틱스에 관한 참고문헌을 찾아볼 수 있기 때문이다. 그 시대는 한정된 자원들을 가지고 최대 생산량을 도출해내기 위해 보다 더 효과적인 방법론들에 대한 요구가 높았던 때였다. 그 후, 이 시기에 태동했던 연구결과들을 바탕으로 수많은 최적화 및 시뮬레이션 기법들이 더 발전해왔다. 다시 말해, 이러한 분석적 기법들은 오랜 기간 동안 비즈니스 분야에 사용되어 온 것이다. 하나의 예로써 19세기 후반

프레드릭 테일러(Fredrick W. Taylor)에 의해 창시된 '시간 동작 연구'를 들 수 있다. 그 후에 헨리 포드(Henry Ford)는 조립라인의 진척도를 측정하는 데 성공함으로써 대량생산을 가능케 하였다. 애널리틱스는 컴퓨터가 의사결정 보조 시스템으로서 사용되기 시작한 1960년대 후반부터 서서히 관심을 끌기 시작했다. 그 이후 애널리틱스는 전사적 자원관리 시스템(ERP)의 개발, 데이터 웨어하우스, 그 밖에 다양한 종류의 하드웨어 및 소프트웨어 도구와 애플리케이션들의 도래와 함께 진화해왔다.

그림 1.2에 나타난 연대표는 1970년대 이후로 애널리틱스를 설명하기 위해 사용된 용어들의 변천사를 보여준다. 애널리틱스의 태동기였던 1970년대 이전에는 제약 최적화 문제를 풀기 위한 수리적 혹은 지식기반 모형 수립을 위해 그 분야의 전문가들이 인터뷰와 설문조사 등의 수동적인 절차를 통해 데이터를 수집하였다. 당시의 기본 발상은 한정된 자원을 가지고 가장 최선의 결과를 도출해내는 것이었다. 이러한 의사결정 보조 모형을 우리는 운용과학(Operations Research, OR)이라고 부른다. 문제가 너무 복잡하여 (선형계획법이나 비선형계획법을 통해) 최적화된 해를 구하기 힘든 경우에는 시뮬레이션 모형과 같은 발견적 방법론(heuristic)을 사용하여 그 문제를 풀기 위해 접근했다.

1970년대 후반, 다양한 산업 분야와 정부에서 활발히 사용되고 있던 진보된 OR 모형들과 더불어 규칙기반 전문가 시스템(rule-based expert systems)이라는 새롭고 흥미로운 모형이 등장하였다. 이 시스템은 실제 분야의 전문가들이 정형화된 문제를 판별하고, 가장 그럴 듯한 해답을 규정해내는 것과 같은 방식으로 전문가들의 지식을 컴퓨터가 처리할 수 있는 형식들로 (if-then 규칙들의 집합으로) 변환하여 컴퓨터로 하여금 자문 역할을 담당하게 하였다. 규칙기반 전문가시스템은 지능적인 의사결정지원 시스템을 이용하여 희귀한 전문지식을 언제 어디서나 필요할 때 사용할 수 있게 해주었다. 1970년대에는 또한 기업들이 의사결정자나 관리자

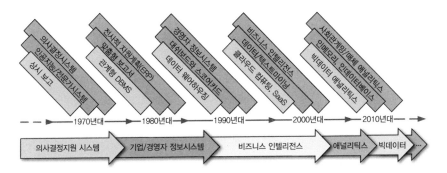

그림 1.2 애널리틱스의 진화과정

들에게 매 기간(일별, 주별, 월별, 분기별 등) 동안에 어떤 일들이 발생했는지를 알려주는 일련의 보고서를 생성하기 시작했다. 과거에 무슨 일이 벌어졌는지를 아는 것은 매우 유용한 일이었지만, 관리자들은 그저 기간별 보고서만 가지고 만족하지 못했다. 사실 그들은 비즈니스에 대한 수요 변화 및 도전들을 보다 잘 이해하고 거기에 더 잘 응대하기 위해 그보다 더 다양하고 자세한 보고서들을 필요로 했다.

1980년대에 들어서 조직들이 비즈니스 관련 데이터들을 수집하는 방식에 큰 변화가 생겨나기 시작했다. 예전 방식은 다수의 비일관적이며 단절된 정보 시스템들을 두고, 이들 시스템들이 개별조직 단위나 기능(예 : 회계, 마케팅 및 영업, 재무, 제조 등)으로부터 업무 데이터 수집을 위해 그때 그때 거기에 맞춰서 운영되는 식이었다. 그러나 이 시기에 접어들면서 과거 비효율적이던 개별 시스템들이 기업의 전사적 차원에서 통합이 이루어지기 시작했는데, 이것이 바로 오늘날 우리가 흔히 이야기하고 있는 전사적 자원관리(ERP) 시스템이다. 과거의 순차적이며 비표준화되어 있던 데이터 표현 방식(스키마)이 비로소 관계형 데이터베이스 관리(RDBM) 시스템으로 대체되기 시작한다. 관계형 데이터베이스 관리 시스템은 데이터 수집과 저장방법을 향상시켰을 뿐만 아니라, 정보의 중복을 상당 부분 줄이는 동시에 조직의 여러 데이터 필드들 간의 관계를 개선시켰다.

관계형 데이터베이스와 전사적 자원관리에 대한 필요성은 데이터의 완전성 및 일관성이 문제시되어 비즈니스의 실효성이 심각하게 저해되고 있을 때 더욱 두드러진다. 전사적 자원관리 시스템을 사용하게 되면 기업 구석구석의 모든 데이터들이 하나의 일관적인 스키마로 한데 모아지고 통합되어 조직 내의 모든 부분들이 언제 어디서나 단일 버전의 객관적 사실에 접근할 수 있게 된다. 전사적 자원관리 시스템의 출현으로 인해 업무 보고 또한 실무에서의 필요에 따라 주문식 형태로 탈바꿈하였다. 의사결정자들은 조직의 문제점과 새로운 기회들을 살펴보기 위해 언제 전문적인 보고서를 생성해야 할지를 능동적으로 결정할 수 있게 되었다.

 1990년대에는 다재다능한 보고에 대한 필요성이 증가하였고, 이는 경영자 정보 시스템(중역 및 간부들과 그들이 필요로 하는 의사결정에 특화되어 개발된 의사결정지원 시스템)의 개발을 이끌게 된다. 경영자 정보 시스템은 그래픽 기능을 활용한 대시보드와 스코어보드 등을 활용해 고안되었는데, 경영자에게 보다 시각적으로 관심을 끄는 디스플레이를 적용하고, 핵심성과 지표(KPI)와 같이 이들 의사결정자들이 지속적으로 추적 가능한 가장 중요한 인자들에 더욱 집중할 수 있게 하였다. 비즈니스 정보 시스템 본연의 업무 거래 데이터를 보존하고 그 데이터를 그대로 두면서도 이러한 높은 수준의 다용도 보고를 가능하게 하기 위해서, 업무 보고와 의사결정지원을 위해 특화된 별개 정보의 저장소로써 중간 데이터 계층[즉, 데이터 웨어하우스(DW)라고 알려진]을 따로 생성하는 것이 필수적이었다. 짧은 시간 내에 대부분의 중대형 비즈니스들은 전사적 의사결정을 위한 플랫폼으로써 데이터 웨어하우징을 도입하게 되었다. 대시보드와 스코어보드에서 사용되는 데이터를 데이터 웨어하우스에서 받아오면서, 그러한 보고 도구들이 더 이상 비즈니스 거래 시스템[대부분 전사적 자원관리 시스템(ERP)으로 인용되는]의 운영 효율성을 저해하지 않게 된 것이다.

2000년대에 들어 데이터 웨어하우스에 의한 의사결정지원 시스템들은
비즈니스 인텔리전스 시스템이라고 불리기 시작했다. 데이터 웨어하우스에
축적된 자료의 양이 늘어남에 따라 급속히 변화하고 진화하는 의사결정
자들의 요구사항에 맞춰서 하드웨어와 소프트웨어의 능력 또한 함께 향
상되기에 이른다. 전 세계적 경쟁구도에 접어든 시장환경의 변화로, 의
사결정자들은 비즈니스의 문제들을 보다 신속히 다루고, 시장 잠재력을
비즈니스의 기회로 제때 활용하기 위한 보다 접근하기 쉬운 형태로의 현
재 정보를 요구하게 된다. 데이터 웨어하우스에 저장된 데이터들은 주기
적, 간헐적으로 갱신되기 때문에 가장 최신의 정보를 반영하기는 어렵다.
이 정보 최신성에 대한 문제를 향상시키기 위해서 데이터 웨어하우스 벤
더들은 데이터를 좀 더 자주 갱신하는 시스템을 개발하게 되었다. 이른바
실시간 데이터 웨어하우징과 그보다 더 현실적인 버전으로 적시(right-time)
데이터 웨어하우징이 개발된다. 후자는 필요에 따른 데이터 아이템(즉, 모
든 데이터 아이템들이 실시간으로 새롭게 고쳐질 필요는 없기 때문에) 기
반 데이터 갱신 정책을 채택함으로써 전자와 구별된다. 데이터 웨어하우
스는 매우 방대하고 풍부한 특색을 지니고 있으며, 비즈니스 프로세스
와 실무를 향상시키기 위해 기업의 데이터를 '발굴'하여 보다 새롭고 유
익한 지식들을 '발견'하는 것을 목표로 삼는다. 여기에서 데이터마이닝과
텍스트마이닝이란 용어가 탄생하게 되었다. 점점 증가하는 데이터의 양과
종류로 인해 더 많은 저장용량과 더 높은 처리능력은 필수불가결하게 되
었다. 대기업들이 이 문제를 해결하기 위한 수단을 자체적으로 갖춰나가
는 반면에 중소기업들은 재정적으로 그들이 감당할 수 있을 만한 비즈니
스 모형을 필요로 하게 된다. 그러한 요구는 결국 서비스 지향 아키텍처
와 SaaS(software-as-a-service)와 IaaS(infrastructure-as-a-service) 기반의
애널리틱스 비즈니스 모형의 탄생을 이끌게 된다. 따라서 더 작은 크기의
기업들은 필요에 따라 애널리틱스 기능에 접근하여 사용할 수 있고, 사용

한 만큼 지불함으로써 비용을 절감할 수 있게 되었다. 이는 그들이 엄두도 낼 수 없을 만큼 비싼 하드웨어와 소프트웨어 자원들에 투자하는 방식과는 반대되는 식이었다.

2010년대에 접어들면서, 우리는 데이터 수집과 사용법에 있어서 또 다른 패러다임의 전환을 경험하고 있는 중이다. 인터넷의 확산으로 인해 새로운 데이터 생성 매체들이 출현하였다. 여러 다양하고 새로운 데이터 원천들(예 : RFID 태그, 디지털 에너지 미터, 클릭 스트림 웹 로그, 스마트홈 기기들, 웨어러블 건강 감시 장비들) 중에서도 가장 흥미롭고 도전적인 데이터 원천은 바로 사회관계망·사회매체일 것이다. 여기서 획득할 수 있는 비정형 데이터는 풍부한 정보량과 내용을 담고 있지만, 이러한 데이터 원천에 대한 분석은 컴퓨터 시스템의 소프트웨어와 하드웨어의 측면에서 중요한 도전과제로 주어졌다. 최근에는 이 새로운 데이터 스트림이 우리에게 가져다 준 도전과제들을 강조하기 위해 빅데이터란 신조어가 만들어지기도 했다. 하드웨어(예를 들어, 대용량 컴퓨터 메모리를 탑재한 대량 병렬처리와 고성능 병렬 멀티프로세서를 보유한 컴퓨터 등)와 소프트웨어·알고리즘[예 : 맵리듀스와 NoSQL을 추가한 하둡(hadoop)] 측면 모두에서 빅데이터가 제시하고 있는 도전과제들을 해결하기 위한 여러 종류의 진보적 결과물들이 개발되고 있는 중이다.

향후 10년간 어떤 새로운 것들이 등장할지, 또 새로운 애널리틱스 관련 용어가 생겨날지 예측하기는 무척 힘들다. 정보 시스템 및 특히 애널리틱스에 대한 새로운 패러다임이 등장하는 시간 간격은 점점 줄어들고 있고, 이 트렌드는 예측 가능한 가까운 미래까지 계속될 것이다. 애널리틱스가 새로운 개념이 아니라고 할지라도 그 폭발적인 인기는 무척 새롭다. 최근 빅데이터에 대한 폭발적인 관심으로 인해, 그 어느 때보다도 이 빅데이터를 수집하고 저장하는 방법, 사용하기 용이한 소프트웨어 툴, 데이터 그리고 데이터 기반 통찰력에 비즈니스 전문가들이 쉽게 접근할 수 있게 되었다. 따라서 글로벌 경쟁의 중심에서 데이터와 애널리틱스를 사용하여 보다 나은 경영의사결정을 내릴 수 있는 엄청난 기회가 주위에 산재해 있다. 더 나은 제품을 만들고, 고객경험을 개선하고, 사기나 부정행위를 사전에 방지하고, 타게팅이나 맞춤화를 통해 고객참여를 향상시키는 등의 일련의 행위들이 애널리틱스와 데이터의 힘으로 가능해지며, 이를 통해 기업은 궁극적으로 수익을 증가시키는 반면 비용은 줄일 수 있게 될 것이다. 점점 더 많은 기업들이 직원들로 하여금 그들이 매일매일 내릴 의사결정 과정의 효율성과 유효성을 주도할 비즈니스 애널리틱스의 노하우를 스스로 채득해나갈 수 있도록 권장하고 있다.

애널리틱스에 대한 간단한 분류법

더 빠르고 더 나은 의사결정에 대한 필요성과 소프트웨어와 하드웨어 기술의 가용성과 같은 요인들로 인해, 애널리틱스는 역사 속 다른 그 어떤 트렌드들보다 최근에 더 빨리 그 대중성을 확보해가고 있는 중이다. 과연 이런 기하급수적 상승 추세가 지속될 것인가? 다수의 업계 전문가들은 적어도 예측 가능한 미래까지는 이러한 추세가 계속될 것이라고 전망한다. 몇몇 유력한 컨설팅 기업들은 애널리틱스가 앞으로 다른 비즈니스 분야 상승률의 최소 세 배로 성장할 것으로 전망하고 있다. 또한 그들은 애널리틱스가 21세기에 최고 비즈니스 트렌드 중의 하나가 될 것이라고 말하고 있다(Robinson et al., 2010). 애널리틱스에 대한 관심과 도입이 급속히 증가함에 따라 애널리틱스를 간단하게 분류해서 특징짓고자 하는 움직임 또한 일어나고 있다. 액센츄어(Accenture)나 가트너(Gartner) 그리고 IDT와 같은 유명 컨설팅 기업이나 기술 기반의 학문기관들은 애널리틱스를 위한 간편한 분류법을 재정하기 위한 프로젝트에 착수했다. 만약 제대로 개발되고 범용적으로 채택된다면, 이러한 분류법은 애널리틱스를 맥락적으로 설명할 수 있는 기반을 구축하게 될 것이다. 이를 통해 과연 애널리틱스가 무엇인지, 애널리틱스에 어떤 것들이 포함되는 것인지, 애널리틱스 관련 여러 용어들(비즈니스 인텔리전스, 예측적 모델링, 데이터마이닝 등의)이 서로 어떻게 연관되는지에 대한 공통의 이해를 더 용이하게 해줄 수 있을 것이다. 그러한 노력을 기울이고 있는 학문기관 중 그 대표주자는 바로 INFORMS(Institute for Operations Research and Management Science)이다. 폭넓은 층을 포섭하기 위해 INFORMS는 최근 전략경영컨설팅 기업인 캡제미니(Capgemini) 사와 계약하고, 그들로 하여금 애널리틱스란 것에 대한 연구와 그것이 지니는 특성들을 밝혀내도록 하고 있다.

캡제미니 사의 연구를 통해 애널리틱스에 대한 다음과 같은 간결한 정의가 도출되었다. "애널리틱스는 어떤 경향성을 분석하는 데이터 보고를 통해서 비즈니스 성과 향상을 목적으로 비즈니스 프로세스들을 예측하거나 최적화하는 예측적 모형을 구축함으로써 비즈니스의 목표를 보다 명확하게 인식할 수 있게 해주는 것." 이 정의에 따르면 연구에서 발견된 핵심 사항 중 하나는, 경영자들은 애널리틱스를 사용하는 것이 그들 사업의 핵심 기능으로 본다는 것이다. 즉, 애널리틱스는 하나의 조직 안에서 수많은 부서들의 기능들을 넘나들며 포괄적으로 활용되고, 성숙된 조직에서는 심지어 전체 비즈니스의 모든 부분을 포함하여 활용된다. 이 연구는 또한 서술적, 예측적, 규범적 애널리틱스라는 계층적이면서도 약간 중첩적인 세 가지 분류를 제시하고 있다. 이 세 가지 그룹은 조직의 애널리틱스 활용 성숙도 단계 관점에서의 계층적 분류이다. 대부분의 조직들은 서술적 애널리틱스(descriptive analytics)에서 시작하는 것이 보편적이고, 그 다음 예측적 애널리틱스(predictive analytics)로 발전해나간다. 마지막에는 애널리틱스 계층에서 가장 상위에 존재하는 규범적 애널리틱스(prescriptive analytics)에 도달해나가는 것이 일반적이다. 이 세 가지 그룹은 그 복잡도

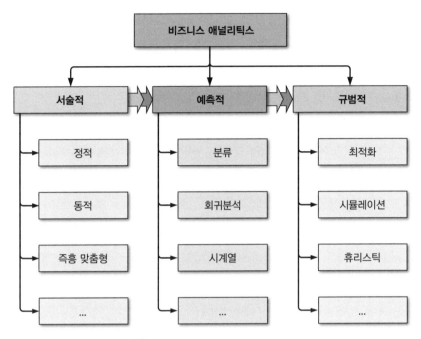

그림 1.3 애널리틱스의 간단한 분류

와 성숙도에 따라 계층화되어 있지만, 아래 단계에서 위 단계로의 이동은 사실 명확하게 구분되지는 않는다. 즉, 현재 서술적 애널리틱스 단계에 있는 비즈니스는 그와 동시에 예측적, 심지어 규범적 애널리틱스의 역량을 단편적으로나마 함께 보유할 수도 있다. 따라서 하나의 단계에서 그 다음으로의 이동은 본질적으로 하나의 단계가 어느 정도 완성되고 그와 동시에 다음 단계에 폭넓게 활용될 수도 있다는 식으로 이해된다. 그림 1.3은 INFORMS가 개발한 간편한 분류법을 도식화한 것으로 이것은 대부분의 업계 선두주자들 및 학문기관에서 폭넓게 채택되고 있다.

　서술적 애널리틱스는 애널리틱스 분류법에서 입문 단계에 해당한다. 이 단계에서 이루어지는 애널리틱스 관련 활동은 대개 "어떤 일이 발생했는가?"나 "어떤 일이 일어나고 있는가?" 등에 대답하기 위한 비즈니스 활동들을 요약한 보고서 형태로 생성되며, 종종 비즈니스 리포팅(업무 보고)이라고도 부른다. 이 단계에서 만들어진 보고서들의 범위는 다음을 포함하고 있다. 즉, 기업 내 정보 취급자들(의사결정자들)에게 전달되는 고정된 일정표상의(예 : 매일, 매주, 매 분기별) 비즈니스 거래들에 대한 정적인 스냅샷 형태, 관리자나 간부들이 쉽게 이해할 수 있는 형태(대시보드에 나타나는 도표 형태의 인터페이스)로 지속적으로 전달되는 비즈니스 성과 지표들에 대한 동적인 시각화, 마지막으로 의사결정이 필요한 상황에 맞춰 의사결정자들이 자의적으로 생성하는 특수한 형태의 (직관적으로 아이콘 등을 끌어서 만든 사용자 인터페이스 등) 맞춤형 보고 등이 여기에 포함된다.

　서술적 애널리틱스는 또한 비즈니스 인텔리전스(BI)라고도 하고, 예측적-규범적 애널리틱스를 한데 묶어서 고급(advanced) 애널리틱스라고 부르기도 한다. 서술적 애널리틱스에서 예측적 혹은 규범적 애널리틱스로의 전이는 상당한 수준의 성숙도를 요하는 커다란 이행이므로 굳이 고급이라는 꼬리표까지 달아서 그 수준을 보장한다. BI는 21세기가 시작된 이래 경영 의사결정을 지원하기 위해 개발된 여러 정보 시스템 사이에서 가장 인기 있는 기술 트렌드로 주목을 받아 왔다. 오늘날의 애널리틱스의 물결이 도래하기 전까지 말이다(사실 어떤 비즈니스 영역에서는 오늘날에도 아직까지 BI가 꽤 각광받고 있다). BI는 그 기초가 되는 장을 마련하고, 더 심화된 의사결정분석으로 가는 길을 다지는 과정이라는 점에서 애널리틱스 세계에 진입하기 위한 입문과도 같다. 서술적 애널리틱스 시스템은 보통 BI 기능과 도구를 지원하기 위해 특별히 고안, 개발된 대용량 데이터베이스인 데이터 웨어하우스의 지원을 받는다.

　예측적 애널리틱스는 세 단계 애널리틱스 계층에서 서술적 애널리틱스의 바로 다음 단계에 존재한다. 대개 서술적 애널리틱스를 수행하고, 이에 어느 정도 익숙해진 조직들은 이미 발생한 일들에 대한 관심을 넘어 "앞으로 어떤 일이 발생할 것인가?"라는 질문에 더 관심을 가지게 될 것이다. 그러한 조직들은 비로소 이 단계로 옮겨갈 수 있다. 이 책의 다음 장에서 예측적 애널리틱스가 가지는 데이터마이닝의 한 분야로써의 여러 기능들을 보다 깊이 다룰 예정이다. 여기서는 예측적 애널리틱스 단계의 주요 쟁점에 대한 간단한 설명만을 소개한다. 예측이란 본질적으로 고객 수요, 이자율, 주식시장 변동 등과 같은 변수의 미래 값에 대한 지능적·과학적인 추정과정이라 말할 수 있다. 예측되는 대상이 범주형 변수라면, 그 예측의 행위는 분류(classification)라고 명명할 수 있다. 만약 그렇지 않다면, 그것은 회귀(regression)라고 부른다. 대상 예측변수가 시간 종속적인 성질을 띠고 있다면, 그 예측과정은 종종 시계열 예측(time-series forecasting)이라고 한다.

규범적 애널리틱스는 애널리틱스 계층의 가장 상위 단계에 존재한다. 이 단계에서는 대개 정교한 수리적 모형을 통해 서술적, 예측적 애널리틱스를 통해 확인·생성된 여러 가지의 대안들 가운데 가장 최선의 안을 결정한다. 따라서 어떤 측면에서 이 애널리틱스는 "무엇을 해야만 하는가?"와 같은 질문에 대답하는 것을 목표로 한다. 규범적 애널리틱스는 최적화, 시뮬레이션, 휴리스틱 기반의 의사결정 모형들을 사용한다. 규범적 애널리틱스가 애널리틱스 계층의 최상에 위치해 있지만, 이를 위한 방법론들은 새로운 것들이 아니다. 규범적 애널리틱스를 구성하는 최적화 및 시뮬레이션 모형들은 제한된 자원하에서 최적화를 갈구했던 제2차 세계대전 중이나 직후에 개발된 것들이 대부분이다. 그 이후로 몇몇 비즈니스들이 이러한 모형들을 이율·수익관리, 수송 모델링, 일정계획 등의 몇 가지 구체적 유형의 문제들에 이용해왔다. 애널리틱스에 대한 새로운 분류법은 이들 모형들을 다시금 수면 위로 떠오르게 했고, 광범위한 비즈니스 문제와 상황들에 이들을 활발히 이용하게 된 새로운 계기와 장을 열었다.

그림 1.4는 애널리틱스의 세 가지 계층과 각각의 단계에서 제기되는 질

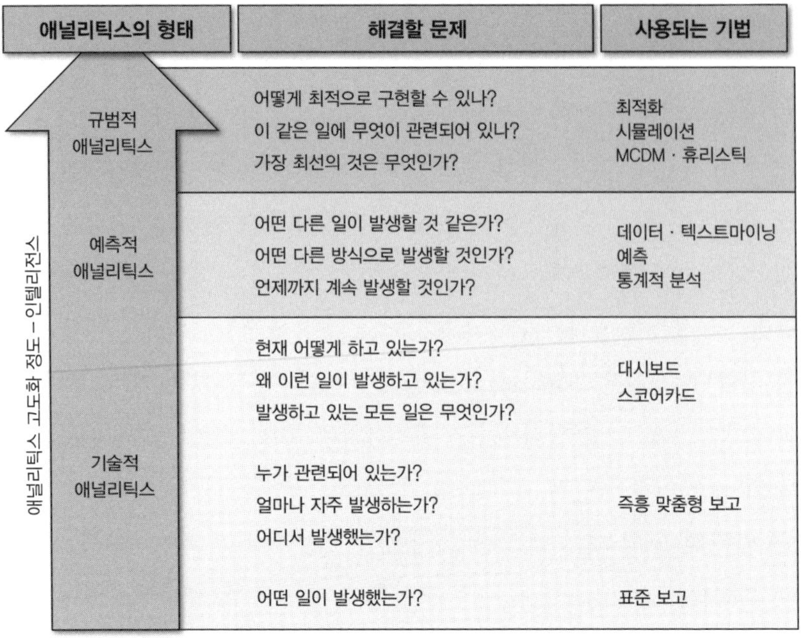

애널리틱스의 형태	해결할 문제	사용되는 기법
규범적 애널리틱스	어떻게 최적으로 구현할 수 있나? 이 같은 일에 무엇이 관련되어 있나? 가장 최선의 것은 무엇인가?	최적화 시뮬레이션 MCDM · 휴리스틱
예측적 애널리틱스	어떤 다른 일이 발생할 것 같은가? 어떤 다른 방식으로 발생할 것인가? 언제까지 계속 발생할 것인가?	데이터 · 텍스트마이닝 예측 통계적 분석
기술적 애널리틱스	현재 어떻게 하고 있는가? 왜 이런 일이 발생하고 있는가? 발생하고 있는 모든 일은 무엇인가?	대시보드 스코어카드
	누가 관련되어 있는가? 얼마나 자주 발생하는가? 어디서 발생했는가?	즉흥 맞춤형 보고
	어떤 일이 발생했는가?	표준 보고

세로축 레이블: 애널리틱스 고도화 정도 – 인텔리전스

그림 1.4 애널리틱스의 세 수준과 가용한 기법들

문·응답 및 사용되는 기술들을 표로 정리해 보여준다. 그림에서 보듯이, 데이터마이닝은 예측적 애널리틱스의 핵심 원천이다.

비즈니스 애널리틱스는 의사결정자들로 하여금 그들이 필요로 하는 정보와 지식을 제공해줄 수 있을 것이라는 기대와 함께 각광을 받고 있다. 앞서 설명한 단계와는 상관없이 비즈니스 애널리틱스 시스템의 효과는 크게 데이터의 양(용량과 표현방식의 풍부함)과 질, 데이터 운영 시스템의 정확도, 무결성·완전성, 적시성 그리고 분석도구 및 분석과정에서 사용되는 세부절차들의 능력과 성숙도에 따라 크게 좌우된다. 애널리틱스 분류법에 대한 이해는 조직들이 효율적으로 단계별 애널리틱스 기능들을 더 영리하게 선택하고 수행할 수 있도록 도와줄 것이다.

첨단 애널리틱스 사례 : IBM 왓슨

IBM사의 왓슨(Watson)은 아마도 지금까지 만들어진 컴퓨터 중 가장 똑똑한 컴퓨터 시스템일 것이다. 1940년대 후반 컴퓨터 출현과 그 후 인공지능의 도래 이래, 과학자들은 이 '똑똑한' 기계의 성능을 인간의 능력과 꾸준히 비교해왔다. 1990년대 중후반에 걸쳐 IBM 연구원들은 또 다른 영리한 기계를 개발하고, 체스게임(일반적으로 영리한 사람들에게 적합한 가장 지적인 게임으로 인식되는)을 대상으로 최고의 체스 선수와 맞대결을 통해 그 기계의 능력을 시험해보려는 시도를 하였다. 1997년 5월 11일, 딥 블루(Deep Blue)라는 이름의 IBM 컴퓨터가 마침내 세계 체스 챔피언을 상대로 승리를 거두게 된다. 여섯 게임으로 이루어진 시합 가운데 딥 블루가 두 번을 이기고 체스 챔피언은 한 번 그리고 세 번은 비겼다. 이 시합은 며칠 동안 계속되었고, 전 세계적으로 엄청난 관심과 수많은 언론들의 주목을 끌었다. 그 시합은 인간 대 기계라는 다소 전통적인 구성방식을 따랐다. 이러한 체스시합 저변에 깔린, 이렇게 컴퓨터의 지능을 발전시키고자 했던 의도는 바로 다음과 같은 복잡한 계산이 필요한 일들에 컴퓨터의 역량이 발휘되기를 원했기 때문이다. 즉, 새로운 의료용 약품을 찾아내는 작업, 금융 트렌드를 알아내거나 위험분석을 수행하는 등의 보다 폭넓은 재무 모델링, 방대한 데이터베이스 검색 및 처리, 고등 과학 분야에서 요구되는 방대한 계산과 같은 일들에 이 똑똑한 컴퓨터가 활용되길 바란 것이다.

그 후 수십 년 뒤, IBM의 연구원들은 또 다른 아이디어를 생각해냈는데, 이는 이전보다 더 도전적이었다. 즉, 기계가 제파디(jeopardy)라는 단어 연상 퀴즈게임에 나가 최고의 자리를 차지하는 것이다. 체스게임에 비해 제파디 퀴즈게임이 훨씬 더 어렵다. 체스게임은 일정한 체계 내에서 간단한 규칙들을 따르므로 컴퓨터가 처리하기에 용이할 수 있다. 그러나 제파디 퀴즈게임은 간단하지도 않고 일정한 체계가 있는 것도 아니다. 제파디게임은 인간의 지적능력과 창의력이 필요하도록 만들어진 게임이어서, 컴퓨터가 이 게임을 수행하기 위해서는 인지 컴퓨팅 시스템을 통해 사람과 같이 생각하고 작동하여야 한다. 사람들이 사용하는 언어에 내포되어 있는 불명확한 개념을 이해하는 것이 이 게임의 성공을 위한 중요한 요소이다.

2010년, IBM 연구팀은 고도의 소프트웨어와 하드웨어를 조합하여 왓슨이라고 불리는 특별한 컴퓨터 시스템을 개발하였는데, 이것은 사람이 사용하는 자연언어로 주어지는 문제에 답하도록 설계되었다. 연구팀은 왓슨을 딥QA(DeepQA) 프로젝트의 일환으로 개발하였고, IBM의 초대 회장인 토마스 왓슨(Thomas J. Watson)의 이름에서 따와 왓슨이라 명명하였다. 왓슨을 개발한 연구팀은 중요한 연구 주제를 찾고자 했는데, 그것은 딥 블루에 대한 대중적 관심에 부응할 만하고 동시에 IBM의 비즈니스 관심사와 관련된 것이었다. 이 연구의 목적은 과학과 비즈니스, 사회 전반에 영향을 미칠 수 있는 새로운 컴퓨터 기술에 대한 새로운 길을 모색함으로써 컴퓨터 과학을 고도로 발전시키고자 하는 것이었다. 이에 따라 IBM 연구팀은 왓슨을 미국의 TV 퀴즈쇼인 제파디쇼에서 퀴즈 챔피언과 겨룰 수 있는 컴퓨터 시스템으로 개발하는 과제에 착수하였다. 연구팀은 단순히 실험실에서 연습하는 수준을 넘어, 실제로 퀴즈쇼에 출전하는 자동화 컴퓨터 참가자를 개발해서 듣고 이해하고 대답할 수 있는 것이 가능하도록 만들기를 기대했다.

제파디쇼에서 챔피언과의 대결

2011년, 왓슨의 능력을 시험하는 차원에서 왓슨은 제파디쇼 사상 처음으로 인간과 기계 간의 대결에 나선다. 2011년 2월 14일과 16일 사이에 방영된 세 편의 제파디쇼 가운데 두 번의 게임에서 왓슨은 우승상금 왕인 브

래드 러터(Brad Rutter)와 최장 기간인 75일 동안 챔피언 자리를 유지한 켄 제닝스(Ken Jennings)를 이긴다. 왓슨은 사람에 비해 게임의 신호장치에 반응하는 것은 항상 뛰어났지만, 몇몇 단어만을 포함하는 짧은 힌트만이 주어지는 일부 문제에 대해 답하는 것에는 어려움을 갖고 있었다. 왓슨은 2억 개의 문서를 참조할 수 있었으며, 저장공간만도 4테라바이트의 디스크 공간을 사용하였다. 게임하는 동안 왓슨은 인터넷에 연결되어 있지 않았다.

제파디에 도전하기 위해서는 고도의 다양한 텍스트마이닝과 자연언어 처리 기술이 요구되었다. 좀 더 구체적으로 여기에는 파싱(parsing), 질의 분류, 질의분석, 자동 소스 탐색 및 평가, 객체 및 관계분석, 논리형식 생성, 지식 표현 및 추론 등이 포함된다. 제파디쇼에서 우승하기 위해서는 답변에 대한 정확한 신뢰도를 계산하는 것이 필요하다. 질문이나 내용이 약간은 모호하고 필요없는 요소들이 포함되는 경우가 많으므로, 어떤 특정한 개별적인 알고리즘으로는 완벽하게 대응할 수 없다. 따라서 다양한 알고리즘들이 각각 결과에 대한 신뢰도를 계산하고, 이러한 신뢰도들을 통합적으로 조합해야 최종 답변에 대한 신뢰도를 계산할 수 있다. 이렇게 계산된 신뢰도에 따라 컴퓨터 시스템이 정답 선택을 할지에 대한 결정을 한다. 즉, 제파디쇼의 규칙에 따라 이 신뢰도는 컴퓨터가 어떤 질문에 대해서 버저를 누르고 대답할 것인지 아니면 문제를 더 들어볼 것인지를 결정할 때 사용된다. 이 신뢰도는 사회자가 질문을 읽는 동안 상대방이 버저를 누르기 전에 계산되어야 한다. 이 시간은 대략적으로 1초에서 6초 사이로 평균은 약 3초 정도이다.

왓슨은 어떻게 작동되는 것인가?

왓슨의 이면에 있는 딥QA라고 하는 시스템은 고도의 병렬처리가 가능한 텍스트마이닝에 초점이 맞춰진 확률적 증거 기반의 계산 구조로 되어 있다. 제파디쇼에 도전하기 위해서 왓슨은 100개 이상의 다양한 기법을 이용하여 자연언어분석, 소스 파악, 가설 생성 및 탐색, 증거 탐색 및 평가, 가설의 평가 및 병합작업 등을 수행한다. IBM 연구팀이 사용했던 특정 기법보다 더 중요한 것은 어떻게 여러 기법들을 딥QA에 조합하여 각각의 장점들은 유지하면서 전체적인 정확도와 신뢰도 그리고 계산속도를 향상시킬 수 있느냐였다.

딥QA는 제파디 도전에만 특화되어 있는 구조가 아닌 여러 기법들이 통합된 구조로 되어 있다. 다음은 딥QA의 전체적인 원리들이다.

- **대량의 병렬구조** : 왓슨은 여러 개의 해석과 가설을 고려하기 위해서 대량의 병렬처리 구조가 필요하다.
- **다수의 전문가들** : 왓슨은 다양한 확률적 질문과 내용에 대한 애널리틱스를 통합하고 적용하여 의미적으로 평가할 수 있어야 한다.
- **포괄적인 신뢰도 예측** : 왓슨은 어떤 특정 구성요소 하나가 정답을 제시하는 것이 아니라, 모든 구성요소들이 각각 주요 특징과 각 특징에 대한 신뢰도를 예측함으로써 다양한 질문과 내용의 해석에 대한 점수를 산정한다. 왓슨의 기반이 되는 신뢰도 계산요소들이 이런 점수들을 모아 조합한다.
- **얕은 지식과 깊은 지식의 통합** : 왓슨은 매우 정확한 의미와 다소 모호한 의미를 균형있게 사용하여 유연하게 형성된 많은 온톨로지를 이용한다.

그림 1.5는 딥QA의 개략적인 상위구조를 보여주고 있다. 더 많은 구조적 요소와 역할, 기능들에 대한 더 기술적인 세부사항에 대해서는 페루치와 그 동료들의 자료(Ferrucci et al., 2010)를 참조하라.

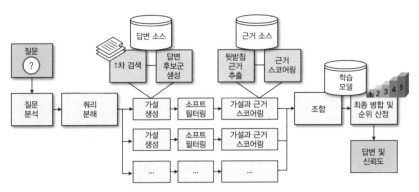

그림 1.5 개략적인 딥QA 구조

앞으로 왓슨의 미래는 어떨까?

제파디 도전을 통해서 IBM은 딥QA의 구조를 설계하고 왓슨을 구현하기 위한 요구사항들을 해결하는 데 많은 도움을 얻었다. 막대한 연구개발 예산 투자와 약 20여 명으로 구성된 핵심 연구진의 3년에 걸친 집중적인 연구와 개발을 통해 왓슨은 정확도와 신뢰도, 속도 측면에서 제파디 퀴즈쇼에서 전문가 수준에 도달하게 되었다.

제파디쇼 이후에는 "이제부터는 어떻게 해야 하나?"라는 질문에 직면하게 되었다. 왓슨을 개발한 것은 오로지 쇼를 위한 것이었나? 단연코 아니다. 왓슨과 그 이면에 있는 인지 시스템이 무엇을 할 수 있는지를 전 세계에 보여줌으로써 다음 세대의 지능형 정보 시스템에 대한 영감을 줄 수 있다. IBM의 입장에서 이것은 첨단 애널리틱스와 계산과학을 통해 어떤 것이 가능한지를 보여주는 것이기도 하였다. 메시지는 분명하다. 만약 똑똑한 기계가 자기 분야에서 최고 중의 최고인 전문가를 능가할 수 있다면 그것이 당신 조직 내에 있는 문제해결을 위해 무엇을 할 수 있는지를 생각해보라. 왓슨을 처음으로 활용한 산업 분야는 헬스케어이고 이후 보안, 금융, 소매, 교육, 공공서비스와 연구개발 분야가 뒤를 이어 왓슨을 활용하게 되었다. 왓슨이 이러한 산업 분야에서 어떤 일들을 하고 있는지에 대한 간략한 소개가 다음 절에서 이어진다.

헬스케어

오늘날 헬스케어 분야에서 해결해야 할 당면 과제들은 상당히 중요하고 다양한 측면이 포함되어 있다. 삶의 질에 대한 향상과 의료기술의 발달로 인구가 고령화되면서 헬스케어 서비스에 대한 요구는 단순히 의료자원의 공급에 대한 요구보다 더 빠른 속도로 증가하고 있다. 모두 아는 바와 같이 수요와 공급의 균형이 깨지면 가격은 상승하고 품질은 저하되기 마련이다. 따라서 왓슨과 같은 지능적인 시스템을 통해 의사결정자들이 의료와 경영상의 상황을 고려해서 그들의 자원을 최적으로 활용할 수 있도록 지원할 필요가 있다.

헬스케어 분야 전문가들에 따르면, 외과의사들이 환자를 진단하고 진료하는 데 바탕이 되는 지식의 20%만이 명백한 근거에 의한 것이라고 한다. 참조 가능한 의료 정보의 양이 5년마다 두 배씩 증가하고, 이런 데이터들의 많은 부분이 구조화되어 있지 않은 상황에서 외과의사들이 최신의 의료기술 발전을 따라잡는 데 필요한 전문잡지를 모두 읽는다는 것은 시간상 현실적으로 불가능하다. 지속적으로 늘고 있는 의료서비스에 대한 요구와 의료 관련 의사결정의 복잡성을 고려할 때, 헬스케어 제공자들은 이러한 문제들을 어떻게 해결할 수 있을까? 이에 대한 대답은 아마도 컴퓨터화된 의료기록 데이터베이스에 존재하는 구조화된 데이터나 의료진의 기록이나 의료 관련 학술자료 등에 존재하는 비정형 데이터를 모두 포함하는 대규모의 데이터를 분석해서 환자들을 진단하고 치료할 수 있는 의사결정을 보다 신속하고 정확하게 내릴 수 있도록 의료진을 지원하는 왓슨과 같은 지능적인 시스템을 이용하는 것일 수 있다. 일차적으로 의료진과 환자는 증상에 대한 서술, 이와 관련된 다른 고려사항을 자연언어를 통해 시스템에 저장한다. 그 이후에 왓슨은 핵심이 되는 정보들을 찾고 환자의 데이터를 분석하여 가족력, 현재 투약 중인 약 그리고 다른 제반 상태들과 관련되는 영향요소들을 찾는다. 그 다음에는 이 정보를 검사를 통해 알게 된 현재의 상황과 조합하고 치료 가이드라인, 컴퓨터에 저장되어 있는 의료기록 데이터, 의사와 간호사의 수기기록 그리고 전문 연구결과를 포함한 다양한 데이터 소스를 고려하여 잠재적인 진단결과에 대한 가설을 생성하고 검증한다. 이후에 왓슨은 가능한 진단결과와 치료 대안을 각각에 대한 신뢰도와 함께 제안할 수 있다.

윗슨은 또한 고도로 지능화된 방법을 통해 다양한 방법으로 발표된 개별적인 연구결과들을 조합함으로써 헬스케어 분야의 변화를 이끌 잠재력을 갖고 있다. 이것은 의대생들의 학습방법을 획기적으로 변화시킬 수 있다. 또한 헬스케어 관리자들이 앞으로 예상되는 수요의 패턴에 대해 선제적으로 대처하고, 자원을 최적으로 할당하고, 지불 프로세스를 개선할 수 있도록 지원할 수도 있다. MD앤더슨, 클리블랜드 클리닉, 메모리얼 슬론 케터링 등이 왓슨과 같은 지능형 시스템을 도입한 초창기 예들이다.

보안

인터넷이 전자상거래, e-비즈니스, 스마트 에너지망, 주거설비와 가전제품의 원격제어를 위한 스마트 홈에 이르기까지 다양한 분야에서 우리의 거의 모든 일상으로 확대되어 삶을 보다 편리하게 만들기도 한 반면에 나쁜 의도를 가진 사람들이 우리 삶을 침해할 수 있는 가능성도 발생하게 되었다. 따라서 우리는 왓슨과 같은 스마트 시스템이 이상행위를 모니터링하고, 만일 이와 같은 상황이 감지될 경우 다른 사람들이 우리의 일상에 접근하여 해를 입히지 못하도록 할 필요가 있다. 이것은 가정뿐만 아니라 기업이나 국가적 차원의 보안은 물론 사생활 차원의 문제가 될 수도 있다. 스마트 시스템은 우리가 어떻게 행동하는지를 학습하여 우리의 일상과 관련된 행위들을 추론하고, 이상상황이 발생할 경우 우리에게 통보

할 수 있는 디지털 보안관 역할을 수행할 수 있다.

금융

현재 금융서비스 산업은 복잡한 도전에 직면해 있다. 금융기업들이 보다 포용적으로 되어야 한다는 사회적, 국가적 압력과 동시에 각종 규제 조치들이 증가하고 있다. 또한 금융고객들은 그 어느 때보다도 더욱 더 영향력이 크고 요구 수준도 높을 뿐 아니라 매우 면밀해졌다. 날마다 쏟아지는 방대한 금융정보들로 인해 어떤 정보를 적절하게 활용하여 대응해야 할지는 매우 어려운 문제가 되었다. 아마도 금융환경과 고객의 신용위험도를 면밀하게 파악하여 고객관리를 한다면 이 같은 문제를 해결할 수 있을지도 모른다. 주요 금융기관들은 이미 왓슨을 이용하여 그들의 비즈니스 프로세스 지능화를 추진하고 있다. 왓슨은 은행, 회계계획, 투자 등을 포함하는 금융서비스 분야에서 방대한 데이터를 다루어야 하는 문제를 해결하고 있다.

소매

소매산업은 다양하게 변화하는 고객의 필요와 요구로 인해 빠르게 변화하고 있다. 모바일 기기와 사회망 서비스를 통해 그 어느 때보다 신속하게 더 많은 정보를 얻을 수 있게 된 고객들은 제품이나 서비스에 대한 기대가 매우 높다. 소매업자들도 고객들의 기대에 부응하기 위하여 애널리틱스를 활용하고 있지만, 그들 역시 어떻게 효과적이고 효율적으로 실시간 정보를 분석하여 경쟁력을 선점해야 하는지에 대한 문제에 직면해 있다. 방대한 양의 비정형 정보를 분석할 수 있는 왓슨의 지능형 컴퓨팅 능력을 이용하여 소매업자들은 가격책정, 구매, 유통, 인적자원 운영과 관련된 의사결정 프로세스를 재설계할 수 있다. 왓슨은 자연언어로 된 질문을 이해하고 답변할 수 있기 때문에 각종 사회망과 블로그, 상품평 등으로부터 얻어진 데이터를 통해 고객들의 반응과 평가를 분석하고 이에 대응하는 효과적인 해결책을 제시할 수 있다.

교육

보다 더 시각적이고 자극적인 성향이 강해지고 항상 온라인 미디어와 사회망에 연결되어 있으며 점점 집중할 수 있는 주기가 짧아지고 있는 오늘날의 학생들의 특징들을 고려해볼 때, 미래의 교육과 교실은 어떤 모습을 하고 있을까? 새로운 교육체계는 새로운 세대의 요구에 맞게 변모되어 맞춤형 학습계획, 시청각을 이용한 그래프나 표가 통합된 디지털 형태의 개인형 교재, 동적으로 변하는 교과과정, 24시간 이용 가능한 스마트 디지털 개인교사 등과 같은 것을 제공해야 할지 모른다. 왓슨이 이런 것들이 가능하도록 필요한 기능들을 가지고 있는 듯하다. 자연언어 처리능력은 학생들이 마치 그들의 선생님이나 개인교사 혹은 동료들과 대화를 나누는 똑같은 방식으로 왓슨과 대화가 가능하도록 할 수 있다. 이런 똑똑한 보조도구는 학생들의 질문에 답변해주고 궁금한 점들을 알려주며 교육과정에서의 지속적인 노력을 할 수 있게 돕는다.

공공서비스

중앙정부든 지방자치단체이든 간에 이들도 빅데이터의 폭발적인 증가로 인해 커다란 도전에 직면해 있다. 오늘날의 시민들은 그 어느 때보다도 많은 정보를 접할 수 있고 영향력이 커져서, 그들이 받고 있는 공공서비스의 가치에 대한 기대치가 상당히 높다. 정부조직 역시 시민들에게 공공서비스를 제공하기 위해 사용할 수 있는 비정형적이고 검증되지 않은 방대한 양의 데이터를 수집할 수도 있으나, 이런 데이터를 효과적이고 효율적으로 분석할 수 없으면 소용이 없다. IBM 왓슨의 지능형 컴퓨팅은 이렇게 쏟아져 나오는 많은 양의 데이터를 이용하여 정부에서 발생하는 의사결정 프로세스를 보다 신속하게 하고, 공무원들이 혁신과 새로운 영역을 개척하는 데 기여할 수 있다.

연구개발

매년 수천억 달러 규모의 예산이 연구개발에 사용되고, 대부분의 연구결과가 특허나 전문 학술 논문의 형태로 문서화되면서 방대한 양의 비정형 데이터가 생성된다. 현재의 지식을 보다 진보시키기 위해서는 이러한 데이터들을 면밀하게 분석하여 각 연구 분야의 범위를 확장할 수 있는지를 알아내는 것이 필요하다. 이러한 작업은 기존의 방법으로 수행할 경우 불가능하지는 않지만 매우 어려운 일이다. 그러나 왓슨은 방대한 양의 데이터를 수집하고 조합함으로써 연구자들에게 최선의 연구결과나 가능성에 대한 정보를 제공하는 것이 가능하다. 예를 들면, 뉴욕 유전자 센터는 급성 악성뇌종양으로 진단된 환자의 유전자 데이터를 분석하여 개인화 맞춤형 생명 연장을 위한 치료를 제공하기 위해 왓슨의 지능형 컴퓨팅 시스템을 이용하고 있다(Royyuru, 2014).

참고문헌

Bi, R. (2014). *When Watson Meets Machine Learning*. www.kdnuggets.com/ 2014/07/ watson-meets-machine-learning.html (accessed June 2014).

DeepQA. (2011). *DeepQA Project: FAQ, IBM Corporation*. www.research.ibm.com/ deepqa/faq.shtml (accessed April 2014).

Feldman, S., J. Hanover, C. Burghard, & D. Schubmehl. (2012). *Unlocking the Power of Unstructured Data*. www-01.ibm.com/software/ebusiness/jstart/downloads/ unlockingUnstructuredData.pdf (accessed May 2014).

Ferrucci, D., et al. (2010). "Building Watson: An Overview of the DeepQA Project," *AI Magazine*, 31(3).

IBM. (2014). *Implement Watson*. www.ibm.com/smarterplanet/us/en/ibmwatson/

implement-watson.html (accessed July 2014).

Liberatore, M., & W. Luo. (2011). "INFORMS and the Analytics Movement: The View of the Membership," *Interfaces*, 41(6): 578-589.

Robinson, A., J. Levis, & G. Bennett. (2010, October). "Informs to Officially Join Analytics Movement," *ORMS Today*.

Royyuru, A. (2014). "IBM's Watson Takes on Brain Cancer: Analyzing Genomes to Accelerate and Help Clinicians Personalize Treatments." Thomas J. Watson Research Center, www.research.ibm.com/articles/genomics.shtml (accessed September 2014).

제2장

데이터마이닝 서론

데이터마이닝(data mining)은 애널리틱스 가운데 가장 강력한 도구 중 하나일 것이다. 그 출발점은 1980년대 후반과 1990년대 초반까지 거슬러 올라가지만, 가장 영향력이 있는 데이터마이닝의 응용은 21세기에 들어서서 개발되었다. 많은 사람들에게 최근 애널리틱스의 인기가 높은 이유는 데이터마이닝의 활용이 늘어났기 때문이라고 믿고 있으며, 경영조직 내의 모든 계층에서 의사결정자들에게 필요한 통찰력과 지식을 추출하여 제공하고 있다. 데이터마이닝이라는 용어는 원래 데이터에서 이전에는 알 수 없었던 패턴을 발견하는 절차를 설명하는 데에 사용되었다. 소프트웨어 공급자나 컨설팅 기업들은 이것의 범위나 능력을 증가시켜서 데이터마이닝에 관련된 소프트웨어 도구와 서비스 판매를 늘릴 목적으로 대부분 형태의 데이터 분석을 포함하여 이 용어의 정의를 확장하였다. 하지만 모든 데이터 분석에 대한 지배적인 용어로써 애널리틱스라는 용어가 새롭게 출현함에 따라 데이터마이닝은 새로운 지식의 발견이 이루어지는 애널리틱스의 연속체로서 다시 적절히 자리를 잡아가고 있다.

하버드 비즈니스 리뷰에 실린 한 기사에서, 애널리틱스 분야에서 저명하고 존경받는 전문가인 토마스 데븐포트는 오늘날 비즈니스에서 가장 최근의 전략적인 무기는 데이터마이닝을 통한 새로운 지식의 발견에 기반을 둔 분석적 의사결정이라고 주장하였다(Davenport, 2006). 그는 최고의 고객서비스를 제공하면서 투자 회수를 최대화하기 위해 고객들에 대한 이해를 높이고, 확장된 공급망을 최적화하기 위해 애널리틱스를 사용했던(아직도 사용하고 있는) 아마존 닷컴, 캐피탈원, 매리어트 인터내셔널 등 기업들의 예를 들었다. 이 같은 성공은 기업이 공급자나 비즈니스 프로세스 그리고 확장된 공급망과 더불어 고객, 고객의 니즈와 요구 등을 진정으로 이해하기 위해(제1장에서 언급한) 세 가지 수준 — 서술적, 예측적 그리고 규범적 — 의 애널리틱스를 포함한 모든 수단을 다 추구할 때에 비로소 이루어질 수 있다.

데이터마이닝은 데이터를 정보와 지식으로 변환하는 과정이다. 지식경영 상황에서 데이터마이닝은 새 지식이 만들어지는 단계이다. 비교하여 설명하자면, 지식은 데이터와 정보와는 매우 다르다(그림 2.1 참조). 데이터는 사실이고 측정이며 통계인 반면, 정보는 시의적절하고(즉, 데이터로부터 응용가능한 시간대에 추론을 끄집어내고) 이해가능하게(즉, 원래 데이터에 관련하여) 구성되고 처리된 데이터이다. 지식은 전후관계가 있으며(contextual), 적절하고(relevant) 행동가능한(actionable) 정보이다. 예를 들면, 한 지역에서 다른 곳으로의 운전경로를 자세하게 알려주는 지도는 데이터라고 할 수 있다. 수 킬로미터 전방에서 진행 중인 도로공사로 인해 교통정체가 있을 것임을 분 단위로 업데이트하여 알려주는 고속도로 교통안내는 정보로 간주할 수 있다. 이면도로를 이용하는 대안을 생각하는 것은 지식으로 볼 수 있다. 이 경우에 지도는 한 지역에서 다른 곳으로의 운전시간과 조건에 영향을 주는 현재의 적절한 정보를 포함하지 않고 있으므로 데이터로 간주한다. 하지만 공사지역을 피해서 갈 수 있는

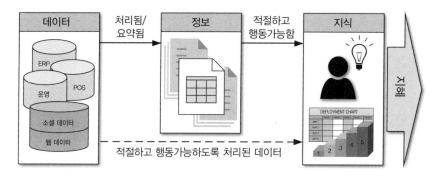

그림 2.1 데이터-정보-지식으로의 연속체

지식이 있을 때 비로소 현재의 교통조건이라고 하는 정보가 쓸모있다. 여기서 시사점은, 주어진 상황에서의 지식은 정보와는 구분되는 어떤 강한 경험적이고 반사적인 요소들을 가지고 있다는 점이다.

지식이 있으면 어떤 문제를 해결할 수 있지만 정보는 가지고 있는 것만으로는 해결할 수 없다. 이행할 수 있는 능력이야말로 지식을 가지고 있다는 것의 필수불가결한 부분이다. 예를 들어, 동일한 상황에서 똑같은 정보를 가지고 있는 두 사람이 똑같은 수준의 성공을 달성하는 데에는 정보를 사용하는 능력이 다를 수 있다. 즉, 인간은 가치를 부여하는 능력에 차이가 있다. 능력의 차이는 경험이나 교육, 관점 등의 차이에 의한 것일 수 있다. 데이터와 정보 그리고 지식은 모두 조직의 자산으로 볼 수 있지만 지식이 데이터와 정보에 비해 보다 수준 높은 의미를 제공한다. 지식은 의미를 전달하기 때문에 비록 그 수명은 짧지만 훨씬 더 가치가 있다.

데이터마이닝이라는 용어는 많은 사람들에게 낯설지 모르지만 뒤에 숨은 의미는 새로운 것이 아니다. 데이터마이닝에 사용되는 많은 기법들이 1950년대 초 이후에 이루어진 전통적인 통계분석과 인공지능 연구성과에 그 뿌리를 두고 있다. 그렇다면 왜 데이터마이닝이 비즈니스 세계에서 갑자기 주목을 받게 된 것일까? 다음 내용들이 가장 널리 알려진 이유들이다.

- **글로벌 규모에서 더욱 치열해진 경쟁** : 모든 수요를 만족시키기 위한 것보다 공급이 더 많다.
- **고객들의 니즈와 욕구가 지속적으로 변화** : 공급자 수가 증가하고 고품질, 저비용, 신속한 서비스 등의 제공 내용도 향상됨에 따라 고객들의 니즈는 급격하게 변화하고 있다.
- **데이터의 가치에 대한 인식** : 비즈니스 업계가 대규모 데이터 소스에서 그동안 이용하지 않았던 숨겨진 가치를 깨닫기 시작했다.
- **경영문화의 변화** : 데이터 주도형, 증거기반 의사결정이 관행처럼 이루어지고, 이로써 경영자들의 업무방식이 크게 바뀌고 있다.
- **데이터 확보 및 저장기술의 향상** : 다양한 소스로부터 데이터를 수집하고 표준적인 데이터 구조로 통합함으로써 고객, 공급자와 비즈니스 거래에 대한 양질의 데이터를 가질 수 있게 되었다.
- **데이터 웨어하우징의 출현** : 데이터베이스와 각종 데이터 저장소들이 데이터 웨어하우스 형태로 단일 장소에 통합 정리되어 애널리틱스와 경영의사결정을 지원하고 있다.
- **하드웨어와 소프트웨어 기술의 진보** : 컴퓨팅 장치들의 처리 및 저장능력이 기하급수적으로 향상되고 있다.
- **보유 비용** : 데이터 저장과 처리를 위한 하드웨어 및 소프트웨어의 능력은 향상되는 반면 그 비용은 급격히 감소하고 있다.
- **데이터의 가용성** : 인터넷 시대에 매우 크고 풍부한 정보를 가진 데이터 소스(사회관계망과 매체들)를 확인하고 발굴함으로써 현실에 대한 이해를 넓히기 위해 분석적이면서 실제적인 비즈니스를 위한 새로운 기회를 얻을 수 있다.

데이터는 어디에든 존재한다. 예를 들어, 인터넷 기반의 활동들에 의해 만들어진 데이터들이 급격히 증가하여 아주 최근까지도 특별한 이름조차 없던 숫자에까지 이르고 있을 정도이다. 많은 양의 게놈 데이터와 관련 정보들(학술논문이나 기타 출판매체를 통해 발표된 출판물과 연구결과물들의 형태)이 전 세계적으로 생성되고 축적되고 있다. 천문학이나 핵물리학 등의 연구에서도 정기적으로 엄청난 양의 데이터가 만들어지고 있다. 의료 및 의약 연구자들은 지속적으로 질병을 진단하거나 치료하고 또 새롭고 향상된 약을 만들기 위한 더 나은 방법을 찾기 위해 데이터들을 만들어내고 축적하고 있다. 데이터와 데이터마이닝이 상업적으로 가장 많이 사용되어 온 것은 아마도 재무, 소매, 건강관리 분야일 것이다. 데이터마이닝은 특히 보험금 청구나 신용카드 사용 등에 있어서 부정적 거래를 적발하거나 고객들의 구매패턴을 밝혀내고, 많은 이익을 가져다준 고객들을 찾아내며, 과거 데이터로부터 거래규칙을 확인하고, 장바구니 분석을 사용하여 수익성을 높이는 데 사용되고 있다. 데이터마이닝은 이미 목표 고객들을 보다 더 잘 찾아내는 데에 널리 사용되고 있으며 전자상거래가 보편화되면서 점점 더 필수불가결해지고 있다.

무엇이 데이터마이닝인가?

가장 기본적으로 데이터마이닝은 많은 양의 데이터로부터 지식(즉, 행동가능한 정보)을 발견(즉, 마이닝)하는 과정이라고 정의할 수 있다. 곰곰이 생각해 보면, 데이터마이닝이라는 용어는 적절하지 못한 표현이라는 생각이 든다. 즉, 암석이나 흙으로부터 금을 캐내는 것을 금 캐기(＝마이닝)라고 하지, 암석 마이닝 또는 흙 마이닝이라고 하지 않는다. 그러므로 데이터마이닝은 아마도 **지식마이닝** 또는 **지식발견** 등으로 이름 붙였어야 한다. 용어와 그 뜻이 이렇게 불일치하긴 해도 일반적으로 사용되어 왔다. 데이터마이닝 용어를 대신하여 데이터베이스로부터 지식의 발견, 정보추출, 패턴분석, 정보 사냥, 패턴 탐색, 기타 등등 몇 가지 다른 이름들이 제안된 바 있지만 어느 것도 특별히 주목받지 못했다.

데이터마이닝은 통계적, 수학적, 인공지능 기법과 알고리즘을 이용하여 큰 데이터 집합으로부터 유용한 정보와 그에 따른 지식(또는 패턴)을 추출하고 밝혀내는 과정이다. 이 패턴들은 비즈니스 규칙, 친화성, 상관관계, 추세, 예측 등의 형태일 수 있다. 파야드 등(Fayyad et al., 1996)은 데이터마이닝을 "정형화된 데이터베이스에 저장된 데이터에서 타당하고 새로우며 잠재적인 활용가능성이 있고, 궁극적으로 이해가능한 패턴들을 밝혀내는 단순하지 않은 과정"이라고 정의했는데, 여기서 데이터는 범주형, 순서형, 연속형 변수에 의해 구조화된 형태로 정리된 것이다. 이 정의에서 핵심이 되는 용어들의 의미는 다음과 같다.

- '과정'은 데이터마이닝이 많은 반복적인 단계들로 구성되었음을 의미한다.
- '단순하지 않은'이란 어떤 실험 형태의 탐색이나 추론이 필요하다는 뜻이다. 즉, 이미 정의되어 있는 양을 계산하는 것처럼 수월하지는 않다.
- '타당한'의 의미는 발견된 패턴들은 새 데이터에 대해서도 성립한다는 것을 충분히 확신할 수 있어야 한다는 것이다.
- '새로운' 것은 분석하려는 시스템의 상황에 있어서 그 패턴들이 사용자가 이전에 이미 알고 있던 것이 아니라는 뜻이다.
- '잠재적인 활용가능성'은 발견된 패턴들이 사용자나 과업에 어떤 이로움을 가져다줄 수 있어야 함을 의미한다.
- '궁극적으로 이해가능한' 패턴들은 비즈니스 측면에서 의미가 있어서, 사용자로 하여금 "이것은 의미가 있다. 내가 이 생각을 왜 미처 못했을까?"라는 말을(당장은 아니더라도, 적어도 약간의 시간이 지난 후에는) 할 수 있게끔 한다.

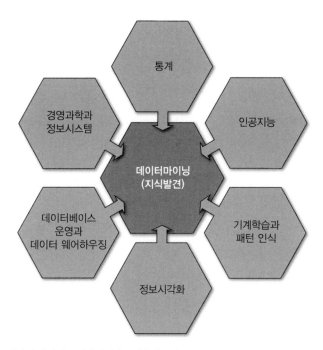

그림 2.2 데이터마이닝 : 지식발견을 위한 다분야 접근법

   데이터마이닝은 새로운 원리이기보다는 몇 가지 서로 다른 과학적 원리들이 교차하는 새로운 접근방법이다. 어느 정도는 새로운 지식을 창조하거나 발견하기 위해 데이터와 수학적 모형을 제안하는 새로운 철학이라고 할 수 있다. 데이터마이닝은 통계, 인공지능, 기계학습, 경영과학, 정보 시스템, 데이터베이스 등을 포함하는 여러 원리들의 능력들을 체계적이고 협력적인 방법으로(그림 2.2 참조) 활용한다. 데이터마이닝은 이들 과학 원리들의 종합적 능력을 사용하여 대규모 데이터 저장소로부터 유용한 정보와 지식을 추출함을 목표로 한다. 단기간에 많은 주목을 받아 온 분야이며 애널리틱스가 출현하고 인기를 얻게 되는 데에 동력이 되어 왔다.

무엇이 데이터마이닝이 아닌가?

데이터마이닝이 가지는 매력으로 인해 많은 사람들이 데이터와 조금이라도 관련된 모든 분야들이 다 데이터마이닝인 것처럼 사용해왔다. 예를 들면, 일상적인 인터넷 검색을 데이터마이닝이라고 부르기도 하는데, 물론 인터넷 검색이 특정한 질문·질의에 대한 답을 찾기 위해(즉, 발견하기 위해) 방대하고 다양한 데이터·정보 소스들을 밝혀내는 방법이기 때문에 데이터마이닝인 것처럼 보이는 것은 사실이다. 하지만 데이터마이닝은 통계적이고 기계학습 관련 기법을 활용함으로써 재사용이 가능한 패턴들을 발견하는 과정이다. 그러므로 데이터마이닝은 단순히 인터넷 질의를 하는 것보다 훨씬 논리적이고 과학적이다.

　데이터마이닝은 종종 OLAP(online analytical processing, 온라인 분석처리)과도 혼동된다. OLAP은 데이터 큐브를 활용하여 매우 큰 데이터베이스(또는 데이터 웨어하우스)를 검색하는 데이터베이스-질의법의 집합체로, 비즈니스 인텔리전스 움직임의 핵심 동력원이다. 큐브들은 데이터 웨어하우스에 저장된 데이터의 다차원 표현법이다. 큐브를 사용함으로써 OLAP은 "무슨 일이 벌어졌는가?", "어디서 벌어졌는가?", "언제 벌어졌는가?"와 같은 질문에 대답하기 위해 정형적인 데이터를 자르고 돌려봄으로써 의사결정을 돕는다. 듣기에 좀 무리가 있어 보이지만 ─ 아마도 효율성의 관점에서 보면 실제로 그렇게 무리가 있긴 하다 ─ OLAP은 데이터마이닝이 아니다. 데이터마이닝에 앞서 수행하는 것이다. 이들은 보다 빠른 의사결정을 위해 데이터를 정보와 지식으로 변환한다는 측면에서 서로 보완적이라고 할 수 있다. OLAP이 서술적 애널리틱스의 일부인 반면, 데이터마이닝은 예측적 애널리틱스의 핵심부분이다.

　통계학과 데이터마이닝에 대해 많은 논의가 있어 왔다. 어떤 사람들은 데이터마이닝이 통계학의 일부라고 주장하고 또 다른 사람들은 통계학이 데이터마이닝의 일부분이라고 한다. 데이터마이닝과 통계학은 같은 것이라고 하는 사람들도 있다. 이 논의의 중심에 뛰어들 생각은 없고, 다만 몇 가지 중요한 점을 언급하고 싶다. 데이터마이닝과 통계학은 많은 공통점이 있는데 모두 데이터에서의 관계를 찾는다는 것이다. 이들의 주요 차이점은 통계학은 잘 정의된 정리와 가설을 출발점으로 삼는 반면, 데이터마이닝은 느슨하게 정의된 발견물들의 서술문에서 출발한다는 것이다. 통계학은 가설을 검증하기 위해 데이터 표본(즉, 1차 데이터)을 수집하지만 데이터마이닝과 애널리틱스는 새로운 패턴과 관계들을 찾아내기 위해 기존의 데이터(즉, 주로 관측 또는 측정된 2차 데이터)를 사용한다. 또 다른 차이점은 사용하는 데이터의 크기이다. 데이터마이닝은 가능한 한 '큰' 데이터 집합을 찾는데 통계학은 적절한 크기의 데이터들을 추구하고, 만약 통계분석을 위해 필요한 것보다 데이터가 크다면 데이터의 표본을 사용한다. 통계학과 데이터마이닝은 '대규모 데이터'에 대한 서로 다른 정의를 사용한다. 통계학자들에게는 수백에서 천 개 정도의 데이터 점들이면 충분히 크지만 데이터마이닝 연구자들은 수백만 내지 수십억 개의 데이터 점들을 고려한다.

요약하자면, 데이터마이닝은 그저 인터넷 검색을 하거나 OLAP의 일상적 응용이 아니며 통계학과도 다르다. 데이터마이닝이 이들의 서술적 기법들을 활용하기는 하지만 애널리틱스 계층에서 볼 때 그 다음 단계에 있으며, 데이터와 모형을 사용하여 흥미있는 패턴들(관계와 향후 추세)을 발견한다.

데이터마이닝의 주요 응용 분야

데이터마이닝은 많은 복잡한 비즈니스 문제들과 기회들을 해결하는 데에 인기있는 도구가 되고 있다. 많은 분야에서 매우 성공적이고 도움이 됨을 증명하였는데, 다음 절에서 그들 중 일부를 나열하고 간단히 논할 것이다. 기존 문헌에서 데이터마이닝이 이미 상당부분 응용되지 않은 산업이나 문제들을 찾기란 쉽지 않다. 이들 데이터마이닝 응용 목표의 대부분은 지속가능한 경쟁 우위를 만들어내기 위해 복잡한 문제를 풀거나 새로운 기회를 찾으려는 것이다.

마케팅과 고객관계관리

고객관계관리(CRM)는 전통적인 마케팅의 확장이다. CRM의 목표는 고객들의 니즈와 요구사항들을 진심으로 이해함으로써 고객들과 일대일의 관계를 만드는 것이다. 비즈니스가 다양한 상호작용(예 : 제품문의, 판매, 서비스 요청, 보증수리 전화, 제품평가, 사회관계매체 연결)을 통해 오랜 기간에 걸쳐 고객들과 관계를 만들어감에 따라 엄청난 양의 데이터를 축적한다. 풍부한 정보를 담고 있는 이들 데이터는 인구통계적 및 사회경제적 속성들과 결합하여 신제품이나 서비스에 가장 잘 반응·구매할 것 같은 고객들을 찾아내고(이를테면 고객 프로파일링), 고객들을 유지하기 위해 고객과의 마찰 근본원인을 이해하거나(해약분석), 매출과 고객가치를 최대화하기 위해 제품들과 서비스 간의 시간에 따라 변화하는 관계들을 발견하고, 관계 강화와 매출 극대화를 위해 가장 수익성 있는 고객들과 그들이 선호하는 니즈들을 발견할 수 있다.

뱅킹과 재무

데이터마이닝은 은행과 기타 금융기관들이 다양한 문제들과 기회들을 해결하는 데에 도움이 될 수 있다. 데이터마이닝은 채무불이행 가능성이 높은 고객들을 정확하게 예측하고 찾아냄으로써 금융대출 요청의 처리를 간소화하고 자동화할 수 있으며, 신용카드나 온라인 뱅킹에서 부정거래를 탐지하고 고객들이 구매할 가능성이 높은 제품이나 서비스들을 판매

함으로써 고객가치를 극대화하는 새로운 방법을 찾으며, ATM이나 은행 지점 등과 같은 뱅킹 매체들의 현금 흐름을 정확히 예측하여 현금 회수를 최적화하는 데에 사용될 수 있다.

소매점과 물류

데이터마이닝은 소매점에서 올바른 재고수준을 결정하기 위해 특정 소매점에서의 판매액과 판매량을 정확하게 예측하고, 상점의 상품배열을 개선하고 최적의 판촉활동을 하기 위해(장바구니 분석으로) 여러 상품들 간의 판매 관계를 밝히며, (계절 및 환경조건에 근거하여) 여러 상품 형태별로 소비수준을 예측하고 물류를 최적화하여 매출을 극대화하며, 상품들의 추이에 있어서(특히 유효기간, 부패나 오염의 가능성이 있어서 진열기간에 제한이 있는 상품들에 대해) 공급사슬 내에서 센서 및 RFID 데이터를 분석함으로써 흥미로운 패턴들을 발견하는 데에 사용될 수 있다.

제조업

제조업에서는 센서 데이터를 사용하여(조건기반 유지보수를 사용함) 기계장치의 고장을 사전에 예측할 수 있고, 생산 시스템에서 제조능력을 최적화하기 위해 비정상성과 공통성을 확인하며, 제품 품질을 확인하고 향상하기 위한 새로운 패턴을 발견하는 데에 활용할 수 있다.

중개업과 주식거래

중개업자들과 증권거래업자들은 언제 얼마의 가격으로 특정 주식이나 증권의 가격이 변화할 것인지 예측하는 데에 데이터마이닝을 적용할 수 있으며, 시장변동의 범위와 방향을 예측하고, 특정 이슈들이나 사건들이 전체 시장 동향에 미치는 영향을 평가하며, 주식거래에 있어서 부정거래 활동을 차단하는 데에 사용할 수 있다.

보험

보험산업은 데이터마이닝 기법을 사용하여 재산에 대한 보험청구액과 보다 나은 비즈니스 기획을 위한 의료보상 범위 비용 등을 예측하고, 보험청구와 고객 데이터 분석에 의해 최적의 보험요율계획을 수립하며, 특별한 구색을 갖춘 새로운 보험상품을 어떤 고객이 구입할 가능성이 높은가를 예측하고 부정확한 보험청구금 지급이나 보험사기 등을 밝혀내고 방지할 수 있다.

컴퓨터 하드웨어와 소프트웨어

데이터마이닝에 의해 디스크 드라이브 고장이 실제로 발생하기 훨씬 전에 예측해낼 수 있으며, 원치 않는 웹콘텐츠나 이메일 메시지를 확인하고 걸러내며, 컴퓨터 네트워크에의 보안침투를 탐지하고 방지하며, 잠재적으로 안전하지 않은 소프트웨어 제품을 찾아낼 수 있다.

정부 및 국방

데이터마이닝은 정부 및 군사 응용 프로그램도 많이 가지고 있다. 군 인력과 장비들을 이동하는 비용을 예측하고, 적들의 동향을 예측하여 군사작전에 있어서 보다 성공적인 전략을 만들며, 기획과 예산 수립을 개선하기 위한 자원소비 예측을 하고, 조직 전체의 지식 공유를 개선하기 위해 군사작전으로부터 얻은 독특한 경험, 전략, 교훈 등의 등급을 매기는 데에 사용한다.

여행 및 숙박

데이터마이닝은 여행업에서도 다양하게 활용되고 있다. 시간에 따라 변화하는 거래의 함수로써 수익을 최대화하기 위한 최적의 서비스 가격을 결정(일반적으로 수율관리라고 함)하기 위해 여러 서비스들(예 : 비행기

좌석 형태, 호텔이나 리조트의 방 형태, 렌터카 기업에서 차의 형태)의 판매액을 예측하거나 제한된 조직의 자원들을 잘 배분하기 위해 여러 지점들의 수요를 예측하고, 가장 수익성이 높은 고객들을 확인하여 그들과의 지속적인 비즈니스 유지를 위해 맞춤형 서비스를 제공하며, 마찰의 근본 원인을 밝히고 대응함으로써 훌륭한 종업원들을 계속 고용할 수 있도록 한다.

건강 및 보건

데이터마이닝은 건강관리 분야에 매우 많이 응용되고 있다. 개인이나 집단이[착용가능한(wearable) 건강감시장치들에 의해 수집된 데이터를 분석함으로써] 보다 건강한 라이프스타일을 추구하도록 도우며, 건강보험이 없는 사람들이 어떤 사람들인지와 그러한 바람직하지 않은 현상의 원인이 무엇인지 밝히고, 보다 효과적인 전략을 수립하기 위해 여러 처방들 간에 비용-이익 관계를 밝혀내며, 조직의 자원들을 최적으로 할당하기 위해 여러 서비스 지역에서의 수요의 수준과 시간을 예측하고, 고객과 종업원 간의 마찰 원인을 이해하는 데에 사용될 수 있다.

제약

데이터마이닝은 기존의 의료연구, 특히 임상치료와 생물학에 있어서 매우 중요한 보조수단이다. 데이터마이닝 분석은 암이 있는 환자들의 생존성을 높이기 위하여 새로운 패턴들을 찾아내며, 장기기증자-조직의 부합 정책을 개선해서 장기이식의 성공률을 예측하고, 인간 염색체에 있어서 여러 유전자의 기능을 밝히며[유전체학(genomics)이라고 함], 의료진이 적절한 시간에 의사결정을 내리도록 돕기 위해 증상과 질병 간의(마찬가지로 질병과 성공적인 치료 간의) 관계를 밝히는 데에 사용될 수 있다.

연예오락산업

데이터마이닝은 연예오락산업에서 황금시간대에 어느 프로그램을 배치하고 광고를 어디에 삽입하는가를 결정하여 시청자들이 최대한 다시 돌아오게 하는 방법을 찾기 위해 시청자 데이터를 분석하는 데에 사용할 수 있으며, 영화를 제작할 때 투자를 할지 결정하고 수익을 최적화하기 위해 사전에 영화의 성공 가능성을 예측하고, 연예 이벤트의 일정을 정하고 자원을 최적으로 배치하기 위해 여러 장소와 여러 시간대에서의 수요를 예측하며, 수익을 극대화하기 위해 최적의 가격정책을 수립하는 데에 사용할 수 있다.

국토안전 및 법 집행

국토안전과 법률 집행 분야에서도 데이터마이닝이 많이 응용되고 있다. 테러리스트들의 움직임 패턴을 분석하는 데에 사용되기도 하고 범죄패턴(이를테면 위치, 시간대, 범죄 행태, 기타 관련 속성들)을 발견하여 적시에 범죄사건들을 해결하는 데에 도움을 줄 수 있으며, 특수 목적의 센서 데이터를 분석함으로써 국가 시설물에 대해 혹시 있을지도 모르는 생물학적, 화학적 공격을 예측하고 제거하며, 중요한 정보 인프라에 대한 악의적인 공격(정보전쟁)을 확인하고 차단하는 데에 적용될 수 있다.

스포츠

데이터마이닝은 미국에서 NBA 소속 농구팀들의 성적을 향상시키는 데에 사용되었다. 메이저 리그 야구팀들은 시즌을 성공적으로 이끌기 위해 제한된 자원을 최적으로 활용하는 예측적 애널리틱스와 데이터마이닝을 사용한다[실제로 애널리틱스를 농구에서 사용하는 것에 관한 인기영화 머니볼(Moneyball)이 있다]. 오늘날 대부분의 프로 스포츠에서는 데이터 크런처(data cruncher)를 고용해서 데이터마이닝을 이용하여 승률을 높이려고 하고 있다. 데이터마이닝 응용은 프로 스포츠에 국한되지 않는다. 최근 발표된 논문에 의하면 델렌 등(Delen et al., 2012)은 NCAA(미국대학경기협회) 보울게임의 결과를 예측하는 모형을 개발하였는데, 두 상대팀들의 이전 게임 통계들에 대해 광범위한 변수들을 활용하였다. 라이트(Wright, 2012)는 NCAA 농구 챔피언결정전['3월의 광란(March Madness)']이라고 하는 시험의 정답을 알아내기 위해 다양한 예측변수들을 사용했다. 요약해서 말하자면, 데이터마이닝으로 스포츠 이벤트의 결과를 예측하고 특정 상대팀에 대한 승산을 높일 방법을 찾아내며, 팀이 가장 좋은 성적을 내기 위해 가용한 자원들(예 : 재정, 관리, 선수)의 능력을 최대한 발휘하도록 할 수 있다.

데이터마이닝은 어떤 종류의 패턴을 찾아낼 수 있는가?

데이터마이닝은 (조직의 데이터베이스로부터 또는 외부 소스로부터 얻은) 적절한 데이터들을 활용하여 데이터 집합에 존재하는 속성들(이를테면 변수 또는 특징들) 간에 패턴을 확인하는 모형을 만든다. 모형은 대개 데이터 집합 내에 기술되어 있는 객체들(예 : 고객들)의 속성들 간에 존재하는 관계(단순 선형 상관관계 또는 복잡한 고차원의 비선형관계)를 밝히는 수리적 표현이다. 이들 패턴들의 일부는 서술적(속성들 간의 상호관계와 유사성들을 설명하는)인 반면, 다른 것들은 예측적(어떤 속성들의 미래값들을 조망하는)이다. 일반적으로 데이터마이닝은 다음 세 가지 패턴의 형태를 확인한다.

- 연관분석(association)은 '맥주와 기저귀' 또는 '빵과 버터' 등이 함께 구매되는 것처럼 더불어 발생하는 집단들을 찾아낸다(즉, 장바구니 분석). 또 다른 형태의 연관관계 패턴은 사물 또는 사건의 순차

(sequence)를 찾아낸다. 이들 순차들의 관계를 통해 예를 들어 은행에 자유입출금계좌를 가지고 있는 어떤 고객이 적금계좌를 만들고, 또 1년 이내에 투자계좌를 만들 것인가를 예측하는 것처럼 시간에 따른 순서가 있는 사건들의 패턴을 발견할 수 있다.

- 예측(prediction)은 슈퍼보울의 승자를 예측하거나 특정한 날의 기온을 예상하는 등 과거에 발생했던 것을 기초로 해서 어떤 사건의 미래 발생 성향에 대해 설명하는 것이다.

- 군집(cluster)은 인구통계학적 기록과 과거 구매 행태를 바탕으로 고객들의 종류를 서로 다른 집단으로 분류하는 것처럼, 이미 알려진 특징에 근거하여 사물들의 자연스런 집단을 형성해준다.

이러한 형태의 패턴들은 수세기 동안 사람이 직접 데이터로부터 추출하였지만 현대에 와서 데이터의 양이 증가함에 따라 보다 자동화된 방법이 필요해졌다. 데이터 집합의 크기와 복잡도가 증가하면서 직접적이고도 수동적인 데이터 분석은 점차 복잡한 방법론과 알고리즘들을 사용하는 간접적이고 자동화된 데이터 처리 도구의 도움을 받게 되었다. 그러한 자동화 및 반자동화된 대규모 데이터 집합의 처리수단들이 지금 데이터마이닝이라고 부르는 것이다.

이전에 언급했듯이, 일반적으로 데이터마이닝 과업과 패턴들은 예측, 연관분석, 군집 등 세 가지로 구분할 수 있다. 과거 데이터로부터 패턴들이 추출되는 방식에 의해 데이터마이닝의 학습 알고리즘은 지도학습(supervised learning)과 비지도학습(unsupervised learning)으로 나눌 수 있다. 지도학습 알고리즘에서는 훈련 데이터가 서술적 속성(즉, 독립변수 또는 결정변수)과 부류(class) 속성(즉, 출력변수 또는 결과변수) 모두를 포함하고 있다. 반면에 비지도학습에서 훈련 데이터는 서술적 속성들만 가지고 있다. 그림 2.3은 데이터마이닝 과업들에 대해 간단히 분류하고

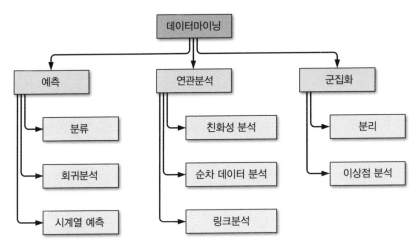

그림 2.3 데이터마이닝의 간단한 분류

그것들에 대한 학습법 및 자주 사용되는 알고리즘을 보이고 있다. 세 가지 주요 범주 가운데 예측 패턴·모형은 지도 학습과정의 결과물로 볼 수 있고, 연관분석과 군집화 패턴·모형은 비지도 학습과정의 결과물이라고 볼 수 있다.

예측은 대개 미래에 대해 이야기하는 데에 사용된다. 이는 단순한 추측 (guessing)과는 구별되는데, 미래를 이야기하는 작업을 수행함에 있어서 경험이나 의견, 기타 적절한 정보 등을 고려한다. 예측과 주로 관련이 있는 용어로 예상(forecasting)이 있다. 많은 사람들이 이 두 용어들을 동의어로 사용하고 있지만 둘 사이에는 미묘한 차이가 있다. 예측은 대부분 경험과 의견에 기반하고 있지만 예상은 데이터와 모형에 근거한다. 즉, 신뢰도가 높아지는 순으로 정렬한다면 추측, 예측, 예상의 순서가 적절할 것이다. 데이터마이닝 용어에서는 예측과 예상은 동의어로 취급되며, 보통 예측은 행동을 나타내는 것으로 사용한다. 예측하는 것이 무엇인가에 따라 예측은 보다 구체적으로 분류(예측하는 대상이 내일의 날씨와 같이 '비' 또는 '맑음'처럼 분류 라벨인 경우)라고 부르거나 회귀(예측하는 대상이 내일의 기온처럼 '65℉'와 같은 숫자인 경우)라고 하기도 한다.

분류 또는 지도적 유도(supervised induction)는 데이터마이닝 과업 중 가장 일반적이다. 분류의 목적은 데이터베이스에 저장된 과거 데이터를 분석하고 미래 행태를 예측하는 모형을 자동적으로 만들어주는 것이다. 여기서 만들어진 모형은 훈련 데이터 집합의 레코드들을 일반화하여 이로써 사전에 정의된 부류들을 구분할 수 있게 해준다. 아직 분류되지 않은 레코드들의 부류를 예측하고, 더 중요하게는 실제 미래 사건들을 정확하게 예측하는 데에 이 모형을 사용할 수 있기를 기대한다.

대부분의 분류도구들은 신경망과 결정나무(기계학습에 의해), 로지스틱 회귀 및 판별분석(전통적인 통계학에 의한) 그리고 거친집합(rough set), 지지벡터기계(SVM), 유전 알고리즘과 같은 최근 개발된 도구들을 포함한다. 통계학 기반의 분류 기법들은(예 : 로지스틱 회귀, 판별분석) 데이터에 대해 독립성과 정규성 등과 같은 비현실적인 가정을 한다는 비판을 받아 왔으며, 이로써 분류 형태의 데이터마이닝 프로젝트에서의 활용이 제한적이었다.

신경망(이 기계학습 알고리즘의 보다 상세한 내용에 대해서는 제5장을 참조)은 잘 구성된 데이터 집합의 형태로 표현된 과거 경험에 의한 수학적인 구조의 전개(인간 두뇌 속의 생물학적 신경망과 어느 정도 유사함)를 통해 학습하는 능력을 가진다. 관련 변수들의 개수가 매우 많고 그들 간의 관계가 복잡하고 부정확할 때 보다 더 효율적인 모습을 보이는 경향이 있다. 신경망은 장점과 함께 단점도 있다. 예를 들어, 신경망에 의해 제공된 예측값에 대해 합리적인 해석을 하기가 매우 어렵다. 또한 신경망은 매우 많은 훈련이 필요하다. 불행히도 훈련에 필요한 시간은 데이터의 양이 증가함에 따라 지수적으로 늘어나는 경향이 있으며, 일반적으로 신경망은 매우 큰 데이터베이스에서는 훈련을 하지 못한다. 이러한 점들 때문에 데이터가 매우 풍부한 부문에서는 신경망을 적용하는 데에 한계가 있다.

결정나무는 입력변수의 값에 의해 데이터를 유한개의 부류로 분류한다. 결정나무는 기본적으로 '~이면 ~이다(if-then)' 문장을 계층구조화한 것이며, 그래서 신경망보다 훨씬 빠르고 범주형 및 구간형 데이터에 가장 적합하다. 그러므로 연속형 변수를 결정나무 틀에 포함시키기 위해서는 이산화 과정 — 즉, 연속형 수치값을 범위 및 범주로 바꾸어주는 작업이 필요하다.

분류도구 가운데 관련 범주에 들어가는 것이 규칙 유도(rule induction)이다. 결정나무와는 달리 규칙 유도에서는 '~이면 ~이다'의 문장들을 훈련 데이터로부터 직접 유도하는데 계층구조 형태일 필요는 없다. SVM, 거친집합, 유전 알고리즘 등과 같이 보다 최근에 개발된 기법들은 분류 알고리즘들 가운데 각자의 자리를 점차 찾아나가고 있으며, 제5장의 데이터마이닝 알고리즘에 대한 논의에서 보다 자세히 다룬다.

데이터마이닝에서 흔히 **연관규칙**이라고 부르는 **연관분석**은 큰 데이터베이스에서 변수들 간의 흥미로운 관계를 찾아내는 것으로 잘 알려져 있고 연구도 많이 이루어진 기법이다. 바코드 스캐너와 같이 자동화된 데이터 수집 기법들 덕분에 슈퍼마켓에서 판매시점(point-of-sales, POS) 시스템에 의해 기록되는 대규모의 거래기록 내에서 상품들 간의 규칙성을 발견하는 데에 연관규칙을 사용하는 것은 소매업에서는 흔한 지식발견 작업이 되었다. 소매업에서는 연관규칙 마이닝을 흔히 **장바구니 분석**이라고도 한다.

연관규칙 마이닝에서 파생되어 많이 쓰이는 두 가지 기법들은 링크 분석과 순차 데이터마이닝이다. 링크 분석은 웹페이지와 학술논문 저자들 간의 상호 참조관계 등의 링크와 같이 많은 관심대상 객체들 간의 연결관계를 자동으로 찾아내는 것이다. 순차 데이터마이닝에서는 시간 흐름에 따른 연관관계를 찾아내기 위해 관계들의 발생 순서에 대해 검토를

한다. 연관규칙 마이닝에 사용되는 알고리즘들은 잘 알려진 아프리오리 (Apriori)(빈발 항목들을 찾아냄), FP-성장, OneR, ZeroR, Eclat 등이 있다. 제4장의 '데이터마이닝에서 데이터와 방법'에서 아프리오리 알고리즘을 설명한다.

군집화는 사물들(이를테면 객체, 사건 등 구조화된 데이터 집합으로 제공된 것들)을 유사한 특성을 공유하는 멤버들로 구성된 조각(또는 자연스런 그룹화)들로 나눈다. 분류와는 달리 군집화에서는 부류 라벨은 알지 못한다. 선택된 알고리즘을 데이터 집합에 적용해감에 따라 데이터들의 특성에 따른 공통점이 밝혀지고 군집이 만들어진다. 군집은 휴리스틱 형태의 알고리즘을 사용하여 정해지고 서로 다른 알고리즘을 사용하면 동일한 데이터 집합에 대해서도 서로 다른 군집들이 만들어질 수 있으므로, 군집화 기법들의 결과를 실제로 적용하기 전에 해당 분야 전문가들로 하여금 제안된 군집들을 해석하고 필요할 경우 수정할 수 있다. 타당한 군집이 만들어진 후에 이제는 새 데이터를 분류하고 해석하는 데에 사용할 수 있다.

군집화 기법은 최적화도 포함하고 있다. 군집화의 목표는 각 그룹 내소속 데이터들이 최대의 유사도를 가지며 서로 다른 그룹들 간에 있는 데이터끼리는 유사도가 최소의 그룹을 만드는 것이다. 가장 널리 사용되는 군집화 기법에는 k-평균(통계학에서)과 코호넨(Kohonen, 1982)에 의해 개발된 특이하고 새로운 신경망 구조인 자기조직화 지도(self-organizing maps)(기계학습에서)가 있다.

기업에서는 종종 군집분석으로 시장분할을 실시한다. 군집분석은 다른 군집에 있는 항목들보다는 같은 군집에 있는 항목들이 더 공통점이 많도록 항목들의 부류를 확인하는 방법이다. 이 방법은 고객들을 분류하고 적절한 마케팅 상품들을 해당 부류의 고객들에게 적시에 적절한 형태로 적당한 가격에 제공하는 데에 사용할 수 있다. 군집분석은 또한 이들 그룹들의 공통된 특성집합들이 군집을 설명할 수 있도록 사건이나 객체들이 자연스레 그룹화하는 데에 사용할 수 있다.

데이터마이닝에 연관된 기법들 가운데 시각화와 시계열 예측이 있다. 시각화는 다른 데이터마이닝 기법과 함께 사용되는데, 데이터 속에 내재된 관계들을 보다 더 명확하게 이해하도록 한다. 최근에 이 시각화에 대한 중요성이 증가하면서 **시각화 애널리틱스**라는 용어도 나왔다. 애널리틱스와 시각화를 하나의 환경으로 통합하여 더 쉽고 빠르게 지식창조를 하자는 것이 아이디어이다. 시각화 애널리틱스는 제4장에서 자세히 다룰 것이다. 시계열 예측에서 데이터는 시간에 따라 동일한 간격으로 기록되는 동일한 변수의 값으로 구성된다. 이 데이터는 그 변수의 미래 값을 외삽하는(extrapolate) 예측 모형을 개발하는 데에 사용한다.

많이 쓰이는 데이터마이닝 도구들

수많은 소프트웨어 개발기업들이 강력한 데이터마이닝 도구들을 제공하고 있다. 이들 중 몇몇 기업체들은 데이터마이닝과 통계분석 소프트웨어만을 제공하는 반면, 데이터마이닝 소프트웨어 제품뿐만 아니라 컨설팅과 더불어 폭넓은 소프트웨어와 하드웨어들을 제공하는 대기업들도 있다. 데이터마이닝 도구를 공급하는 기업들의 예를 들면, IBM(예전에 SPSS PASW Modeler와 Clementine이라고 알려졌던 IBM SPSS Modeler), SAS(Enterprise Miner), StatSoft(Statistica Data Miner―지금은 델 컴퓨터), KXEN(Infinite Insight―현재는 SAP), Salford(CART, MARS, TreeNet, RandomForest), Angoss(KnowledgeSTUDIO와 KnowledgeSeeker), Megaputer(PolyAnalyst) 등이다. 중요하지만 놀라울 것 없는 것이, 대부분의 인기 있는 데이터마이닝 도구들은 원래 잘나가던 통계 소프트웨어 기업들에 의해 개발된 것들이기 때문이다(SPSS, SAS,

StatSoft). 이는 대개 데이터마이닝의 기초는 통계이기 때문이며 이들 기업은 비용 효과적으로 전체 규모의 데이터마이닝 시스템을 구축하는 방법을 가지고 있다.

대부분의 비즈니스 인텔리전스 도구 기업들(IBM Cognos, 오라클 하이페리온, SAP Business Objects, Microstrategy, 테라데이터, 마이크로소프트)도 어느 정도는 그들이 제공하는 소프트웨어 내부에 데이터마이닝을 할 수 있도록 포함시켜 두고 있다. 이들 BI 도구들은 아직은 다차원 모형화와 데이터 시각화라는 점에서의 서술적 애널리틱스에 초점을 두고 있으며 데이터마이닝 도구 기업들과는 직접적인 경쟁자라고 간주되지 않는다.

상용 데이터마이닝 도구들 뿐만 아니라 인터넷을 통해 획득가능한 몇몇 오픈소스들과 무료 데이터마이닝 소프트웨어 도구들이 있다. 역사적으로 가장 인기 있는 무료(오픈소스) 데이터마이닝 도구는 Weka인데, 뉴질랜드의 와이카토 대학교의 여러 연구자들이 개발하였다(cs.waikato. ac.nz/ml/weka/에서 다운받을 수 있다). Weka는 여러 데이터마이닝 과업에 맞는 수많은 알고리즘을 포함하고 있으며, 직관적인 사용자 인터페이스를 가지고 있다. 또 하나는 최근에 발표되어 빠른 속도로 인기를 얻은 무료(비상업적 용도인 경우) 데이터마이닝 도구는 RapidMiner인데, RapidMiner.com이 개발하였다(rapidminer.com에서 다운받을 수 있다). 그래픽이 향상된 사용자 인터페이스와 수많은 알고리즘의 활용 그리고 다양한 데이터 시각화 특징을 함께 가지고 있어서 다른 무료 데이터마이닝 도구들과는 구별된다. 매력적인 그래픽 사용자 인터페이스를 가진 또 다른 무료 오픈소스 데이터마이닝 도구로는 KNIME가 있다(knime.org에서 다운받을 수 있다).

Enterprise Miner나 IBM SPSS Modeler, Statistica 등과 같은 상업용 도구들과 Weka, RapidMiner, KNIME 등의 무료 도구 간의 가장 큰 차이점

표 2.1 | 많이 쓰이는 데이터마이닝 소프트웨어 도구들

제품	웹사이트(URL)
SAS Enterprise Miner	sas.com/technologies/bi/analytics/index.html
IBM SPSS Modeler	spss.com/Clementine
Statistica	statsoft.com/products/dataminer.htm
Intelligent Miner	ibm.com/software/data/iminer
PolyAnalyst	megaputer.com/polyanalyst.php
CART, MARS, TreeNet, RandomForest	salford-systems.com
Insightful Miner	insightful.com
XLMiner	xlminer.net
KXEN Infinite Insight	kxen.com
GhostMiner	fqs.pl/ghostminer
Microsoft SQL Server Data Mining	microsoft.com/sqlserver/2012/data-mining.aspx
Knowledge Miner	knowledgeminer.net
Teradata Warehouse Miner	ncr.com/products/software/teradata_mining.htm
Oracle Data Mining (ODM)	otn.oracle.com/products/bi/9idmining.html

은 대개 계산의 효율성이다. 큰 데이터 집합에 대해서 동일한 데이터마이닝 과업을 해도 무료 소프트웨어는 훨씬 더 오랜 시간이 걸리며, 어떤 알고리즘의 경우에는 작업을 마치지 못하기도 한다(즉, 컴퓨터 메모리를 효율적으로 사용하지 못함으로 인해서 시스템이 기능을 멈춘다). 표 2.1은 주요 데이터마이닝 제품들과 웹사이트를 보여주고 있다.

데이터마이닝 연구를 위해 점점 더 많이 사용되는 비즈니스 인텔리전스 도구는 마이크로소프트의 SQL Server이다. 이를 통해 데이터와 모형들이 같은 관계형 데이터베이스 환경에 저장되며, 이로써 모형관리가 매우 쉬워진다. 마이크로소프트 엔터프라이즈 컨소시엄은 SQL 서버 2012 소프트웨어 모음을 학술 목적(즉, 강의와 연구)으로 사용하기 위한 세계적인 공급원이다. 이 컨소시엄은 세계의 대학들이 캠퍼스 내에 필요한 하

드웨어와 소프트웨어들을 가지고 있지 않으면서도 엔터프라이즈 기술에 접근할 수 있도록 한다. 컨소시엄은 샘스클럽, 딜라드, 타이슨 푸드 등으로부터 얻은 수많은 대형의 실제 데이터 집합과 함께 광범위한 비즈니스 인텔리전스 개발 도구들을 제공한다. 마이크로소프트 엔터프라이즈 컨소시엄은 무료이며 학술 목적으로만 사용할 수 있다. 미국 알칸소 대학의 샘 월튼 경영대학에서는 엔터프라이즈 시스템을 유치하여 컨소시엄 회원들과 학생들로 하여금 간단한 원격 데스크탑 연결을 사용하여 이들 자원에 접근할 수 있게 하고 있다. 따라하기 쉬운 사용지침서와 예제 및 이 컨소시엄에 합류하는 자세한 내용은 http://enterprise.waltoncollege.uark.edu/mec.asp을 보라.

2014년 kdnuggets.com(데이터마이닝과 애널리틱스에서 잘 알려진 웹 포털)은 제15회 소프트웨어 여론조사에서 "당신은 지난 12개월 동안 실제 프로젝트에서 어떤 애널리틱스, 데이터마이닝, 데이터사이언스 소프트웨어·도구를 사용하였습니까?"라는 질문을 던졌다. 이 조사는 애널리틱스와 데이터마이닝 업계 및 커뮤니티로부터 큰 주목을 받았고 3,285명이 응답하였다. 이 조사를 통해 얼마나 다양한 데이터마이닝 도구들이 사용되며 기업들이 얼마나 열심히 자사제품 홍보를 하였는가를 판단하였다. 그 결과 몇 가지 흥미로운 점들은 다음과 같다.

- 많은 데이터마이닝 사용자들은 애널리틱스 프로젝트를 수행함에 있어서 2개 이상의 도구를 사용한다.
- 상업용과 무료 소프트웨어 간의 간격은 계속 줄어들고 있다. 2014년 응답자의 71%가 상업용을 사용하였고 78%가 무료 소프트웨어를 사용하였다. 22% 가량은 상업용만 사용하였다(2013년의 29%보다는 감소). 약 28.5%는 무료 소프트웨어만 사용(2013년 30%에서 약간 감소)하였으며 49%는 무료와 상업용 모두 사용하였다(2013년 41%에서

상승). 이 숫자들은 더 많은 사용자들이 무료, 오픈소스 도구들을 애널리틱스 영역에 포함시키고 있음을 시사한다.

- 약 17.5%는 하둡이나 기타 빅데이터 도구들(2013년의 14%에서 증가)을 사용했다고 응답했다. 이것은 빅데이터 도구들과 기술들의 인기가 상승하고 있음을 나타낸다.

여론조사에서 밝혀진 사용자 비중별 상위 10개 도구들은 다음과 같다.

1. RapidMiner, 44.2%(2013년 39.2%에서 상승)
2. R, 38.5%(2013년 37.4%)
3. 엑셀, 25.8%(2013년 28.0%)
4. SQL, 25.3%(2013년 자료 없음)
5. 파이썬, 19.5%(2013년 13.3%)
6. Weka, 17.0%(2013년 14.3%)
7. KNIME, 15.0%(2013년 5.9%)
8. 하둡, 12.7%(2013년 9.3%)
9. SAS base, 10.9%(2013년 10.7%)
10. 마이크로소프트 SQL 서버, 10.5%(2013년 7.0%)

2% 이상의 비중을 가진 도구들 가운데 2014년 가장 크게 성장한 것은 Alteryx인데 2013년 0.3%에서 2014년 3.1%로 늘어났다. SAP(BusinessObjects, Sybase, Hana 포함)는 1.4%에서 4.1%로 늘었고 BayesiaLab은 1.0%에서 4.1%로 증가하였으며 KNIME는 5.9%에서 15.0%로 비중이 높아졌다. 2% 이상의 비중을 가진 도구들 가운데 2014년 가장 많이 하락한 도구는 StatSoft Statistica(지금은 Dell의 일부)인데 2013년 9.0%에서 2014년 1.7%로 떨어졌다(Statistica에 대한 홍보 부족이 일부 원인). Stata는 2.1%에서 1.4%로, BM Cognos는 2.4%에서 1.8%로 감소하였다.

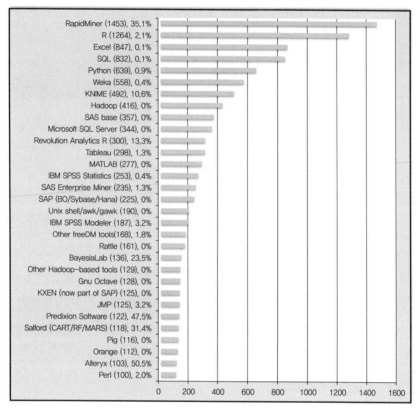

그림 2.4 가장 많이 쓰이는 데이터마이닝 및 애널리틱스 소프트웨어 도구들(사용자 응답 결과)

출처 : kdnuggets.com의 승인하에 사용

그림 2.4는 100개 이상 응답을 받은 도구들에 대한 의견조사결과이 다. 표에서 도구이름 뒤 괄호 안의 숫자가 응답수이며, 그 뒤는 '단독사 용' 백분율, 즉 그 도구만 사용하는 응답자의 비중이다. 예를 들어, 파이 썬 사용자의 0.9%만이 파이썬만을 사용하는 반면 RapidMiner 사용자의 35.1%는 이 도구만 사용함을 나타낸다.

이 조사에서 복수 응답에 의한 치우침을 줄이기 위해 KDNuggets는 이 메일 확인을 거쳤는데, 이 때문에 전체 응답자 수는 줄었지만 덜 편중되고 현실을 더 잘 반영하는 결과를 얻었다.

데이터마이닝의 어두운 면 : 사생활침해 문제

데이터마이닝에서 수집하고 저장하며 분석한 데이터들은 대개 실제 사람들의 정보를 포함한다. 이 정보들은 신분 데이터(이를테면 이름, 주소, 사회보장번호, 운전면허증번호, 고용번호), 인구통계학적 데이터(예 : 나이, 성별, 인종, 결혼 여부, 자녀 수), 재무상태 데이터(급여, 가족 총소득, 은행계좌 잔고, 주택소유 여부, 장기주택담보대출 또는 대출계좌 현황, 신용카드 한도 및 잔고, 투자계좌 현황), 구매이력(상점 측의 거래내역 또는 신용카드 거래명세서 등에 의해 어디서 언제 무엇을 샀는가의 정보), 그리고 기타 개인적인 데이터(예 : 기념일, 임신 여부, 질병, 가족사망, 파산신고) 등이 있다. 이들 대부분의 데이터는 제3의 데이터 공급자들을 통해 접근가능하다. 여기서 문제가 되는 것은 그 데이터에 속한 사람들의 프라이버시이다. 프라이버시와 개인들의 권리보호를 유지하기 위해 데이터마이닝 전문가들은 윤리적이며 때로는 법적인 의무를 가진다. 사적인 데이터를 윤리적으로 다루는 한 가지 방법은 데이터마이닝 과업들을 하기 전에 기록들을 통해 각 개인들을 추적할 수 없도록 고객기록들을 익명처리하는 것이다. 공개된 여러 데이터 소스들(예 : CDC 데이터, SEER 데이터, UNOS 데이터)은 이미 익명처리가 되어 있다. 이들 데이터 소스들은 그 데이터마이닝 데이터를 사용할 때에 어떠한 경우에도 각 특성들 속의 개인들의 신분을 밝히지 않을 것에 동의할 것을 종종 요구한다.

 가까운 과거의 몇몇 예를 보면, 기업들은 고객들의 명시적인 동의를 구하지 않은 채 고객 데이터들을 다른 기업들과 공유해 왔다. 예를 들어, 여러분들도 기억하듯이 2003년 제트블루 항공사가 자사 고객들 중 백만 명의 승객 기록을 미국정부 청부업자인 토치 콘셉트(Torch Concepts)에 제공한 적이 있다. 토치는 그 후에 승객 데이터에 액시엄(Acxiom)이라는 데이터 중개업자로부터 사들인 정보인 가족 수나 사회보장번호 등과 같은 추가 정보들을 덧붙였다. 이렇게 합쳐진 개인들의 데이터베이스는 잠재적인 테러리스트의 프로파일들을 만드는 데이터마이닝 프로젝트에 사용하려고 했다. 이 모든 것들이 승객들에게 통고나 동의 없이 이루어졌다. 이 같은 소식이 알려지자 제트블루, 토치, 액시엄에 대해 수많은 프라이버시 소송이 제기되었으며 몇몇 미국 상원의원들이 이 사건에 대한 조사를 요청하였다(Wald, 2004). 이처럼 극적이지는 않지만 비슷하게 잘 알려진 사회관계망 기업들이 연루된 프라이버시 관련 뉴스들이 최근에 나오기도 했는데, 전해진 바에 따르면 개별화된 목표 마케팅을 위해 다른 기업에게 특정 고객들의 데이터를 팔려고 했다는 것이다.

데이터마이닝과 프라이버시에 관하여 또 다른 독특한 사례가 2012년 머릿기사로 나온 적이 있다. 이 사례에서는 기업이 어떠한 사적이고 개인적인 데이터를 사용하지도 않았고 법적으로는 어떤 법도 위반하지 않았다. 대형 쇼핑상점인 타깃(Target)에 관련된 이 이야기는 다음과 같다. 2012년 초 예측 애널리틱스를 활용함에 있어서 타깃에 대해 좋지 않은 소식이 터져 나왔다. 이 이야기는 출산을 앞둔 산모들이 타깃과 같은 상점에서 구입할 수 있는 산모용품들의 광고전단지와 쿠폰들을 타깃으로부터 받은 어떤 10대 소녀에 관한 이야기이다. 화가 잔뜩 난 어떤 사람이 미니애폴리스 근처의 타깃으로 와서 매니저에게 이렇게 말했다. "내 딸이 이런 우편물을 받았다! 얘는 이제 고등학생인데 당신들이 유아옷과 유아용 침대 쿠폰을 보내왔다. 임신하라고 부추기는 거냐?" 매니저는 그 사람이 가져온 우편물을 보니, 그것은 확실히 그 사람의 딸에게 보내진 것이었고 임산부의 옷, 육아용 가구 그리고 웃고 있는 유아 그림들이었다. 매니저는 즉시 사과하였고, 며칠이 지난 후 다시 사과하려고 그에게 전화를 했다. 그런데 그 아버지는 약간 미안해하는 눈치였다. 그가 말했다. "제 딸과 이야기했는데요, 내가 전혀 모르는 사이에 우리 집에서 무슨 일이 있었더군요. 8월 중에 출산합니다. 제가 용서를 구합니다."

알고 보니, 타깃은 10대 소녀가 임신했다는 것을 그 아버지보다도 먼저 알았던 것이다! 사실은 이렇다. 타깃은 각 고객마다 고객 ID 번호(고객의 신용카드, 이름, 이메일 주소와 함께 연동)를 부여하는데, 이것이 그 사람이 구입한 모든 기록들이다. 타깃은 이 데이터에 고객으로부터 수집하거나 다른 정보 소스들로부터 구입한 인구통계학적 정보들을 덧붙인다. 이 같은 형태의 정보들을 사용하여 타깃은 과거에 영유아 기록대장(registry)에 가입한 모든 여성들의 구매이력 데이터를 조사하였다. 다방면으로 이 데이터를 분석하고 어떤 유용한 패턴들을 찾아냈다. 예를 들어, 로션과 특별한 비타민제들은 흥미로운 구매패턴을 가지는 제품들이다. 수많은 사람들이 로션을 사지만 타깃은 영유아 기록대장에 있는 여성들은 임신 3개월 정도가 되면 많은 양의 무향의 로션을 구입한다는 것을 알아냈다. 다른 분석에서는 처음 20주 동안 임산부들이 때로는 칼슘이나 마그네슘, 아연 등과 같은 보조제를 사는 것도 밝혔다. 쇼핑객들 중 많은 사람들이 비누와 면봉을 사기는 하지만 누군가 갑자기 손소독제와 행주에 더하여 다량의 향기 없는 비누와 대용량의 면봉을 사기 시작하면 그것은 그가 출산일이 다가왔음을 나타내는 신호이다. 타깃은 각 쇼핑객에게 '임신 상태'라는 예측점수를 부여하게 하는 약 25개의 제품들을 밝혀낼 수 있었다. 심지어 타깃은 작은 오차 안에서 출산일도 예측할 수 있어서 특정 임신 상태에 적절한 쿠폰을 보낼 수도 있었다.

이 사례를 법률적인 관점에서 본다면 타깃은 고객의 프라이버시를 위반하는 어떠한 정보도 사용하지 않았다고 결론지을 수도 있다. 오히려 거의 모든 다른 소매 체인점들이 고객들에 대해서 수집하고 저장하는(그리고 아마도 분석하는) 거래 데이터를 사용했다. 이 시나리오에서 당혹스러운 것은, 아마도 임신 상태를 목표 개념으로 삼았다는 점일 것이다. 사람들은 치료 불가능한 질병, 이혼, 파산 등과 같이 어떤 사건이나 개념들은 금기시되거나 매우 조심스럽게 다루어야 한다고 생각하는 경향이 있다.

응용 예

할리우드 매니저를 위한 데이터마이닝

특정 영화의 박스오피스 수입금(즉, 경제적 성공 여부) 예측은 흥미롭고 어려운 문제이다. 이 분야 전문가들에 따르면, 제품 수요 예측과 관련한 어려움 때문에 영화산업은 "예감과 추측의 황량한 땅"이며, 그래서 할리우드에서의 영화 사업은 위험한 시도라고 말한다. 이 같은 관점을 뒷받침하여(오랜 동안 미국영화협회 회장 및 CEO인 잭 발렌티는 "어두워진 영화관에서 필름이 개봉되고 스크린과 관객 간에 불꽃이 튀기 전까지는 누구도 영화가 시장에서 어떻게 될지 말할 수 없다."라고 언급한 적이 있다. 연예오락산업 업계의 학술지들과 잡지들은 이 같은 주장을 뒷받침하는 사례, 기사 및 경험들로 가득 차 있다.

이 같은 어려운 현실 문제들에 실마리를 던지려는 많은 연구자들이 있는데, 라메시 샤르다와 더선 델렌은 어떤 영화가 제작에 들어가기도 전에 데이터마이닝을 사용하여 박스오피스에서의 경제적 성과를 예측하기 위한 노력을 기울여 왔다(영화는 그냥 개념적인 아이디어에 지나지 않는다). 매우 공공적인 예측 모형에서 그들은 예측(또는 회귀분석) 문제를 분류 문제로 변환하였다. 즉, 박스오피스 수입금을 점추정값으로 예측하기보다는 박스오피스 수입금에 근거하여 '완전 실패'에서 '블록버스터'의 범위로 9개 범주 중 하나로 분류함으로써 문제를 다항식 분류문제로 변환하였다. 표 2.2는 박스오피스 수입금의 범위에 따라 나눈 9개 부류를 예시하고 있다.

데이터

데이터는 다양한 영화 관련 데이터베이스(예 : ShowBiz, IMDb, AllMovie)로부터 수집하였고 단일 데이터 집합으로 통합하였다 가장 최근 모형에서의 데이터 집합은 1998년부터 2006년 사이에 개봉된 2,632개의 영화를 포함하고 있다. 이들의 세부사항과 함께 독립변수들의 목록이 표 2.3에 나열되어 있다. 이들 독립변수들의 보다 자세한 설명 및 검토결과는 참고문헌(Sharda and Delen, 2006)을 참고한다.

표 2.2 | 수입금에 의한 영화 분류

부류 번호	1	2	3	4	5	6	7	8	9
범위 (백만 달러)	< 1 (실패)	>1 <10	>10 <20	>20 <40	>40 <65	>65 <100	>100 <150	>150 <200	>200 (블록 버스터)

표 2.3 | 독립변수들 목록

독립 변수명	정의	가능한 값의 범위
MPAA 등급	미국영화협회가 부여하는 등급	G, PG, PG-13, R, NR
경쟁	동시에 개봉된 영화들 가운데 동일한 오락비용 대비 각 영화가 경쟁해야 하는 수준을 나타냄.	높음, 중간, 낮음
유명배우	배역 중 유명배우의 존재 여부를 나타냄. 유명배우는 영화의 초기 매출에 크게 영향을 주는 존재로 판단함.	높음, 중간, 낮음
장르	영화가 포함된 내용 범주를 표시함. 다른 범주형 변수와는 달리 영화는 동시에 하나 이상의 내용 범주로 분류될 수 있음(예 : 코미디이면서 액션). 따라서 각 내용 범주는 별도의 이진 변수로 나타냄.	공상과학, 역사 드라마, 현대 드라마, 스릴러, 공포물, 코미디, 만화, 액션, 다큐멘터리
특수효과	영화에서 사용된 기술적 내용과 특수효과(애니메이션, 사운드, 시각효과)의 수준을 나타냄.	높음, 중간, 낮음
연재물	영화가 전편의 속편인지(1의 값) 아닌지(0의 값)를 표시함.	그렇다, 아니다
스크린 수	영화의 개봉 초기 동안 상영될 스크린의 개수를 나타냄.	양의 정수값

방법론

샤르다와 델렌은 신경망, 결정나무, 지지벡터기계 그리고 세 가지 형태의 앙상블 방법 등을 포함한 다양한 데이터마이닝 방법을 사용하여 예측 모형을 만들었다. 1998년부터 2005년 사이의 데이터를 훈련 데이터로 사용하여 예측 모형을 만들었고 2006년 이후의 데이터를 시험 데이터로 사용하여 모형의 예측 정확도를 평가하고 비교하였다. 그림 2.5 는 제안된 영화 예측 시스템을 위한 개념의 구조를 보이고 있으며 그림 2.6은 모형 만드는 과정의 흐름도를 나타내고 있다.

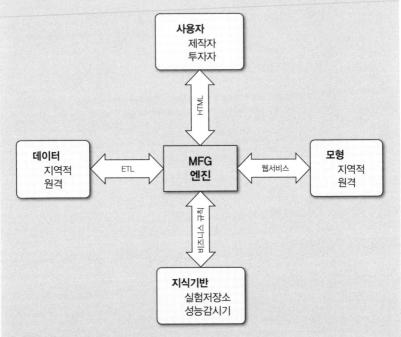

그림 2.5 영화 예측 시스템을 위한 개념 구조도

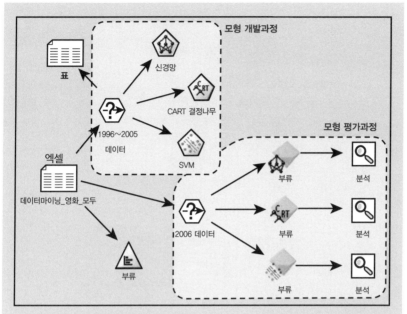

그림 2.6 모형 수립과정의 흐름도

결과

다음의 표 2.4는 세 가지 데이터마이닝 방법 및 세 가지 서로 다른 앙상블 방법의 예측결과를 보이고 있다. 첫 번째 성능척도는 빙고, 즉 정분류율이다. 표에서는 또한 1방향 정분류율(한 범주 내에서의)도 보여주고 있다. 이 결과, 개별 예측 모형에서는 SVM이 가장 좋은 성능을 보였고 인공신경망(ANN)이 그 다음이다. 가장 나쁜 것은 CART(결정나무) 알고리즘이다. 대개 앙상블 모형이 개별 예측 모형보다 좋은 성능을 보이는데, 그중에도 퓨전 알고리즘이 가장 좋다. 의사결정자가 보다 중요하게 볼 것은, 아마도 결과표에서도 볼 수 있는 것처럼 개별 모형에 비해 앙상블 방법의 표준편차가 매우 낮다는 점이다.

표 2.4 | 개별 및 앙상블 모형의 예측결과 표

성능척도	예측 모형					
	개별 모형			앙상블 모형		
	SVM	ANN	CART	랜덤 포리스트	부스팅 나무	정보 퓨전
개수 (빙고)	192	182	140	189	187	194
개수 (1방향)	104	120	126	121	104	120
정확도 (%빙고)	55.49%	52.60%	40.46%	54.62%	54.05%	56.07%
정확도 (% 1방향)	85.55%	87.28%	76.88%	89.60%	84.10%	90.75%
표준편차	0.93	0.87	1.05	0.76	0.84	0.63

결론

이 연구의 저자들은 예측결과들이 이 문제영역에 있어서 기존에 발표된 문헌에서 보고된 다른 어떤 결과들보다 좋다고 주장한다. 박스오피스 수입금의 예측결과가 주목할 정도의 정확성을 가지고 있음은 차치하고라도, 이들 모형은 경제적 수익을 극대화하기 위해 결정변수들을 추후 더 분석하는 데에(그래서 결국 최적화 하는 데에) 사용될 수 있다. 구체적으로는, 최종 결과에 대한 각 모수들의 영향을 보다 더 잘 파악하기 위해 이미 훈련된 예측 모형을 사용하여 모형 수립에 사용된 모수들을 변화시켜 볼 수 있다. 일반적으로 이 과정은 **민감도 분석**이라고 하는데, 이로써 엔터테인먼트의 의사결정자는 내재 시스템을 소중한 의사결정 도우미로 삼아서 비교적 높은 정확도를 가지고 영화의 경제적 성공에 특정 배우(또는 특정 개봉날짜나 보다 높은 기술효과를 추가하는 것 등등)가 얼마만큼의 기여를 할 것인가를 알아낼 수도 있다. 그림 2.7은 Movie Forecast Guru라고 하는 소프트웨어 환경에서 가져온 스크린 샷이다.

그림 2.7 Movie Forecast Guru의 스크린 샷

출처 : R. Sharda and D. Delen, "Predicting Box-Office Success of Motion Pictures with Neural Networks," *Expert Systems with Applications*, 30: 243-254, 2006; D. Delen, R. Sharda & P. Kumar, "Movie Forecast Guru: A Web-Based DSS for Hollywood Managers," *Decision Support Systems*, 43(4): 1151-1170, 2007

참고문헌

CRISP-DM. (2013). *Cross–Industry Standard Process for Data Mining (CRISP– DM)*. www.the-modeling-agency.com/crisp-dm.pdf (accessed February 2013).

Davenport, T. H. (2006, January). "Competing on Analytics." *Harvard Business Review*.

Delen, D. (2009). "Analysis of Cancer Data: A Data Mining Approach," *Expert Systems*, 26(1): 100-112.

Delen, D., D. Cogdell, & N. Kasap. (2012). "A Comparative Analysis of Data Mining Methods in Predicting NCAA Bowl Outcomes," *International Journal of*

Forecasting, 28: 543-552.

Delen, D., R. Sharda, & P. Kumar. (2007). "Movie Forecast Guru: A Web-Based DSS for Hollywood Managers." *Decision Support Systems*, 43(4): 1151-1170.

Delen, D., G. Walker, & A. Kadam. (2005). "Predicting Breast Cancer Survivability: A Comparison of Three Data Mining Methods," *Artificial Intelligence in Medicine*, 34(2): 113-127.

Fayyad, U., G. Piatetsky-Shapiro, & P. Smyth. (1996). "From Knowledge Discovery in Databases." *AI Magazine*, 17(3): 37-54.

Hill, K. (2012, February 16). "How Target Figured Out a Teen Girl Was Pregnant Before Her Father Did," *Forbes*.

Kohonen, T. (1982). "Self-Organized Formation of Topologically Correct Feature Maps." *Biological Cybernetics*, 43(1): 59-69.

Nemati, H. R., & C. D. Barko. (2001). "Issues in Organizational Data Mining: A Survey of Current Practices," *Journal of Data Warehousing*, 6(1): 25-36.

Nolan, R. (2012, February 21). "Behind the Cover Story: How Much Does Target Know?" The *New York Times*.

SEMMA. (2009). *SAS's Data Mining Process: Sample, Explore, Modify, Model, Assess.* http://sas.com/offices/europe/uk/technologies/analytics/datamining/miner/semma.html (accessed August 2009).

Sharda, R., & D. Delen. (2006). "Predicting Box-Office Success of Motion Pictures with Neural Networks," *Expert Systems with Applications*, 30: 243-254.

Wald, M. (2004). "U.S. Calls Release of JetBlue Data Improper." The *New York Times*, www.nytimes.com/2004/02/21/business/us-calls-release-of-jetblue-data-improper.html (accessed May 2014).

Wright, C. (2012). "Statistical Predictors of March Madness: An Examination of the NCAA Men's Basketball Championship." http://economics-files.pomona.edu/GarySmith/Econ190/Wright March Madness Final Paper.pdf (accessed October 2014).

데이터마이닝 과정

컴퓨터를 이용한 많은 기술들과 마찬가지로 데이터마이닝과 같이 대규모의 데이터로부터 지식을 추출해내는 것은 많은 실험을 통해 시행착오를 겪으면서 시작되었다. 많은 전문가들이 어떤 문제들은 해결 가능하고 또 어떤 것은 불가능한지를 알아내려고 노력해왔다. 그러는 동안 데이터마이닝은 전문가마다 약간은 다르게 실험적 방법으로 이루어졌다. 이러한 문제점을 극복할 수 있는 일관되고 체계적인 과정의 데이터마이닝 분석과 방법이 필요했고, 이를 찾고자 하는 노력이 꾸준히 이루어졌다. 그 결과 최고의 성공사례들을 바탕으로 데이터마이닝의 성공률을 높이기 위한 다양한 과정이 도출되었고, 본 장에서는 이렇게 도출된 결과를 설명한다.

데이터베이스 내 지식발견 프로세스

아마도 가장 초기의 데이터마이닝 과정은 1996년에 파야드와 그의 동

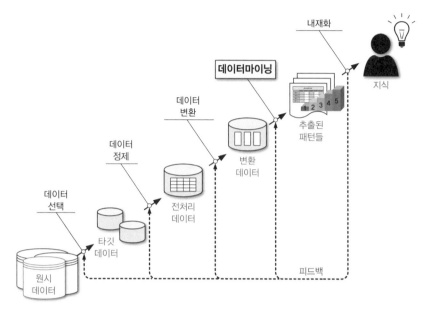

그림 3.1 데이터베이스 지식발견 과정

료들이 제시한 데이터베이스 지식발견(Knowledge Discovery in Databases, KDD)일 것이다. 이 방법에서 데이터마이닝은 주어진 데이터 안에 잠재되어 있는 어떤 패턴을 찾는 문제였다. 그들은 데이터베이스 지식발견을 데이터를 지식으로 변환하는 일련의 많은 과정들을 포괄하는 개념으로 제시하였다.

그림 3.1에 데이터마이닝의 단계들을 설명하는 화살표와 각 단계의 결과물들을 도형으로 표시하였다.

그림에서와 같이 KDD에 입력되는 것은 조직의 데이터베이스나 다른 외부 데이터 소스로부터 얻어지는 데이터 집합이다. 이 데이터 소스들은 종종 데이터 웨어하우스라고 하는 데이터 중앙저장소에 모인다. 이처럼 데이터 웨어하우스 한 곳에 데이터들이 모여 있기 때문에 지식발견 과정(KDD)이 효과적이고 효율적으로 실행될 수 있다. 여러 데이터들이 데이터 웨어하우스에 일관성 있게 저장되어 있으므로 특정 문제를 해결하기 위한 데이터들을 추출하고 처리할 수 있다. 일반적으로 데이터들은 가공되지 않고 불완전한 상태에서 정제되어 있지 않으므로 모델링을 하기 전에 전처리 작업이 필요하다. 이런 전처리 과정을 거치고 모델링에 알맞은 형태로 갖추어진 후에는 다양한 모델링 기법들을 통해 데이터들을 패턴이라든지 연관관계 그리고 예측 모형의 형태로 변환한다. 어떤 패턴이 발견되었다고 하더라도 이들은 반드시 검증되어야 하고, 이런 발견을 통해 조직 내에서 어떠한 후속 행동을 해야 하는지에 대한 구체적 지식으로 변환될 수 있도록 재해석되어야 한다. 이러한 일련의 과정에서는 어떤 후속작업의 결과가 전 작업에 반영될 수 있도록 하는 피드백이 매우 중요하다는 점을 짚고 넘어가자.

산업 간 데이터마이닝 표준 프로세스

CRISP-DM(Cross-Industry Standard Process for Data Mining)은 가장 널리 알려진 데이터마이닝 표준 프로세스 중 하나로, 1990년대 중후반에 유럽 기업들의 컨소시엄에 의해 제안된 데이터마이닝을 위한 산업 간 표준이다. 이것은 데이터마이닝을 위한 비영리 목적의 표준방법으로 제안되었다(CRISP-DM, 2014). 그림 3.2를 보면 6단계의 표준 프로세스를 볼 수 있는데, 이는 비즈니스 문제와 데이터마이닝 프로젝트(응용 분야)에 대한 명확한 이해로 시작해서 데이터마이닝을 필요로 했던 특정 비즈니스 문제를 해결하는 솔루션을 적용하는 것으로 마무리된다.

그림에서는 이 과정이 순차적으로 나타나 있지만, 현실에서는 피드백이 상당히 많이 발생한다. 데이터마이닝이 해결하고자 하는 특정 문제의 특성과 분석하는 사람의 기술이나 지식, 경험에 따라 경험적이고 실험적으로 이루어지므로, 전체 프로세스가 특정 단계들을 여러 번 수행하는 방식으로 상당히 반복적으로 이루어지고 시간이 많이 소요될 수 있다. 한

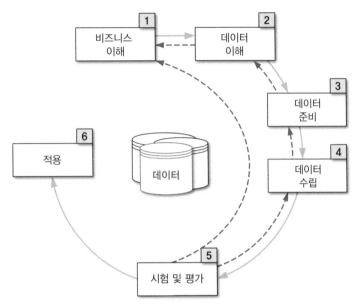

그림 3.2 CRISP-DM 데이터마이닝 과정

단계에서의 결과물이 다음 단계에 상당한 영향을 미치므로 초기 단계에
서부터 각별히 주의를 기울이는 것이 중요하다.

다음 절에서 CRISP-DM에 대한 세부 단계들을 살펴본다.

단계 1 : 비즈니스 문제에 대한 이해

데이터마이닝 프로젝트에서는 무엇을 알아낼 것인가를 이해하는 것이 성
공의 중요한 열쇠이다. 이것은 경영적 측면에서 새로운 지식에 대한 필요
와 비즈니스 목표에 대한 명확한 정의에 대한 이해로부터 시작된다. "최
근 경쟁사로 이탈하고 있는 고객들의 공통적인 특성들은 무엇인가?" "우
리 기업 고객의 공통적인 프로파일은 어떠하며, 그들은 우리에게 얼마나
많은 가치를 제공하고 있는가?"와 같은 구체적인 해결목표에 대한 이해
가 필요하다. 이후에 이와 같은 지식을 찾기 위해 누가 데이터를 수집하
고 분석하고 알아낸 결과를 보고할 것인지에 대한 계획을 수립한다. 초

기 단계에서 이와 같은 업무를 수행하고자 할 때 소요되는 개략적인 예산을 수립해야 한다. 예를 들어, 소매 카탈로그 제작 비즈니스의 경우 고객층에 대한 모형을 수립하기 위한 비즈니스 목표는 수익을 제공할 수 있는 고객의 유형을 파악하는 것이다. 이러한 분석은 신용카드 판매 비즈니스에서도 유사하다. 식료품 판매 비즈니스 수익을 증대시키기 위해서 어떤 식료품들이 함께 구매되는지를 파악하여 유사한 식품들을 판매점 내에서 근접 배치하거나 판매촉진을 위한 맞춤형 할인전략을 세울 수 있는 것도 이러한 전략과 같다. 이처럼 데이터마이닝은 비즈니스 측면에서 많은 이점이 있으며, 다양한 비즈니스 분야에 적용될 수 있다. 이와 같은 성공을 위해서는 비즈니스 목표에 대한 명확한 이해가 매우 중요하다.

단계 2 : 데이터에 대한 이해

CRISP-DM에서의 두 번째 단계는 해결하고자 하는 비즈니스 문제와 이에 필요한 데이터들의 매칭이다. 데이터마이닝은 해결하고자 하는 문제에 따라 다르게 적용될 수 있고, 그에 필요한 데이터들 또한 다르다. 따라서 다양한 데이터 소스로부터 문제해결과 관련있는 데이터들을 찾는 것이 중요하다. 이러한 데이터들을 찾고 선별하기 위해서는 몇 가지의 중요한 요소가 고려되어야 한다. 첫 번째로는 핵심적인 데이터를 찾기 위해서 분석가가 수행해야 하는 데이터마이닝 과업에 대한 명확하고 간결한 설명이다. 예를 들어, 소매 비즈니스에서의 데이터마이닝은 여성 소비자들의 계절의류에 대한 소비행위를 그들의 인구학적 특성, 신용카드 사용이력, 사회경제적 특성에 따라 알아내는 것일 수 있다. 이런 이해를 통해서 분석가는 어떤 데이터가 어디에 어떤 형태로 저장되어 있는지, 데이터를 수동으로 수집할 것인지 자동으로 수집할 것인지, 누가 얼마나 자주 수집하고 갱신할 것인지와 같은 데이터 소스에 대한 명확한 이해를 할 수 있다. "어떤 변수가 가장 관련성이 높은가?" "이들 변수들은 서로 유사한가? 아니면 서로 관련성이 전혀 없나?" 하는 등의 중복성이나 서로 상충되는 가능성에 대해서도 고려해야 한다.

  데이터에 대해서 더 잘 이해하기 위해서 분석가들은 다양한 통계적 기법이나 그림을 이용한 기법들을 활용하는데, 간단한 통계적 설명 혹은 요약(계량적 변수의 경우에는 주로 평균, 최소ㆍ최대값, 중간값, 표준편차, 비계량변수의 경우에는 최대빈도수, 빈도분포 등), 상관분석, 산포도, 히스토그램, 상자그림과 같은 것들이 그 예이다. 데이터 소스와 관련 변수에 대한 신중한 파악과 선택은 데이터마이닝 알고리즘을 통해 유용한 패턴들을 빠르게 찾게 해준다.

  데이터 선택을 위한 데이터 소스는 상황에 따라 다를 수 있다. 일반적으로 비즈니스 분야에서의 데이터 소스는 수입 정도, 교육수준, 주거 형태, 연령과 같은 인구학적 데이터와 취미, 클럽 가입, 엔터테인먼트와 같은 사회적 데이터, 판매기록, 신용카드 지출액 등과 같은 거래 데이터들이 있다.

  데이터의 종류는 양적인 개념의 계량 데이터와 질적인 개념의 비계량 데이터로 나눌 수 있다. 계량적인 데이터는 수치적인 값으로 측정될 수 있다. 이 데이터는 다시 정수와 같은 이산적인 값과 실수와 같은 연속적인 값을 갖는 데이터로 나눈다. 분류 데이터라고도 불리는 질적인 개념의 비계량 데이터는 명목형 데이터와 순서형 데이터를 포함한다. 명목형 데이터란 유한개의 순서가 없는 값을 나타낸다. 예를 들어, 성별을 나타내는 값이 남자, 여자의 두 종류의 값을 갖는 것과 같다. 순서형 데이터도 역시 유한한 값은 갖지만 순서라는 개념이 포함된다. 예를 들어, 고객의 신용등급은 우수, 보통, 불량과 같은 순서의 개념을 갖는 데이터이다. 계량적인 데이터는 확률분포를 이용하여 표현될 수 있다. 확률분포는 데이터들이 어떻게 어떤 모양으로 퍼져 있는지를 나타낸다. 예를 들어, 정규분포는 좌우대칭인 종 모양의 형태를 띤다. 비계량 데이터도 숫자로 변환한 후 빈도분포를 이용하여 나타낼 수 있다. 데이터마이닝의 목적에 맞게 관련된 데이터가 선별되면 이 데이터에 대한 전처리 과정이 필요하다. 더 자세한 내용은 제4장에서 다루기로 한다.

단계 3 : 데이터 준비

일반적으로 데이터 전처리라고 불리는 데이터 준비는 전 단계에서 얻어 진 데이터를 데이터마이닝 기법에 적용하기 위해 준비하는 단계이다. CRISP-DM의 다른 단계와 비교할 때 데이터 전처리는 가장 많은 시간과 노력이 소요된다. 전체 데이터마이닝 작업의 약 80% 정도의 시간을 차지 하는 것으로 알려져 있다. 이렇게 데이터 전처리에 많은 노력이 필요한 것은 실제 현실 세계에서의 데이터는 일반적으로 중요한 특징을 나타내 는 변수들이 빠져 있거나, 두루뭉실하게 표현되는 것처럼 불완전하거나, 잘못된 값이나 이상치가 포함되는 경우, 데이터 간의 이름이나 코드들이 서로 상충되는 경우가 많기 때문이다.

　데이터들이 서로 다른 데이터 소스로부터 얻어진 경우라면 이들이 부 분적으로 다른 포맷을 취할 수도 있다. 단순한 파일에서 얻어질 수도 있 고 음성 메시지, 이미지, 웹페이지 등 다양한 소스에서 얻어질 수 있으므 로, 이것들이 일관되고 통일된 포맷으로 변환되어야 한다. 일반적으로 데 이터 정제는 필터링, 통합, 손실된 데이터를 채우는 산입과 같은 작업을 의미한다. 데이터 필터링을 통해 선택된 데이터에 대해서 이상치나 중복 된 값을 걸러낸다. 이상치란 대다수의 데이터와 매우 상이한 값을 가지고 선택된 데이터의 범위를 크게 벗어나는 값을 갖는 데이터이다. 예를 들 어, 고객의 특징 분석에서 고객의 연령이 중요한 데이터일 경우 어떤 고 객의 연령이 190으로 되어 있다면 이것은 입력 오류일 수 있고 따라서 이 러한 값을 찾아 수정해야 한다. 이상치는 다양한 원인에 의해 발생할 수 있는데 인간의 오류라든지 기술적 오류로 인해 발생하거나 아주 특이한 경우에 발생하는 경우가 있다. 신용카드 소유자의 연령이 12라고 기록되어 있다고 하자. 이것은 입력하는 사람의 오류일 확률이 크다. 그렇지만 이 신용카드 소유자는 아주 부유한 가정의 아동일 수도 있다. 이렇게 무조건적으로 이상치 데이터를 제거할 경우에는 중요한 정보를 상실할 수도 있다.

　동일한 정보를 다른 방법으로 기록하는 경우 중복된 데이터가 발생할 수도 있다. 어떤 제품에 대한 특정 날짜에 대한 판매기록은 일별 판매 데이터와 분기별 판매 데이터 기록에서 중복될 수 있다. 데이터를 종합해서 더할 경우 정보의 손실을 막으면서도 데이터의 양을 줄일 수 있다. 다음 3~4년 후의 연도별 가구 판매 광고에 대한 데이터의 경우, 일별 판매 데이터는 연도별 판매 데이터로 종합해서 변환될 수 있다. 이 경우 데이터의 절대적인 양은 비약적으로 줄어든다. 데이터에 대한 평활을 통해서 손실되어 빠져 있는 데이터를 대체할 수 있는 데이터를 얻기도 한다. 이를 위해 때에 따라서 평균값을 취하거나 가장 빈도수가 많은 값으로 대체할 수 있다. 데이터마이닝을 이용해서 어떤 패턴을 찾는 데 손실된 데이터값으로 인해서 해답을 구할 수 없는 경우도 종종 발생할 수 있다.

단계 4 : 모형 수립

CRISP-DM의 네 번째 단계는 다양한 모델링 기법을 선정하여 문제해결을 위해 준비된 데이터에 적용하는 것이다. 이 단계에서도 데이터마이닝 작업을 수행하는 데 적용될 수 있는 다양한 모형에 대해서 평가하고 비교하는 작업이 필요하다. 예를 들어, 군집화를 이용할 것인지 분류를 수행할 것인지 검토하는 것이다. 특정한 데이터마이닝 작업에 있어서 어떤 방법이나 알고리즘이 가장 우수한지에 대해서 알려져 있지 않으므로, 분석가는 면밀한 실험과 평가를 통해 주어진 문제에 가장 적합한 방법을 찾기 위해 여러 모델링 기법을 적용해보아야 한다. 심지어 하나의 알고리즘 안에서도 최적의 결과를 얻기 위해서는 찾아야 하는 변수들이 많이 있을 수 있다. 또한 어떤 특정 모형을 적용하기 위해서는 데이터의 포맷이 달라질 수도 있는데, 이런 경우에는 전 단계의 데이터 전처리 단계로 되돌아갈 수도 있다.

비즈니스의 필요에 따라 데이터마이닝 작업은 분류나 회귀분석과 같은 예측 혹은 연관관계 분석, 군집화·분할이 될 수 있다. 이 모든 작업은 다양한 데이터마이닝 기법과 알고리즘을 적용한다. 예를 들어, 분류와 같은 데이터마이닝 작업은 신경망이나 결정나무, 지지벡터기계, 로지스틱 회귀 기법을 사용한다. 이러한 데이터마이닝 기법과 각각에 대한 알고리즘은 제4장과 제5장에서 기술한다.

일반적으로 데이터마이닝 모델링을 위해서 전처리된 데이터 집합을 훈련집합과 검증집합으로 나누며, 검증집합은 테스트 집합이라고도 한다. 어떤 모델링 기법이나 알고리즘이든 모형을 수립하기 위해서는 훈련집합을 사용하고, 사용되지 않은 다른 테스트 집합의 데이터는 수립된 모형을 평가하는 데 사용된다. 만약 모형을 수립할 때 사용된 데이터로 모형을 평가한다면 당연히 좋은 결과를 보일 것이다. 따라서 데이터를 모형 수립을 위한 훈련집합과 모형 검증을 위한 테스트 집합으로 나누어 수행해야 정확도와 모형의 신뢰도가 높아질 수 있다. 데이터마이닝의 실제 적용에서 데이터를 분리하는 것은 다중 분리와 함께 추가적인 다른 수준에서 이루어지기도 한다. 데이터 분리와 평가에 대한 보다 자세한 설명은 제4장에서 기술하기로 한다.

단계 5 : 시험 및 평가

CRISP-DM의 다섯 번째 단계는 전 단계에서 수립된 모형에 대한 정확도와 일반화 능력을 평가하는 것이다. 선정된 모형이 비즈니스 목적에 부합하는지 혹은 더 많은 다른 모형들을 수립해야 하는지에 대해 평가하는 것이다. 만약 시간과 예산이 허용된다면 도출된 모형을 실제 현실문제에 적용해보는 것도 이 단계에서 가능하다. 이 모형이 주어진 비즈니스 목적에 부합하더라도, 이 문제해결 이외의 추가적인 다른 정보를 얻는 데 도움이 되거나 추후의 방향 설정에 도움이 될 수 있기 때문이다.

테스트와 평가는 중요하고도 어려운 단계의 작업이다. 데이터마이닝을 통해 발견된 지식이 비즈니스적 가치를 창출하는 데 도움이 되지 않는다면 아무 소용이 없기 때문이다. 추출된 지식의 패턴들은 비즈니스 문제를 해결하고자 할 때 사용되는 조각일 뿐이며, 이들이 문제에 맞게 서로 잘 합쳐져야 의미가 있다. 이에 대한 성패는 데이터 분석가, 비즈니스 분석가, 의사결정권자 간의 상호 조율에 달려 있다. 데이터 분석가가 데이터마이닝의 목적과 이들이 비즈니스에 어떻게 사용되는지에 대해 이해하고 있더라도 비즈니스 분석가나 의사결정권자는 복잡한 수학적 지식과 기술적 지식이 부족하여 데이터마이닝의 결과를 해석하는 데 어려움을 겪을 수 있다. 결과해석을 돕기 위해서 종종 다양한 형태의 표나 차트, 히스토그램 등과 같은 그림으로 결과를 나타내주기도 한다.

단계 6 : 적용

모형을 수립하고 평가했다고 해서 데이터마이닝 작업을 마친 것은 아니다. 데이터에 대한 분석이 되었다 하더라도, 그러한 분석결과를 최종 사용자가 이해하고 사용할 수 있도록 만들어주어야 한다. 이러한 적용 단계는 사용 요구에 따라 단순히 보고서를 작성하는 것일 수도 있고 전사적으로 데이터마이닝 프로세스를 구현하는 것과 같은 복잡한 절차일 수도 있다. 많은 경우, 적용 단계는 데이터 분석가가 아니라 사용자에 의해서 수행된다. 이 단계의 작업을 데이터 분석가가 수행하지 않는다고 하지만, 사용자가 개발된 모형을 사용하기 위해서 해야 하는 절차들과 방법들을 이해할 수 있게 하는 것이 중요하다.

CRISP-DM의 적용 단계에는 적용된 모형에 대한 사후관리도 포함한다. 비즈니스는 끊임없이 변화하고, 이에 따른 데이터 역시 변화한다. 시간이 지남에 따라 기존의 데이터를 기반으로 적용된 모형들은 쓸모없어질 수도 상황에 맞지 않을 수도, 심지어는 오류를 범할 수도 있다. 따라서 모형을 모니터링하고 관리하는 것이 중요한데, 특히 데이터마이닝의 결과가 매일매일 발생하는 비즈니스와 밀접하다면 더욱 더 중요하다. 유지 보수의 관리에 대한 세심한 준비를 통해 불필요한 장기간의 잘못된 결과를 막을 수 있다. 데이터마이닝 결과를 모니터링하기 위해서는 모니터링에 대한 구체적인 계획이 필요한데, 이는 특히 복잡한 데이터마이닝 모형의 경우 간단한 작업이 아니다.

CRISP-DM은 가장 완전한 형태의 프로세스로 학계와 산업계에서 가장 많이 사용되는 데이터마이닝 방법론이다. 또한 원형대로 사용되기보다는 사용자의 직관을 고려하여 그들의 쓰임새에 맞도록 보정되어 활용된다.

SEMMA

데이터마이닝을 성공적으로 적용하기 위해서 데이터마이닝을 단순한 도구나 기법으로 보기보다 하나의 프로세스로 보는 것이 필요하다. KDD와 CRISP-DM과 함께 또 하나 잘 알려진 방법이 있는데, 이것이 SAS사에서 개발된 SEMMA이다. SEMMA라는 단어는 sample, explore, modify, model, assess의 줄임말이다. SEMMA는 통계적으로 대표적인 표본(sample) 데이터부터 시작하여, 통계적이고 이해하기 쉬운 가시화 기법들을 찾으며(explore), 가장 중요한 예측변수들을 선정하여 변환(modify)한 후, 결과를 예측하도록 모델링(model)하고 그 모형의 정확도를 확인(assess)한다. 그림 3.3은 SEMMA의 사이클을 보여준다.

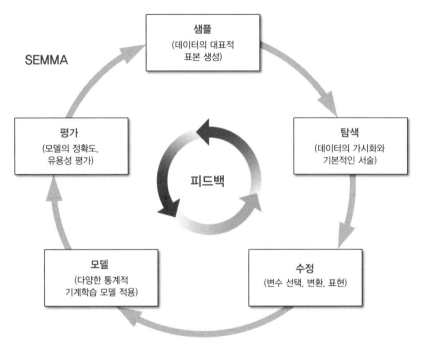

그림 3.3 SAS의 SEMMA 도표

   SEMMA의 각 단계에서의 결과를 가지고 다음 단계의 문제를 어떻게 모델링할 것인지 결정하고 필요할 경우 전 단계로 돌아가 추가적인 데이터 정제작업을 수행한다. CRISP-DM과 같이 SEMMA 역시 반복적인 실험적 사이클 구조를 갖는다. 다음 절에서 SEMMA 프로세스의 다섯 단계를 설명한다.

단계 1 : 표본

표본 단계는 중요한 정보를 포함하면서도 다루는 데 있어 충분히 빠르게 계산될 수 있을 정도의 적절한 크기의 데이터 집합을 추출해내는 것이다. 비용과 계산성능을 최적화하기 위해서 데이터 전체에서 일정 부분의 신뢰할 만하고 통계적으로 대표적일 수 있는 샘플링을 하는 방법이 추천되기도 한다. 전체 데이터의 규모가 매우 클 경우, 이 데이터를 대신해서 이들을 대표할 수 있는 표본을 대상으로 마이닝을 수행하면 비즈니스 정보를 알아내는 데 계산시간을 대폭 단축시킬 수 있다. 일반적인 패턴들이 전체 데이터 내에 존재한다면, 이러한 패턴들 또한 표본 내에서 확인될 수 있다. 표본 내에서는 발견하기 어렵지만 전체적으로는 매우 중요한 드문 패턴과 같은 경우는 탐색적 데이터 기술방법을 이용해서 찾아내야 한다. 정확성을 더 높이기 위해서 분할 데이터 집합을 만드는 것도 한 방법이다.

SEMMA에서 표본 단계는 다음과 같은 하위 단계들이 있다.

- **훈련** : 적합한 모형을 탐색한다.
- **검증** : 모형을 평가하고 과적합을 방지한다.
- **시험** : 모형의 일반화 성능을 평가한다.

좀 더 자세한 내용과 관련 기법들은 제4장에서 기술하기로 한다.

단계 2 : 탐색

SEMMA의 두 번째 단계에서 데이터 집합에 대한 이해를 높이기 위해서 예상치 못한 경향이나 이상치에 대한 탐색이 이루어진다. 또한 데이터를 시각적으로나 수치적으로 나타내고 데이터 집합에 존재하는 경향이나 그룹들을 알아본다. 이러한 탐색은 지식의 탐색 프로세스를 정제하고 방향을 설정하는 데 도움이 된다. 그래프나 산포도와 같은 가시적인 방법을 통해 명확한 경향 등이 나타나지 않으면, 요인분석이나 대응분석 혹은 군집화와 같은 통계적 기법을 사용한다. 예를 들어, 우편을 통한 판매촉진을 위한 데이터마이닝의 경우에서는 군집화를 통해 특이한 주문패턴을 갖는 소비자 집단을 찾을 수 있다. 이렇게 특이한 집단을 찾음으로써 전체 데이터 집합을 처리했을 때에는 찾기 어려운 패턴들을 찾을 수 있을 수 있다.

단계 3 : 수정

SEMMA의 세 번째 단계에서는 모형을 수립하는 데 초점을 맞출 변수들을 설정하여 선택하고 변환하는 작업을 수행한다. 탐색 단계에서의 결과를 바탕으로 소비자 집단이나 더 세분화된 그룹과 같은 정보들을 포함하는 데이터를 가공하거나 새로운 변수를 추가한다. 중요한 변수들로 범위를 좁히기 위해서 특이한 데이터를 찾아내거나 변수의 개수를 줄이는 것도 필요하다. 분석해야 할 데이터가 달라질 경우에는 데이터를 수정해야 한다. 데이터마이닝은 동적이고 반복적인 작업을 요하므로 새로운 정보가 생기면 데이터마이닝 기법이나 모형들을 수정, 갱신할 필요가 있다.

단계 4 : 모형

네 번째 단계에서는 원하는 결과를 예측하기 위하여 여러 변수들의 다양한 조합들을 찾아야 한다. 이것은 데이터 내에 존재하는 패턴을 잘 설명할 수 있는 모형을 설정하기 위해서이다. 이러한 데이터마이닝 기법에는 인공신경망, 결정나무, 거친집합분석, 지지벡터기계, 로지스틱 모형이나 시계열분석, 메모리 기반 추론, 주성분분석과 같은 통계적 기법 등이 있다. 이 모형들은 각기 다른 장점들이 있어 분석대상의 데이터 종류에 따라 적합한 정도가 다르다. 예를 들어, 인공신경망은 상당히 복잡한 비선형 관계분석에 적합하고, 불확실하고 정교하지 않은 상황에서는 거친집합분석이 적합한 경향이 있다.

단계 5 : 평가

SEMMA의 마지막 단계는 데이터마이닝을 통해 알아낸 결과에 대한 유용성과 신뢰성을 평가하는 단계이다. 이것은 기본적으로 모형의 성능이 얼마나 좋은가에 대한 추정이다. 모형을 평가하는 일반적인 방법은 표본 데이터 중에서 모형을 수립하는 데 사용되지 않은 부분의 데이터에 모형을 적용해보는 것이다. 만약 모형이 적절하다면 모형을 수립하는 데 사용된 데이터뿐만 아니라 다른 데이터에 대해서도 적합해야만 하기 때문이다. 마찬가지로, 이미 알려져 있는 데이터를 대상으로 모형을 평가하는 것도 가능하다. 예를 들어, 이미 알려져 있는 고객들의 재방문율을 모형을 통해 예측하고자 한다면, 수립된 모형이 그 고객들을 정확하게 선별해 내는지를 알아보는 것이다. 추가적으로는 우편을 통한 판매촉진과 같은 경우 일부 고객들에게 우편물을 발송하는 것처럼, 실제로 모형의 결과를 실행해 보는 것도 가능하다.

SEMMA와 CRISP-DM 비교

SEMMA와 CRISP-DM은 상당히 유사하다. 둘 다 지식 발견 프로세스를 원활하게 하는 것을 목적으로 한다. 또한 두 접근 모두 주어진 상황에 맞게 적용되어야 하는 일반적인 틀을 제공하도록 만들어졌다. 일단 모형이 만들어지고 평가되면 비즈니스나 연구목적에 맞게 적용될 수 있다는 공통점이 있다. 이렇게 비슷한 목적을 가지고 있으며, 유사하지만 SEMMA와 CRISP-DM은 몇 가지 면에서 다른 점도 있다. 표 3.1이 이러한 다른 점들을 보여준다.

식스 시그마를 위한 데이터마이닝

식스 시그마(six sigma)는 품질관리 원리와 기법들을 이용하여 원하는 값으로부터의 편차를 엄격하고 체계적으로 줄이기 위한 비즈니스 관리 기법으로 널리 알려져 있다. 이 기법은 1980년대 모토롤라에서 제조관리를

표 3.1 | SEMMA와 CRISP-DM의 비교

작업단계	CRISP-DM	SEMMA	설명
프로젝트 개시	비즈니스 이해	–	CRISP-DM에서는 프로젝트 개시, 문제 정의, 목표 설정 SEMMA는 해당사항 없음.
데이터 확보	데이터 이해	표본 탐색	CRISP-DM, SEMMA 모두 데이터 접근, 표본, 데이터 탐색 단계가 포함됨.
데이터 변환	데이터 준비	수정	CRISP-DM, SEMMA 모두 컴퓨터 처리가 가능하도록 데이터를 가공하는 단계가 포함됨.
모형 수립	모형 수립	모형	CRISP-DM, SEMMA 모두 모형을 수립하고 시험하는 단계가 포함됨.
프로젝트 평가	시험 및 평가	평가	CRISP-DM, SEMMA 모두 결과가 프로젝트의 목적에 부합하는지 평가함.
프로젝트 종료	적용	–	CRISP-DM은 결과를 적용하는 단계를 포함하나, SEMMA는 이에 대한 특별한 단계를 포함하지 않음.

대상으로 처음 도입되었다. 이후 많은 기업들과 조직에서 제조 외에도 더 많은 비즈니스 분야에 적용하였다. 이상적으로 식스 시그마는 무결점 비즈니스 실행이라고 할 수 있는 불량제로, 공차제로를 실현하는 것이다. 식스 시그마는 정의(define), 측정(measure), 분석(analysis), 개선(improve), 통제(control) 다섯 단계의 DMAIC를 기반으로 한다.

식스 시그마가 다양한 비즈니스 상황과 문제해결에 성공적으로 활용됨에 따라 DMAIC를 데이터마이닝에 접목하려는 시도가 이루어졌다. 그림 3.4는 DMAIC를 간단한 다이어그램 형식으로 나타내고 있다. 다음에서 각 단계들에 대해 기술하도록 한다.

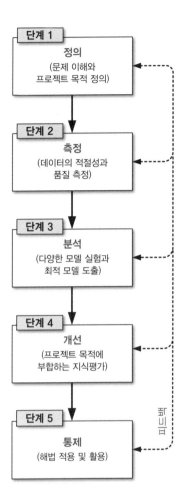

그림 3.4 식스 시그마의 DMAIC 방법론

단계 1 : 정의

DMAIC의 첫 단계는 프로젝트를 설정하고 개시하는 과정이다. 이것은 (1) 비즈니스 요구에 대한 명확한 이해, (2) 가장 시급한 문제에 대한 파악, (3) 목적과 목표에 대한 정의, (4) 비즈니스 문제 해결을 위해 필요한 데이터와 자원에 대한 파악과 이해, (5) 프로젝트에 대한 세부계획 수립의 과정으로 이루어진다. 이 단계는 CRISP-DM의 첫 번째 단계와 상당히 중복되는 것을 알 수 있다.

단계 2 : 측정

두 번째 단계는 조직 내에 존재하는 데이터 저장소와 해결하고자 하는 비즈니스 문제에 대한 파악과 관련성을 조사하는 일이다. 데이터마이닝은 관련성이 많고 잘 정제된 유용한 데이터를 요구하므로 성공적인 데이터마이닝을 위해서는 이러한 데이터 자원에 대한 파악과 확보가 중요하다. 따라서 이 단계에서 컴퓨터를 이용한 처리가 용이하도록 파악된 데이터 소스들을 통합하고 변환시키는 작업을 수행한다.

단계 3 : 분석

DMAIC의 세 번째 단계는 모형을 만들기 위해서 데이터마이닝 기법을 적용하는 단계이다. 여기에는 다양한 기법들이 있는데 이들은 대부분 최적화를 목적으로 매개변수를 설정하기 위한 기계학습 기법들이다. 문제에 따라 유일한 최적의 기법이 존재하지 않을 수 있으므로 다양한 기법들을 적용하고, 실험을 통해서 가장 적절한 모형을 찾아낸다.

단계 4 : 개선

네 번째 단계에서는 개선의 여지를 살펴본다. 개선의 여지는 데이터마이닝 기법 관점에서도 존재할 수 있고, 비즈니스 문제 관점에서도 존재할 수 있다. 예를 들어, 모형의 결과가 만족스럽지 않을 경우에는 앙상블 기법과 같은 보다 정교한 기법들을 사용하여 모형의 성능을 향상시킬 수 있다. 또한 모형의 결과가 비즈니스 문제를 해결하는 데 만족스럽지 않을 경우에는 전 단계로 되돌아가서 분석의 구조를 재검토하고 개선할 수 있는 여지를 찾는다. 이때는 비즈니스 문제를 다시 고려해서 재정의하는 것도 필요하다.

단계 5 : 통제

DMAIC의 마지막 단계에서는 전체 프로젝트의 결과를 평가하고, 이 결과가 만족스러울 경우 모형과 결과를 의사결정권자에게 전달하고 이를 기존의 비즈니스 인텔리전스 시스템과 통합하여 자동화한다.

식스 시그마 기반의 DMAIC 방법은 CRISP-DM과 유사하다. 어떤 방법이 더 큰 영향을 미쳤는지에 대해서 단정하기는 어렵다. 그러나 두 방법 모두 논리적이고 직관적인 단계들로 이루어진 점을 감안하면 어떤 방법이 더 큰 영향을 미쳤는지는 중요하지 않다. 또한 두 방법은 상이한 종류의 비즈니스 문제를 다루는 데 사용되므로 두 방법의 비교도 큰 의미는 없다. 여러 조직들에서 DMAIC와 CRISP-DM 방법 모두를 필요에 따라 사용하고 프로세스 개선이나 데이터마이닝 프로젝트를 수행하는 데 두 방법의 변형들도 사용하고 있다.

어떤 방법이 가장 좋은가?

어떤 특정 데이터마이닝 기법이 다른 기법에 비해서 보다 정교할 수는 있지만 그들을 비교할 수 있는 확실한 방법은 없다. 모두 장단점이 있기 때문이다. 어떤 기법은 해결하고자 하는 문제에 초점이 맞춰져 있는가 하면, 다른 어떤 기법은 보다 분석적인 측면을 강조할 수도 있다. 비즈니스마다 데이터마이닝을 적용할 때에는 많은 기법 중 하나를 사용하고 그 이후에 비즈니스나 데이터에 맞도록 적절하게 수정, 보완하는 경우가 많다. 데이터마이닝 분야에서 잘 알려진 KDNuggets사에서 "어떤 방법이 가장 좋은가"라는 설문조사를 실시하였는데 그 결과가 그림 3.5에 나타나 있다(KDNuggets, 2007).

설문결과에서는 CRISP-DM이 가장 널리 사용되는 것으로 나타나 있다. 또한 '독자적 방법'의 부류에 속하는 많은 기법들 역시 CRISP-DM

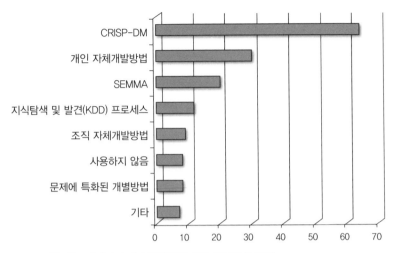

그림 3.5   사용하는 데이터마이닝 방법론에 대한 설문조사 결과

출처 : kdnuggets.com

방법을 필요에 따라 변형한 형태이다. 다른 많은 방법들 중 CRISP-DM 방법이 가장 완성도가 높고 데이터마이닝을 위한 가장 성숙한 프로세스라 할 수 있다.

응용 예

암 데이터마이닝

암은 가장 치명적인 질병 중의 하나이다. 미국암협회에 따르면, 미국 남성 중의 절반, 여성 중의 3분의 1이 일생 동안 암의 발병에 노출되어 있고, 2014년에 약 150만 명의 암 환자가 발생할 것으로 전망되었다. 암은 미국을 포함한 전 세계적으로 심혈관계 질병에 이어 두 번째로 많은 사망자를 야기하는 것으로 알려져 있다. 올해에도 50만 명 이상의 미국인이 암으로 사망할 것으로 보이는데, 이 수치는 하루에 1,300여 명에 이르는 수치로 거의 4명 중 한 명이 암으로 사망하는 것이다.

암은 비정상적인 세포가 걷잡을 수 없이 생겨나서 전이됨으로써 발병하는 질병의 일종이다. 이런 세포들의 발생과 전이는 통제가 불가능하며 결과적으로 사망에 이르게 된다.

암의 발병은 흡연, 감염, 화학성분이나 방사능 성분에 대한 노출 등과 같은 외부적 요인과 유전적 변형, 호르몬, 면역 상태, 신체적 변형 등과 같은 내부적 요인에 기인하는 것으로 알려져 있다. 이러한 발병요인들이 복합적으로 혹은 연쇄적으로 작용해서 암을 유발한다. 암에 대한 치료를 위해서 수술, 방사능치료, 항암화학치료, 호르몬치료, 생리적 치료, 혹은 암세포에 대한 표적치료 등이 시행된다. 생존율은 암의 종류와 진단 단계에 따라 다르다.

암 진단 이후 5년간의 생존율은 꾸준하게 증가하고 있다. 1991년부터 2013년까지 암의 치사율은 20% 정도가 감소했고 그 결과 그 기간 동안 약 120만 명의 사망을 막을 수 있었다. 이는 하루에 400명 이상의 생명이 구해진 것과 같다! 이렇게 사망률이 감소한 것은 암의 초기 단계 진단과 치료에 대한 개선에 의해 이루어졌다. 그렇지만 암의 예방과 치료를 위해서는 아직도 더 많은 개선점의 여지가 남아 있다.

전통적으로 암에 대한 연구는 의학적, 생물학적 접근에 기반을 두었지만 최근 들어 데이터 기반의 애널리틱 연구가 보완책으로써 널리 사용된다. 데이터, 애널리틱스 기반의 연구들이 성공적으로 적용된 의료 분야에서 의학적·생물학적 연구를 진전시키는 데 기여할 수 있는 새로운 연구 방향들이 제시되고 있다. 분자생물학적, 임상적, 기존 연구 결과 혹은 치료 이력들과 관련된 다양한 형태의 정보를 포함한 데이터를 확보하고 적절한 데이터마이닝 도구와 기법을 사용함으로써 암이 사라지는 사회로의 새로운 길들이 모색되고 있다.

한 연구로서, 델렌은 일반적으로 널리 사용되는 의사결정나무, 인공신경망, 지지벡터기계의 세 가지 데이터마이닝 기법과 로지스틱 회귀분석을 연계하여 사용해서 전립선 암의 생존율을 예측하는 모형을 만들었다(Delen, 2009). 연구에 사용된 데이터는 12만여 개의 기록과 77개의 변수를 포함하고 있다. 또한 모형을 만들고 평가하고 비교하기 위해서 k-중 교차검증을 사용하였다. 결과를 보면 학습 데이터를 대상으로 92.85%의 예측력을 보인 지지벡터기계가 가장 우수했고 뒤를 이어 인공신경망과 의사결정나무가 그 다음의 예측력을 보였다. 또한 이 연구는 민감도 분석 기반의 평가 기법을 이용해서 전립선 암에 영향을 미치는 요소들의 새로운 패턴이 있음을 밝혀냈다.

위 연구와 관련된 또 다른 연구로서 델렌과 그 동료 연구자들(Delen et al., 2005)은 두 가지의 데이터마이닝 알고리즘인 인공신경망과 의사결정나무를 이용하고 통계적 분류 알고리즘으로 로지스틱 회귀분석을 이용하여 20만 개 이상의 데이터를 대상으로 유방암에 대한 생존율 예측 모형을 만들었다. 모형의 성능을 비교하기 위하여 10-중 교차검증을 통해 예측 모형의 불편 추정치(unbiased estimation)를 측정한 결과, C5알고리즘을 이용한 의사결정나무 기법이 93.6%의 정확도를 보여 가장 우수한 예측 모형으로 나타났으며 91.2% 정확도의 인공신경망, 89.2% 정확도의 로지스틱 회귀분석이 순이었다. 그림 3.6에 이러한 정확도에 대한 비교결과가 나타나 있다. 예측 모형에 대한 추후

교차번호	Neural Networks(MLP)					결정나무(C5)					로지스틱 회귀분석				
	오차행렬		정확도	민감도	특이도	오차행렬		정확도	민감도	특이도	오차행렬		정확도	민감도	특이도
1	7571 / 369	844 / 5747	0.9165	0.9535	0.8719	7828 / 338	587 / 5778	0.9363	0.9586	0.9078	7672 / 838	743 / 5277	0.8912	0.9015	0.8766
2	7589 / 334	729 / 5926	0.9271	0.9578	0.8905	7737 / 290	581 / 5970	0.9403	0.9639	0.9113	7543 / 821	773 / 5439	0.8906	0.9018	0.8756
3	7567 / 367	768 / 5730	0.9214	0.9537	0.8818	7741 / 336	594 / 5761	0.9356	0.9584	0.9065	7602 / 834	732 / 5261	0.8915	0.9011	0.8779
4	7508 / 412	796 / 5824	0.9169	0.9480	0.8798	7703 / 336	601 / 5900	0.9356	0.9582	0.9076	7607 / 829	696 / 5407	0.8951	0.9017	0.8860
5	7609 / 359	809 / 6565	0.9239	0.9549	0.8903	7789 / 319	629 / 5796	0.9348	0.9607	0.9021	7659 / 830	757 / 5284	0.8908	0.9022	0.8747
6	7390 / 661	908 / 5491	0.8914	0.9179	0.8581	7694 / 317	604 / 5835	0.9363	0.9604	0.9062	7554 / 847	743 / 5305	0.8900	0.8992	0.8771
7	7298 / 558	751 / 5631	0.9081	0.9290	0.8823	7464 / 307	585 / 5882	0.9374	0.9605	0.9095	7333 / 781	716 / 5408	0.8949	0.9037	0.8831
8	7069 / 418	977 / 5832	0.9024	0.9442	0.8565	7436 / 315	610 / 5935	0.9353	0.9594	0.9068	7269 / 807	773 / 5443	0.8894	0.9001	0.8756
9	7290 / 421	958 / 5691	0.9040	0.9454	0.8559	7621 / 292	627 / 5820	0.9360	0.9631	0.9027	7501 / 800	747 / 5310	0.8923	0.9036	0.8767
10	7475 / 537	764 / 5651	0.9098	0.9330	0.8809	7625 / 325	614 / 5863	0.9349	0.9591	0.9052	7518 / 815	716 / 5372	0.8938	0.9022	0.8824
평균			0.9121	0.9437	0.8748			0.9362	0.9602	0.9066			0.8920	0.9017	0.8786
표준편차			0.0111	0.0131	0.0135			0.0016	0.0019	0.0028			0.0020	0.0014	0.0038

오차행렬은 학습 데이터 집합이 분류를 보여줌.
오차행렬이 열은 실제 데이터, 행은 예측결과를 보여줌.
정확도=[진양성(true positive)+진음성(true negative)]/[진양성(true positive)+위양성(false positive)+진음성(true negative)+위음성(false negative)]
민감도=[진양성(true positive)]/[진양성(true positive)+위음성(false negative)]
특이도=[진음성(true negative)]/[진음성(true negative)+위양성(false positive)]

그림 3.6 10-중 교차검증 결과 표

분석을 통해 각 영향인자에 대한 중요도를 분석할 수 있었으며, 이것은 의학적, 생물학적 추후 연구에 기반으로 사용될 수 있다.

의료 분야에서의 많은 사례들과 더불어 이러한 예는 고급 데이터마이닝 기법이 높은 예측력과 설명력을 가진 모형들을 개발하는 데 기여할 수 있음을 보여준다. 하지만 이런 데이터마이닝 기법들을 통해서 대규모의 복잡한 데이터베이스에 존재하는 숨겨진 패턴이나 관계들을 알아낼 수 있지만, 이러한 결과들에 대해 전문 의료진과의 협력과 의견수렴을 통해야만 진정한 실효성이 있다. 데이터마이닝 기법을 이용해서 파악된 패턴들은 많은 경험을 가진 전문 의료진에 의해 논리적인지 현실에 적용될 수 있을지 그리고 새로운 연구 방향으로 확장될 수 있는지에 대한 평가가 이루어져야 한다. 다시 말해서, 데이터마이닝은 의료 전문가나 연구자를 대체하는 것이 아니라 데이터 기반의 새로운 연구를 통해 그들을 보완함으로써 궁극적으로 인간의 생명을 구할 수 있도록 발전되어야 한다.

참고문헌

CRISP-DM. (2014). "Cross-Industry Standard Process for Data Mining (CRISP-DM)." www.the-modeling-agency.com/crisp-dm.pdf (accessed May 22, 2014).

Delen, D. (2009). "Analysis of Cancer Data: A Data Mining Approach," *Expert Systems*, 26(1): 100-112.

Delen, D., & N. Patil. (2006, January). "Knowledge Extraction from Prostate Cancer Data," *Proceedings of the 39th Annual Hawaii International Conference on Systems Sciences*, 5: 92b.

Delen, D., G. Walker, & A. Kadam. (2005). "Predicting Breast Cancer Survivability: A Comparison of Three Data Mining Methods," *Artificial Intelligence in Medicine*, 34(2): 113-127.

Fayyad, U., G. Piatetsky-Shapiro, and P. Smyth. (1996). "From Knowledge Discovery in Databases." *AI Magazine*, 17(3): 37-54.

KDNuggets. (2007). "Poll: What Main Methodology Are You Using for Data Mining?" www.kdnuggets.com/polls/2007/data_mining_methodology.htm (accessed September 2014).

데이터마이닝 방법

데이터마이닝이 인기 있는 이유는 오늘날 기업 등의 조직에서 자동적으로 축적되고 있는 거대한 데이터 저장소의 내부 깊숙이 숨겨져 있는 패턴들을 발견해내는 능력 때문이다. 증거에 입각하여 지능적인 의사결정을 할 방법을 절실히 찾는 조직에게 데이터 그 자체는 그다지 가치가 없으며, 방법이 적용되고 나서야 비로소 조직이 필요로 하는 소중한 지식을 끄집어낼 수 있다. 매우 많은 방법들과 알고리즘들을 사용하여 여러 형태의 데이터마이닝 과업을 수행할 수 있다. 각각의 이 방법들은 해결하고자 하는 문제와 사용할 데이터 집합의 구체적인 특성에 따라 주어진 프로젝트에 대해 장점과 단점을 가지고 있으므로, 가장 적당한 방법을 찾아내는 데에는 대개 상당한 실험과 적절한 비교평가가 필요하다.

이 장에서는 이들 방법들과 일반적으로 적용하는 평가 기법에 대해 자세하지만 너무 기술적이지 않은 설명을 하겠다. 그 전에 데이터마이닝에 관련한 데이터에 대해 먼저 이야기할 필요가 있다.

데이터마이닝에서 데이터의 성질

데이터는 대개 경험, 관찰이나 실험의 결과로 얻어진 사실들의 모음이다. 데이터는 숫자, 글자, 단어, 화상, 음성기록 및 기타 변수들로 구성될 수 있다. 데이터는 종종 정보와 지식을 유도해낼 수 있는 가장 낮은 수준의 추상화라고 보면 된다.

추상화의 가장 높은 수준에서는 데이터를 정형 및 비정형[또는 반(semi)정형] 데이터로 분류할 수 있다. 비정형·반정형 데이터는 텍스트, 화상, 음성, 웹콘텐츠 등이 결합된 형태로 구성된다. 비정형·반정형 데이터는 제6장 '텍스트 애널리틱스와 감성분석'에서 보다 자세히 다룰 것이다. 정형 데이터는 데이터마이닝 알고리즘이 사용하는 데이터로서 범주형과 수치형으로 나눌 수 있다. 범주형 데이터는 다시 명목형 또는 순서형으로 구분할 수 있고, 수치형 데이터는 구간형 또는 비율형 데이터로 나눌 수 있다. 그림 4.1은 데이터마이닝에 관련된 데이터의 간단한 분류를 나타내고 있다.

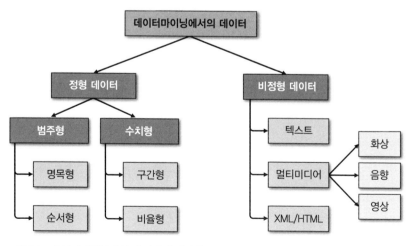

그림 4.1 데이터마이닝에서 데이터의 간단한 분류

범주형 데이터는 변수를 몇몇의 집단으로 나눈 여러 부류 중 하나에 속한다. 예를 들어 인종, 성별, 나이집단, 학력수준 등이다. 나이집단과 학력수준은 각각 정확한 나이와 최종학년을 사용함으로써 숫자 형태라고 간주할 수도 있지만 이들 변수들은 상대적으로 소수의 순서형 부류로 범주화하는 것이 좀 더 나을 수 있다. 범주형 데이터는 **이산형** 데이터라고도 하는데, 이는 서로 간에 연속성을 갖지 않는 유한개의 숫자들로 되어 있음을 의미한다. 범주형(또는 이산형) 변수들에 사용되는 값들은 숫자들이지만 이들 숫자들은 그냥 기호일 뿐, 분수값을 계산하는 등의 숫자로서의 성질은 가지지 않는다.

명목형 데이터는 객체들에게 라벨로 부여된 간단한 부호값을 의미하며, 측정값이 아니다. 예를 들면, 결혼 여부를 나타내는 변수로 (1) 미혼 (2) 기혼 (3) 이혼 상태 등을 범주화할 수 있다. 명목형 데이터는 두 개의 값을 가지는 이항값으로(즉, 예·아니요, 참·거짓, 좋음·나쁨), 또는 세 개 이상의 값을 가지는 다항값으로(즉, 갈색·녹색·파란색, 백인·흑인·라틴계·아시아인, 미혼·기혼·이혼 상태) 나타낼 수 있다.

순서형 데이터는 객체나 사건 등에 라벨로 부여된 부호를 의미하는데, 이 라벨들은 그들 간의 순서도 표현한다. 예를 들면, 신용점수 변수는 일반적으로 (1) 낮음 (2) 중간 (3) 높음으로 나눌 수 있다. 이와 비슷한 순서를 가지는 관계들은 나이집단(즉, 어린이·청년·중년·노년)이나 학력수준(즉, 고등학교·대학교·대학원) 등과 같은 변수에서 볼 수 있다. 순서형 다중회귀분석과 같은 몇몇 데이터마이닝 알고리즘에서는 이와 같은 추가적인 순서 정보를 고려하여 보다 나은 분류모형을 만든다.

수치형 데이터는 특정 변수들의 숫자로 된 값을 나타낸다. 숫자값을 가지는 변수의 예로는 나이, 자녀 수, 가정의 총수입(달러 기준), 여행 거리(마일), 온도(화씨) 등이다. 변수를 나타내는 숫자들은 정수일 수도 있고 실수일 수도 있다. 수치형 데이터는 **연속형** 데이터라고도 하는데, 변수가 중간에 값을 삽입할 수 있는 상세한 눈금상에서 연속된 척도를 포함한다. 유한개이면서 셀 수 있는 데이터인 이산형 변수와는 달리 연속형 변수는 확장과 축소가 가능한 측정값으로, 데이터는 무한개의 분수값을 포함할 수 있다.

구간형 데이터는 구간 눈금상에서 측정된 변수들을 포함한다. 구간형 눈금 측정값의 예로 흔히 볼 수 있는 것은 섭씨 눈금에서의 온도가 있다. 이 눈금에서는 대기압 상태에서 물이 녹는 온도와 끓는 온도 사이에 1/100의 차이를 두는 측정단위가 있다. 즉, 절대적인 영(zero)의 값이 존재하지 않는다(역자 주 : 10℃는 5℃의 두 배가 아니다. 1월 3일은 1월 1일의 세 배가 아니다).

비율형 데이터는 보통 물리학과 공학에서 볼 수 있는 측정 변수이다. 질량, 길이, 시간, 평면각도, 에너지, 전하(electric charge) 등은 비율형 데이터인 물리학에서의 척도의 예이다. 이 데이터 형태의 이름은 측정이란 어떤 연속된 양의 크기와 이와 동일한 종류의 한 단위 크기 간의 비율의 추정이라는 사실에서 따온 것이다. 간단히 말하면, 비율형 눈금은 절대 영(absolute zero)이라는 엄격하게 정해진 영점이 있다. 예를 들어, 켈빈(Kelvin) 온도의 눈금은 물리학에서 엄밀하게 정의된 영점이 있으며, 이는 섭씨로 영하 273.15℃에 해당한다. 이 온도에서는 물질을 이루는 입자의 운동에너지가 0이다.

텍스트, 멀티미디어(즉, 화상, 음향, 영상), XML/HTML 등을 포함한 기타 다른 데이터 형태는 데이터마이닝 알고리즘에 의해 처리하기 전에 범주형 또는 수치형 표현의 어떤 형태로 변환해야 한다(비정형 및 반정형 데이터로부터 지식을 알아내는 방법에 대해 보다 자세한 내용은 제6장을 참조). 데이터는 지리적인 분포를 나타내는 경우도 있어서 수치적이면서 명목형 데이터로써 위치적 · 지리적 정보의 가치를 높일 수 있는데, 이를 종종 공간 데이터라고 칭한다. 게다가 구조와는 상관없이 데이터는 시간적인 관계에 근거하여 정적 또는 동적으로 나눌 수 있다.

어떤 데이터마이닝 방법과 알고리즘들은 다룰 수 있는 데이터의 형태에 있어서 매우 한정적이다. 호환이 되지 않는 형태의 데이터를 입력하면 잘못된 모형을 만들기도 하고 모형 수립 과정이 중단되기도 한다. 예를 들면, 어떤 데이터마이닝 방법들(즉, 신경망, 지지벡터기계, 로지스틱 회귀)은 모든 변수(입력 및 출력변수)들이 숫자값을 가지는 변수여야 한다. 명목형 또는 순서형 변수들은 N중 1 의사변수(1-of-N pseudo variable) (예를 들어, 세 가지 서로 다른 값을 가지는 범주형 변수는 1과 0의 이진 값을 가지는 세 개의 의사변수로 변환할 수 있다)와 같은 형태를 사용하여 수치형 표현으로 변환한다. 이 방법은 변수의 개수가 늘어나게 하므로 특히 서로 다른 값이 매우 많은 범주형 변수의 경우에는 이러한 표현방법의 영향에 대해 주의를 기울여야 한다.

유사하게, ID3(고전적인 결정나무 알고리즘)와 거친집합(비교적 새로운 규칙 유도 알고리즘) 등의 데이터마이닝 방법은 모든 변수들이 범주형 값을 가지는 변수로 표현되어야 한다. 이 방법들의 초기 버전에서는 알고리즘으로 처리하기 전에 사용자가 수치형 변수를 범주형 표현으로 이산화해야 했다. 희망적인 소식은, 널리 사용되는 소프트웨어 도구에서는 이 알고리즘들을 구현할 때 대부분 수치형 및 명목형 변수가 섞여 있는 것도 입력가능하게 하고 데이터를 처리하기 전에 내부적으로 필요한 변환을 수행한다는 점이다.

데이터마이닝을 위한 데이터 전처리

데이터마이닝 방법을 통해서 만들어진 모형의 품질과 유용성은 이것을 만드는 데에 사용된 데이터의 품질에 크게 좌우된다. 이 점에서 GIGO 규칙(garbage-in, garbage-out : 쓰레기를 넣으면 쓰레기만 나온다)이 아마 다른 어떤 응용 분야에서보다 데이터마이닝에 가장 잘 적용되는 것 같다. 그러므로 데이터 준비(또는 보다 일반적으로 데이터 전처리라고 함)의 목적은 적절한 데이터마이닝 방법에 의해 적절하게 분석하기 위해 데이터를 표준적인 형태로 꼼꼼히 정제하고 변환함으로써 GIGO 실수의 가능성을 제거하는 것이라 하겠다. 데이터마이닝 과정에서 다른 활동과 비교할 때 데이터 전처리는 가장 시간과 노력이 많이 요구되고 소비되는데, 대개 한 프로젝트에서 시용되는 전체 시간의 80% 이상에 이른다. 실제 데이터는 일반적으로 불완전하고(속성값이 빠져 있다든지, 어떤 관심대상 속성이 없다든지, 아니면 통합 데이터만 있다든지), 깨끗하지 않거나 잘못된 값(오류나 이상점을 포함함)을 가지고 있고 일관적이지 못하기 때문에(부호나 이름에서 불일치가 있음) 전처리는 이렇게 엄청난 노력이 필요하다. 그래서 전처리가 데이터를 편중되게 하지 않도록 확인해 가면서(데이터 고유의 패턴과 관계들을 유지하는 것이 중요하다), 마이닝이 가능한 형태로 데이터를 청소하고 변형하는 부지런한 노력이 필요하다. 그림 4.2는 마이닝할 수 있는 잘 갖추어진 데이터 집합으로 실제 원래 데이터를 변환하기 위해 일반적으로 따라야 할 네 단계의 체계적인 과정을 보이고 있다.

데이터 전처리의 첫 번째 단계에서는 적절한 데이터를 확인된 소스로부터 수집하고, 필요한 레코드와 변수들을 선택한 후(데이터에 대한 상세한 이해를 바탕으로 불필요한 데이터를 걸러냄) 여러 데이터 소스로부터 들어온 레코드들을 결합한다. 이 단계에서 데이터의 해당 분야에 대한 이해를 바탕으로 데이터 안의 동음이의어나 동의어 등을 적절히 처리해야 한다.

두 번째 데이터 전처리 단계는 데이터 문지르기(scrubbing)라고도 하며 데이터를 정제한다. 이 단계에서는 데이터 집합 안의 값들을 확인하고 처리한다. 어떤 경우에는 결측값들이 데이터 집합에서 예외적으로 존재하

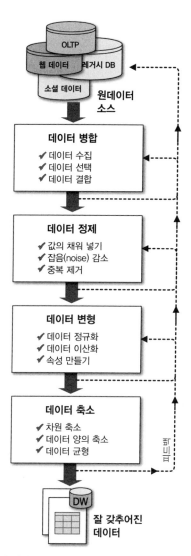

그림 4.2 데이터 전처리의 체계적인 과정

는데, 이런 경우에는 채워 넣거나(즉, 가장 적절한 값으로 채워 넣음) 무시한다. 또는 데이터 집합에서 결측값이 자연스럽게 일부를 차지하고 있는 경우도 있다(예를 들어, 최상위 소득계층의 사람들은 종종 세대 소득 항목에 잘 응답하지 않고 빈 칸으로 남겨둔다). 이 단계에서 분석가는 데이터 안의 잡음값(즉, 이상점)을 찾아내서 이를 처리해야 한다. 게다가 데이터에서 불일치성(변수 내에 비상식적인 값)은 영역지식이나 전문가 의견에 따라 처리해야 한다.

　데이터 전처리의 세 번째 단계에서는 순조로운 처리를 위해 데이터를 변형한다. 많은 경우 어떤 하나의 변수가 그보다 작은 값들을 가지는 다른 변수들을 지배함으로써 생길 수 있는 편중현상을 완화하기 위해 모든 변수들에 대해 어떤 최소값과 최대값 사이에서 데이터를 정규화한다. 예를 들면, 세대 소득과 같이 수만 또는 수십만의 큰 숫자값을 가지는 데이터가, 그보다 더 중요할 수도 있는 작은 수의 부양가족이나 근무연수 등의 데이터를 지배할 수 있다. 여기서 발생하는 또 다른 변형은 이산화와 통합(aggregation)이다. 어떤 경우에는 수치 변수들은 범주형 값으로 변환하고(즉, 낮음, 중간, 높음), 또 명목형 변수들의 개별 값들의 범위를 개념 계층을 활용하여 보다 작은 개수의 집합으로 나누어서(예를 들어, 50개의 값을 가지는 미국의 주 대신에 위치를 나타내는 변수로써 대여섯 개의 지역을 사용한다) 데이터가 컴퓨터 처리를 할 때 더 쉽게 이루어질 수 있게 해준다. 데이터 집합 안에 변수들의 집합에서 발견된 어떤 정보를 강조하기 위해 기존의 변수들을 바탕으로 새로운 변수들을 만들어낼 수도 있다. 예를 들면, 장기이식 데이터 집합에서 장기 제공자와 수용자의 혈액형에 대해 서로 다른 다항값들을 사용하지 않고 혈액형의 일치 여부(1: 일치, 0: 불일치)만을 보는 단일 변수를 사용할 수 있다. 이와 같은 단순화에 의해 데이터에서 관계들의 복잡성을 줄이면서도 정보내용은 늘릴 수 있다.

　마지막 데이터 전처리 단계는 데이터 축소이다. 데이터마이닝을 하는 사람은 큰 데이터 집합을 좋아하지만 너무 큰 데이터는 문제가 될 수 있다. 간단히 말해, 데이터마이닝 프로젝트에서 흔히 사용되는 데이터는 변수들(열)과 레코드·케이스(행)로 구성된 2차원의 보통 파일로써 시각화

할 수 있다. 어떤 경우(복잡한 마이크로 행렬 데이터를 가지는 화상처리나 게놈 프로젝트)에는 변수의 개수가 너무 많아 분석자는 그 수를 다룰 수 있는 크기의 수로 줄여야 한다. 데이터마이닝에서 변수들은 서로 다른 관점에서의 현상을 묘사하는 개별적인 차원으로 처리되며 이 과정은 보통 **차원축소**라고 부른다. 이 작업을 하는 방법은 하나만 있는 것은 아니다. 분석자는 기존에 발표된 문헌의 결과를 사용하거나, 영역 전문가의 도움을 받거나, 적절한 통계적 검증방법(예 : 주성분 분석, 독립성분 분석)을 적용하거나 혹은 가장 이상적인 방법으로 이 기법들을 혼용하여 데이터의 차원을 보다 다루기 쉽고 적합한 부분집합으로 성공적으로 축소할 수 있다.

실제 데이터는 다차원적이고 복잡할 뿐만 아니라 표본이 매우 많기 때문에 생기는 문제도 있다. 즉, 어떤 데이터 집합은 수백만 또는 수십억 개의 레코드(또는 **표본, 사례** 등으로 부름)를 포함하고 있어서, 계산능력이 계속 올라가면서 데이터 분석능력도 향상되고는 있어도 그렇게 많은 수의 레코드를 처리하는 것이 가능하지 않거나 또는 한 번 분석을 완료하는 데에 시간이 너무 오래 걸려서 실용적이지 않을 수 있다. 그러한 경우에 분석자는 데이터의 일부만을 분석해야 한다. 표본추출은 데이터의 일부분이 전체 데이터 집합의 모든 관련 패턴들을 가지고 있을 것이라는 근본적인 가정을 한다. 데이터 집합이 동질적이라면 그러한 가정은 잘 성립되지만 실제 데이터는 거의 동질적이지 않다. 분석자는 부분 데이터를 선택하는 데에 있어서 극히 주의를 기울여서 전체 데이터 집합의 핵심을 반영하고 어떤 일부 집단이나 일부 범주에 치우치지 않도록 해야 한다. 데이터는 대개 어떤 한 변수에 의해 찾아보기로 정렬되어 있기 때문에 위로부터 또는 아래로부터의 한 부분을 선택하면 찾아보기화된 그 변수의 특정값에 치우친 데이터 집합이 될 수 있다. 따라서 표본 집합을 만들 때에는 항상 무작위로 레코드를 선택해야 한다. 편중되어 있는 데이

표 4.1 | 데이터 전처리 과업과 적용 가능한 방법들

주요 과업	부분 과업	흔히 쓰는 방법
데이터 병합	데이터 접근 및 수집	SQL 질의, 소프트웨어 에이전트, 웹크롤러, 데이터 접근 API
	데이터 선택과 여과	영역 전문가, SQL 질의, 통계적 검정
	데이터 결합과 단일화	SQL 질의, 영역 전문가, 온톨로지 기반 데이터 매핑
데이터 정제	데이터에서 결측값 처리	가장 적절한 값(평균, 중앙값, 최소·최대값, 최빈값 등)으로 결측값 채우기, 'ML' 등과 같은 상수값으로 결측값을 부호화, 결측값이 있는 레코드를 제거, 그냥 두기
	데이터에서 잡음 확인 및 감소	간단한 통계적 기법(예를 들면, 평균과 표준편차)이나 군집화 분석으로 데이터에서 이상점 확인, 이상점을 제거하거나 상자화(binning), 회귀분석, 단순 평균 등으로 평활화
	오류 데이터 발견 및 제거	데이터에서 터무니없는 값, 일치하지 않는 부류 라벨, 이상한 분포 등과 같이 잘못된 값(이상점이 아닌)을 확인, 영역지식을 사용하여 값을 수정하거나 잘못된 값을 가지고 있는 레코드를 제거
데이터 변형	데이터의 정규화	수치적인 값을 가지는 모든 변수들에서 값의 범위를 다양한 정규화 또는 스케일 조정기법을 통해 표준인 범위(예를 들어, 0~1이나 −1~+1)로 축소
	데이터의 이산화 또는 통합	필요한 경우 수치형 변수를 범위 기반 또는 빈도수 기반의 상자화 기법으로 이산적 형태로 변환, 범주형 변수는 적절한 개념 계층을 적용함으로써 값의 개수를 축소
	새 속성 만들기	기존 변수로부터 광범위한 수리적 함수(더하기나 곱하기와 같이 간단한 것 또는 로그 변형의 복합적 결합과 같은 복잡한 것에 이르기까지)를 사용하여 새롭고 보다 유용한 변수를 도출

데이터 축소	속성의 수 축소	주성분분석, 독립성분분석, 카이제곱 검정, 상관분석, 결정나무 유도
	레코드의 수 축소	무작위 표본추출, 층화추출, 전문지식을 바탕으로 한 작위적 표본추출
	편중된 데이터의 균형 잡기	적은 구성비 부류의 레코드는 과다추출하거나 구성비가 높은 부류의 레코드는 과소추출

터에 대해서는 직접적인 무작위 추출방법은 충분하지 않으며 층화추출 (stratified sampling) — 데이터에서 여러 부분집단들의 구성비가 표본 데이터 집합에서도 그대로 나타나도록 하는 방법 — 이 필요하다. 그리고 매우 편중되어 있는 데이터라면 적은 구성비의 부류에 대해서는 과다추출(oversampling)을 하고 구성비가 높은 부류는 과소추출(undersampling)을 함으로써 균형을 맞추는 것도 좋은 방법이다. 이렇게 균형을 맞춘 데이터 집합이 그렇지 않은 것보다 더 나은 예측 모형을 만들어낸다는 연구 결과가 있다.

그림 4.2에 있는 절차는 단순히 한 방향으로 일회성(위에서 아래로)으로 수행하는 것이 아니다. 그보다는 수정 및 조정을 하기 위해(피드백 고리를 따라서) 거꾸로 가는 것이 필요한 반복적인 과정이다. 결과의 질은 (즉, 데이터가 결국 얼마나 잘 갖추어졌는지) 이 후반부와 전반부 단계 사이의 반복과정들을 얼마나 꼼꼼히 수행해 나가느냐에 달려 있다. 데이터 전처리에서 핵심적인 활동들을 표 4.1에 정리하였으며(문제 서술과 함께) 주요 과업들을 각각의 방법들과 알고리즘에 매핑하였다.

데이터마이닝 방법들

복잡한 문제들을 해결하기 위해 비즈니스 및 과학적 기관들에 의해 매우 다양한 데이터마이닝 방법과 알고리즘들이 개발되어 사용되고 있다. 이 문제들은 몇 가지 높은 수준의 데이터마이닝 과업으로 분류할 수 있다. 데이터마이닝 과업은 문제의 요구사항과 성격에 따라 예측(분류 또는 회귀), 연관 또는 군집화로 나눌 수 있으며, 이들 각각의 데이터마이닝 과업들에 다양한 방법과 알고리즘을 사용할 수 있다. 그림 4.3은 데이터마이닝 과업과 방법들, 알고리즘을 그래프로 표현한 것이다. 이어지는 절들에서 광범위한 데이터마이닝 과업들(즉, 예측, 연관, 군집화)과 함께 가장 널리 사용되는 알고리즘들(예를 들면, 예측을 위한 결정나무, 연관을

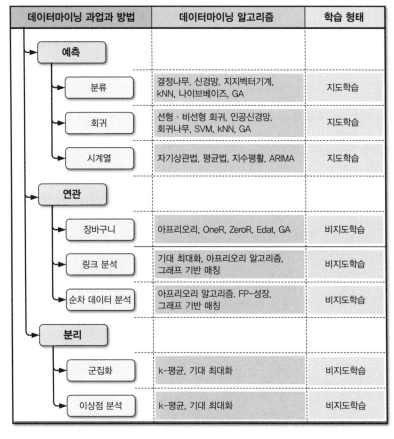

그림 4.3 데이터마이닝 과업 · 방법들과 대표적인 알고리즘들

위한 아프리오리 알고리즘, 군집화를 위한 k-평균 등)을 설명한다. 제5장 '데이터마이닝 알고리즘'에서 k-근접이웃, 인공신경망, 지지벡터기계, 선형회귀, 로지스틱회귀, 시계열 예측 등을 포함하는 몇 가지 다른 데이터마이닝 알고리즘들도 설명한다. 대부분의 데이터마이닝 소프트웨어 도구들은 이들 데이터마이닝 과업·방법들 모두에 대해 하나 이상의 기법(알고리즘)들을 채택하고 있다.

예측

제1장 '애널리틱스 서론'에서 설명한 바와 같이 예측(또는 예측적 애널리틱스)은 미래를 예상하고 "어떤 일이 벌어질까?"라는 질문에 대답하기 위해 사용한다. 사업기획과 문제해결은 미래 상황에 대한 추정에 크게 의존한다. 예측적 애널리틱스(그리고 내재된 예측 모형화 기법)는 이러한 추정을 가능하게 해준다. 예측적 모형화를 하는 데에 사용되는 모형화 기법이 무엇이든지 간에 우리가 과거(지나간 데이터의 형태로 기록된 거래와 사건들)에 대해 이미 알고 있는 것들이 미래를 예측하는 데에 사용된다는 점을 기본적인 가정으로 한다. 즉, 과거는 미래에도 스스로 반복된다고 가정한다. 그렇지 않다면 미래를 예측할 수 있는 방법은 없다.

우리가 무엇을 예측하는가에 따라 예측의 방법은 분류(수치값을 예측하는 것이라면)나 시계열 예측(시간 의존적인 연속된 값의 미래 전망을 예측한다면)이라고 할 수 있다. 이를테면 일일 종료시점에서 주가가 오를 것인지 내릴 것인지를 예측하는 것은 분류라고 간주할 수 있으며, 일일 종료시점에서 주가의 차이값을 예측하는 것은 회귀분석이고 가까운 과거 종가를 바탕으로 내일의 주식 종가를 예측하는 것은 시계열 예측이다. 모두 다 변수의 미래 값을 추정하는 것이지만 값의 형태와 변수의 성질이 예측의 종류를 결정한다.

분류

분류는 현실문제에서 가장 많이 사용되는 데이터마이닝 방법일 것이다. 기계학습 기법들 가운데 인기 있는 분류는 과거 데이터(이미 라벨이 있는 항목들, 객체들, 사건들의 특징에 대한 정보 — 흔적, 변수, 특성 — 들의 집합)로부터 패턴을 학습하여 새로운 사례(부류가 알려져 있지 않은)에 적절한 집단이나 부류를 부여한다. 예를 들면, 분류를 사용하여 특정 날짜의 날씨가 '맑음', '비', '흐림' 일지를 예측할 수 있다. 많이 쓰이는 분류 과업으로는 신용승인(즉, 좋거나 나쁜 신용 위험도), 점포위치(예 : 좋음·중간·나쁨), 목표 마케팅(구매 가능성·가능성 없음), 위조 탐지(그렇다·아니다), 통신(타 통신사로 이동가능성 여부) 등이 있다. 예측하려는 것이 부류 라벨(예 : '맑음', '비', '흐림')이면 이 예측 문제는 분류라고 하고, 수치를 예측하는 것이면(예 : 68°F 등과 같은 온도) 이 예측 문제는 회귀라고 한다.

군집화(또 다른 많이 쓰이는 데이터마이닝 방법)가 사물의 집단(또는 부류 소속)을 결정하는 데에 사용될 수도 있으나 이들 사이에는 큰 차이가 있다. 분류는 (입력과 출력) 모든 변수들이 알고리즘에 제공되는 지도학습 과정을 거쳐서 사물(즉, 독립변수)의 특성들과 그들의 소속(즉, 결과변수) 간의 함수를 학습한다. 군집화는 입력변수만이 알고리즘에 투입되는 비지도학습 과정을 통해 객체의 소속을 학습한다. 분류와는 다르게, 군집화는 학습과정을 수행하는 지도(또는 통제) 메커니즘이 없다. 그 대신 군집화 알고리즘은 객체들의 자연스런 집단구성을 찾아내기 위해 하나 이상의 휴리스틱(예 : 다차원적 거리척도)을 사용한다.

분류방식에 의해 예측할 때에는 모형개발·훈련과 모형시험·적용 등 두 단계의 방법을 쓰는 것이 가장 일반적이다. 모형개발 단계에서는 실제 부류 라벨을 포함하여 입력 데이터 집합을 사용한다. 모형을 훈련시킨 후에 모형은 정확도 평가를 위해 유보 표본을 사용하여 시험하고 실제로 적용하는데, 여기에서 새로운 데이터 사례(부류 라벨이 알려지지 않은)의 부류를 예측한다. 모형을 평가할 때에는 다음과 같은 몇 가지 요소들을 고려한다.

- **분류 정확도** : 이것은 모형이 새로운 또는 이전에 알지 못했던 데이터의 부류 라벨을 정확하게 예측하는 능력이다. 분류 정확도는 분류 모형에서 가장 널리 사용되는 평가요소이다. 이 척도를 구하기 위해서는 시험 데이터 집합의 실제 부류 라벨과 모형에 의해 예측된 부류 라벨을 비교한다. 그리고 정확도 비율로써 정확도를 계산하는데, 이는 시험 데이터 집합 중에 모형이 제대로 분류한 표본의 퍼센트로 나타낸다(이 장의 뒷부분에서 보다 자세히 설명한다).
- **속도** : 속도는 모형을 만들어내고 사용하는 데에 드는 계산비용이라고 할 수 있는데, 빠를수록 좋다고 여겨진다.
- **강인성** : 강인성이란 잡음 또는 결측값이나 오류값이 포함되어 있는 데이터가 주어졌을 때, 모형이 합리적으로 정확한 예측을 할 수 있음을 의미한다.
- **규모 확장성** : 꽤 많은 양의 데이터가 주어졌을 때에도 예측 모형을 효율적으로 만들어낼 수 있는 능력이다.
- **해석가능성** : 모형이 제공하는 이해와 통찰의 수준을 말한다(예를 들어, 어떤 예측결과에 대해 모형이 어떻게 그리고 어떤 결론을 내리는가).

분류 모형의 정확성의 추정방법

분류문제에서 정확도 추정을 위한 기본 재료는 분류행렬[confusion matrix 또는 classification matrix, 분할표(contingency table)라고도 함]이다. 그림

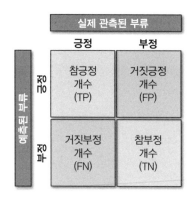

그림 4.4 이진 분류에 대한 분류행렬

4.4는 두 부류 분류문제에 있어서의 분류행렬을 보이고 있다. 왼쪽 위에서 오른쪽 아래로 대각선을 따라 기록된 사례들의 개수는 옳게 예측한 것의 수를 나타내고 대각선 이외에 적은 사례의 개수들은 오분류된 것들이다(즉, 잘못 예측한 것).

분류문제가 이진(binary)이 아니라면 분류행렬은 커지고(부류값의 개수가 n이라면 $n \times n$ 행렬), 정확도의 척도는 부류별 정확도 비율과 분류기 전체의 정확도로 한정된다. 표 4.2에 분류 모형에서 가장 널리 사용되는 정확도 척도들이 있다.

지도학습 알고리즘에 의해 얻어진 분류 모형(또는 분류기)의 정확도를 추정하는 것은 다음과 같은 두 가지 이유 때문에 중요하다. 첫째, 추정 결과는 미래의 예측 정확도를 평가하는 데에 사용될 수 있는데, 이는 실제 예측 시스템에서 분류기의 결과에 대한 신뢰수준을 의미한다. 둘째, 추정 결과는 주어진 집합으로부터 하나의 분류기를 선택하는 데에 사용될 수 있다(훈련된 여러 개 가운데 '가장 좋은' 분류기를 찾아내는 것). 이어지는 절에서는 분류방식의 데이터마이닝 모형에 있어서 가장 많이 쓰이는 몇 가지 추정방법을 설명한다.

표 4.2 | 분류 모형에서의 정확도 척도

척도	설명
참긍정률 $= \dfrac{TP}{TP+FN}$	옳게 분류된 긍정 개수를 전체 긍정 개수로 나눈 비율(즉, 명중률 또는 재현율)
참부정률 $= \dfrac{TN}{TN+FP}$	옳게 분류된 부정 개수를 전체 부정 개수로 나눔[즉, 거짓경보(false alarm)율]
정확도 $= \dfrac{TP+TN}{TP+TN+FP+FN}$	옳게 분류된 사례들(긍정과 부정 개수)을 전체 사례 개수로 나눈 비율
정밀도 $= \dfrac{TP}{TP+FP}$	옳게 분류된 긍정 개수를 옳게 분류된 긍정 개수와 틀리게 분류된 긍정 개수의 합으로 나눈 비율
재현율(recall) $= \dfrac{TP}{TP+FN}$	옳게 분류된 긍정 개수를 옳게 분류된 긍정 개수와 틀리게 분류된 부정 개수의 합으로 나눈 비율
참분류율$_i = \dfrac{\text{참분류}_i}{\sum \text{거짓분류}_i}$	여러 부류의 분류문제에서 부류 i의 분류 정확도
전체 정확도 $= \dfrac{\sum \text{참분류}_i}{\text{사례 개수}}$	여러 부류의 분류문제에서 전체적인 분류 정확도

단순분할

단순분할법(또는 유보법, 시험표본 추정)은 데이터를 훈련집합과 시험집합(또는 유보집합)이라고 부르는 상호 배타적인 두 개의 부분집합으로 나눈다. 데이터의 2/3 정도를 훈련집합으로 하고 나머지 1/3은 시험집합으로 하는 것이 일반적이다. 훈련집합은 모형 개발자가 사용하고, 이후 만들어진 분류기는 시험집합으로 시험한다. 이 규칙에서의 예외는 분류기가 인공신경망일 경우이다. 이때는 데이터를 상호 배타적인 세 개의 부분집합, 즉 훈련집합, 검증집합, 시험집합으로 나눈다. 검증집합은 모형을 만들 때 과적합(overfitting)을 방지하기 위해 사용한다(인공신경망에 대해

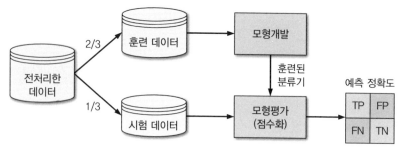

그림 4.5 훈련과 시험을 위한 간단한 무작위 데이터 분할

더 자세한 것은 제5장을 참조). 그림 4.5는 단순분할법을 보이고 있다.

이 방법의 주된 약점은 두 개로 나눈 데이터 부분집합들이 동일한 종류(즉, 완전히 똑같은 성질을 가짐)라는 가정이다. 이것은 단순한 무작위 분할이기 때문에 분류 변수에 편중현상이 있는 대부분의 실제 데이터 집합에서는 그러한 가정이 성립하지 않을 수 있다. 이 상황을 개선하기 위해 층화추출법이 제안되었는데, 여기서는 층(strata)들이 결과변수이다. 단순분할법을 개선한 방법이기는 하지만 이것도 단일 무작위 분할에 관련된 편중현상을 가지고 있는 것은 마찬가지이다.

k-중 교차검증

두 개 이상의 방법에 대해 예측 정확도를 비교함에 있어서 훈련 및 유보 데이터 표본의 단순 무작위 표본 추출과 관련된 편중현상을 최소로 하기 위해 k-중 교차검증이라는 방법을 사용할 수 있다. 이 방법은 회전추정(rotation estimation)이라고도 하는데, 전체 데이터 집합을 무작위로 그 크기가 비슷한 k개의 상호 배타적인 부분집합으로 나눈다. 분류 모형을 훈련시키고 k번 시험한다. 매번 한 개의 부분집합만 뺀 나머지 모든 집합으로 훈련하고 나서 그 나머지 하나의 집합에 대해 시험한다. 모형의 전체 정확도에 대한 교차검증 추정은 k개 각각의 정확도 값의 단순 평균값으

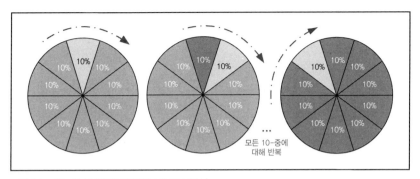

그림 4.6 10-중 교차검증방법의 그래프 예시

로 계산한다. 다음 식은 이 통합 계산식을 나타낸다.

$$교차검증\ 정확도 = \frac{1}{k} \sum_{i=1}^{k} 정확도_i$$

k-중 교차검증방법에서 k가 10인 경우를 그래프로 예시한 것이 그림 4.6이다.

기타 분류 평가방법

위에서 설명한 것들처럼 많이 사용하지는 않지만 분류 형태의 문제에 사용되는 다른 평가방법들이 있다. 그중 몇 가지를 소개한다.

- **하나 남기기**(leave-one-out) : 하나 남기기 방법은 k-중 교차검증에서 $k=1$인 경우와 같다. 즉, 개발된 각 모형들마다 모든 데이터 점들을 한 번씩 시험하는 데 사용한다. 이것은 시간이 많이 걸리는 방법이지만 데이터 집합이 작은 경우 쓸모있는 대안이다.
- **부트스트래핑**(bootstrapping) : 부트스트래핑에서는 원래의 데이터로부터 일정 개수의 사례들을 추출하여(복원 추출) 훈련하고 나머지 데이터 집합은 시험에 사용한다. 이 과정을 필요한 만큼 반복한다.

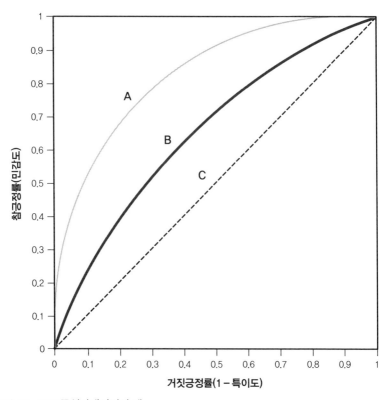

그림 4.7 ROC곡선아래면적의 예

- **잭나이핑**(jackknifing) : 이것은 하나 남기기 방법과 비슷하다. 추정과 정의 매 반복 시마다 하나의 표본을 남기고 정확도를 계산한다.
- **ROC곡선아래면적**(area under the ROC curve) : ROC곡선아래면적은 참긍정률을 y축에, 거짓긍정률을 x축에 두고 그래프로 평가하는 기법이다. 이것은 분류기의 정확도 척도를 결정한다. 값이 1이면 완벽한 분류기이며 0.5이면 아무렇게나 분류한 것이라 할 수 있으며, 현실적으로 두 극단값 사이의 값을 가진다. 예를 들어, 그림 4.7에서 A는 B보다 좋은 분류성능을 가지며, C는 동전을 던져서 나오는 대로 분류하는 무작위 분류보다 나을 것이 없다.

분류방법

분류 모형화에 아래와 같은 많은 방법들과 알고리즘들이 사용된다.

- **결정나무분석** : 결정나무분석(기계학습 기법 중의 하나임)은 아마도 데이터마이닝 영역에서 가장 많이 쓰이는 분류 기법일 것이다. 이 기법의 자세한 설명은 다음 절에 있다.

- **통계적 분석** : 통계적 분석은 기계학습 기법이 출현하기 전까지 오랜 시간 동안 주요 분류 알고리즘이었다. 통계적 분류 기법에는 **로지스틱 회귀와 판별분석**이 있는데, 모두 입력과 출력변수 간의 관계가 본질적으로 선형이고 데이터는 정규분포를 따르며 변수들이 서로 상관관계가 없고 독립이라는 가정을 하고 있다. 이러한 가정들의 문제점 때문에 대세가 기계학습 기법으로 옮겨가고 있다.

- **신경망** : 신경망의 사용은 분류 형태의 문제에 사용할 수 있는 가장 널리 쓰이는 기계학습 기법 중 하나이다. 이 방법의 자세한 설명은 제5장에서 제시한다.

- **지지벡터기계** : 신경망과 함께 지지벡터기계는 강력한 분류 알고리즘으로써 그 인기가 높아지고 있다. 이 방법의 자세한 설명은 제5장에서 제시한다.

- **최근접이웃 알고리즘** : 이 알고리즘은 믿을 수 없을 정도로 간단하면서도 매우 효율적인데, 분류방법의 기본으로는 유사도를 사용한다. 이 방법의 자세한 설명은 제5장에서 제시한다.

- **사례기반 추론** : 개념적으로는 최근접이웃 알고리즘과 유사하며, 이 방법은 과거 사례들을 사용하여 공통점들을 파악하고 이로써 새로운 사례를 가장 그럴 듯한 범주에 배정한다.

- **베이지안**(Bayesian) **분류기** : 이 방법은 확률론을 사용하여 새로운 사례를 가장 그럴 듯한 부류(또는 범주)에 배치할 수 있도록 과거 발생

기록에 근거한 분류 모형을 만든다.

- **유전 알고리즘** : 유전 알고리즘은 데이터 표본을 분류하기 위해 자연의 진화를 흉내내어 직접 탐색 기반의 메커니즘을 만든다.
- **거친집합** : 이 방법은 분류문제를 위한 모형을 만들 때 미리 정해진 범주에서 부류 라벨의 부분적인 소속도를 고려한다.

이들 모든 분류기법을 완전히 다루는 것은 이 책의 범위를 벗어나며, 따라서 여기서는 가장 많이 쓰이는 결정나무를 설명하고 다른 것들 중 몇 가지는 제5장에서 다룰 것이다.

결정나무

결정나무를 자세히 설명하기 전에 간단한 용어들을 설명할 필요가 있다. 첫째, 결정나무에는 여러 패턴들의 분류에 영향을 줄 수 있는 많은 입력변수들이 있다. 이들 입력변수들을 대개 속성이라고 부른다. 예를 들어, 두 가지 특징 ― 소득과 신용등급 ― 을 바탕으로 대출 위험도를 분류하는 모형을 만든다면 이들 두 특징이 속성이 되며 결과물은 부류 라벨(즉, 낮은 위험, 중간 위험, 높은 위험)이다. 둘째, 나무는 가지와 노드로 구성된다. 가지는 속성 중 하나를 사용해서 패턴(시험에 근거하여)을 분류하기 위한 시험의 결과를 나타낸다. 마지막에 있는 잎은 패턴(뿌리에서 잎에 이르기까지의 연결선이며, 복잡한 "…이면 …이다." 문장으로 나타낼 수 있다)에 의한 최후의 부류 선택을 나타낸다.

결정나무의 기본 아이디어는 전부 또는 대부분이 한 가지의 부류로 구성되도록 훈련집합을 반복적으로 나눈다는 것이다. 잎이 아닌 각 노드들은 분기점을 가지는데, 이것이 하나 이상의 속성에 대해 시험을 해서 데이터를 어떻게 더 나눌 것인지를 결정한다. 결정나무 알고리즘은 대개 각

잎들이 완전히 하나의 부류로만 구성되도록 데이터를 훈련하여 초기 나무를 형성하고, 그 후 일반성과 시험 데이터의 예측 정확도를 높이기 위해 나무의 가지치기를 수행한다.

성장 단계에서 나무는 데이터를 반복적으로 나누어감으로써 만들어지는데, 완전한 단일 부류(즉, 동일한 부류만을 가짐) 또는 상대적으로 약간만 다른 부류가 섞일 때까지 나눈다. 기본 아이디어는 '스무고개' 게임에서 하는 것처럼 가장 많은 정보를 제공해주는 대답이 나오는 질문을 하는 것이다.

데이터를 나눌 때 사용할 분기는 사용할 속성의 형태에 따라 다르다. 연속값을 가지는 속성 A가 있다고 하면, 분기는 값(A) x의 형태이며 여기서 x는 A값의 어떤 '최적' 분기값이다. 예를 들어, 소득에 의한 분기는 '소득 > 50,000'일 수 있다. 범주형 속성 A의 경우에는 분기는 값(A)이 x에 속한다의 형태인데, 여기서 x는 A의 부분집합이다. 예를 들어, 성별에 의해 분기를 한다면 x는 남성 혹은 여성이다.

결정나무를 만드는 일반적인 알고리즘은 다음과 같다.

1. 뿌리노드를 만들고 모든 훈련데이터를 여기에 할당한다.
2. 분기를 위한 속성 가운데 최적의 것을 선택한다.
3. 뿌리노드에 분기의 각 값마다 하나씩 가지를 덧붙인다. 데이터는 가지들의 분기에 맞게 상호 배타적인(즉, 겹치지 않는) 부분집합으로 나눈다.
4. 위의 단계 2와 3을 각 잎마다 정지기준(예를 들어, 하나의 단일 부류 라벨이 노드의 대부분을 차지함)에 도달할 때까지 반복한다.

결정나무를 만드는 데에 여러 가지 서로 다른 알고리즘이 제안되어 왔다. 이들 알고리즘은 주로 분기 속성(그리고 분기값)을 정하는 방법이나 속성을 분기하는 순서(동일한 속성은 단 한번만 분기하는가 아니면 여

러 번 분기하는가), 각 노드에서의 분기 개수(2진 대 3진), 정지기준 그리
고 나무의 가지치기(사전 대 사후) 등의 방법에 있어서 차이를 보인다. 잘
알려진 몇 가지 알고리즘은 기계학습에서의 ID3(이후 C4.5, C5가 ID3의
개정판으로 나옴), 통계학에서의 분류회귀나무(CART), 패턴 인식에서의
카이제곱 자동상호작용검출기(CHAID)가 있다.

결정나무를 만들어나갈 때 각 노드에서의 목표는 그 노드에서 부류들
이 동질화가 되도록 훈련데이터를 가장 잘 나누게 하는 속성과 그 속성의
값을 결정하는 것이다. 분기가 잘되었는지를 평가하기 위해 몇 가지 분기
지수가 제안되었다. 가장 많이 쓰이는 두 가지는 지니지수(Gini index)와
정보이득(information gain)이다. 지니지수는 CART와 SPRINT(Scalable
Parallelizable Induction of Decision Trees) 알고리즘들에서 사용된다. 정보
이득은 ID3(그리고 이들의 신규 버전인 C4.5, C5)에서 사용된다.

지니지수는 경제학에서 인구의 다양성을 측정하기 위해 사용되어 왔
다. 이와 동일한 개념을 사용하여 어떤 특정 속성이나 변수를 가지고 가
지를 만들기로 결정을 하였을 때, 그 결과로 특정 부류의 순도를 정할 수
있다. 가장 좋은 분기는 제시된 분기로 인해 얻어진 집합들의 순도가 가
장 많이 증가하는 것이다.

정보이득은 ID3에서 사용된 분기 메커니즘인데, 아마도 결정나무 알고
리즘에서 가장 널리 알려진 방법일 것이다. 1986년에 로스 퀸란이 개발하
였고 그 후 이 알고리즘을 C4.5와 C5 알고리즘에 접목하였다. ID3와 그
후속 알고리즘에 깔려 있는 기본 아이디어는 지니지수 대신에 **엔트로피**라
고 하는 개념을 사용한 것이다. 엔트로피는 데이터 집합에서 불명확성 또
는 무작위성의 정도를 측정한다. 부분집합 내의 모든 데이터가 하나의 동
일한 부류에 속한다면 그 데이터 집합은 불확실성이나 무작위성은 없으
며 따라서 엔트로피는 0이다. 이 방법의 목적은 모든 마지막 부분집합들
의 엔트로피가 0 또는 0에 가깝도록 부분나무들을 만드는 것이다.

데이터마이닝에서의 군집분석

군집분석은 항목, 사건, 개념 등을 군집이라고 하는 공통된 집단들로 분류하는 중요한 데이터마이닝 방법이다. 이 방법은 대개 생물학, 의약품, 유전학, 사회관계망 분석, 인류학, 고고학, 천문학, 문자인식 그리고 MIS 개발 등에도 사용되고 있다. 데이터마이닝의 인기가 올라가면서 관련 기법들이 비즈니스, 특히 마케팅 분야에 적용되고 있다. 군집분석은 사기탐지(신용카드와 전자거래 사기)와 최근의 CRM 시스템에서 고객들의 시장 구분 등에 광범위하게 사용되어 왔다. 비즈니스 영역에서 군집분석의 강점을 깨닫고 사용함에 따라 지속적으로 더 많은 응용이 이루어지고 있다.

군집분석은 분류문제를 풀기 위한 탐구적 데이터 분석 도구이다. 목표는 사례(이를테면 사람, 사물, 사건)들을 집단이나 군집으로 정렬하여 같은 군집 내 구성원들의 연관성의 정도는 강하고 다른 군집의 구성원끼리는 연관성이 약하게 한다. 각 군집은 그 구성원들이 속해야 하는 부류를 나타낸다. 아주 간단하고 일차원적인 군집분석의 예는 대학교 강의에서 성적을 매기기 위해 점수의 범위를 정하는 것이다. 이것은 1980년대에 미국 재무부에서 새로운 과세 구분을 정할 때 했던 군집분석 문제와 유사하다. 예를 들어, J. K. 롤링의 해리포터 소설에서 호그와트 학교의 분류모자(Sorting Hat)가 1학년 학생들을 어느 집(즉, 기숙사)으로 배정할지 결정하는 것도 군집화라고 볼 수 있다. 또 다른 예로 결혼식에서 하객들의 자리를 결정하는 것도 있다. 데이터마이닝에 있어서 군집분석의 중요성은 이전에는 명확하지 않았지만 데이터에서 일단 발견되면 의미 있고 유용한 연관관계와 구조들을 밝혀낸다는 점이다.

군집분석의 결과는 다음과 같이 사용할 수 있다.

- 분류의 구성을 확인함(이를테면 고객들의 형태)
- 모집단을 설명하는 통계적 모형의 제안
- 확인, 목표 설정, 진단 등의 목적으로 새로운 사례에 부류를 부여하는 규칙을 정함.
- 이전에는 광범위했던 개념들의 정의, 크기, 변화 등의 척도를 제공
- 전형적인 사례들을 찾아서 부류를 부여하고 대표함.
- 다른 데이터마이닝 방법을 위하여 문제 전체의 크기와 복잡도를 축소함.
- 특정 영역에서 이상점을 확인함(즉, 극히 드문 사건의 탐지).

군집의 개수를 정하는 방법

군집화 알고리즘은 대개 군집의 개수를 분석자가 정해주어야 한다. 사전 지식으로 이 수를 알 수가 없다면 어떤 방법을 써서 선택해야만 한다. 불행히도 이 숫자가 얼마여야 한다고 계산해주는 최적의 방법은 없다. 그래서 몇 가지 휴리스틱 방법이 제안되어 있다. 다음은 그 가운데 가장 많이 참고하는 방법들이다.

- 군집 개수의 함수로서의 변동비율을 본다. 즉, 군집을 더 추가하면 데이터의 모형화가 더 나아지지 않는 그러한 군집의 개수를 선택한다. 구체적으로, 군집에 의해 설명되는 변동비율을 도표화할 때 한계 이득이 하락하는 지점(그래프가 꺾이는 지점)이 있는데 이것을 군집의 개수로 선택한다.
- n을 데이터 점의 개수라고 할 때 군집의 수를 $(n/2)^{1/2}$로 한다.
- 아카이케 정보기준(AIC)을 사용한다. 이것은 군집의 수를 결정하는 적합도의 척도이다.
- 베이지안 정보기준(BIC)을 사용한다. 이것은 (최대 가능도 추정에 의

해) 군집의 수를 결정하는 방법이다.

군집화 방법들

군집분석은 레코드(표본, 객체)들을 (군집이라고 부르는) 동일한 집단 안에 있는 객체들이 다른 집단(군집)에 있는 것보다 더 유사하게 만드는 방식으로 집단화한다. 대부분의 군집분석방법은 두 항목 간의 근접도를 계산할 때 거리척도를 사용한다. 많이 쓰이는 거리척도는 유클리드 거리(보통 자로 재는 두 점 간의 거리)와 맨해튼 거리(직각직선 거리, 택시 거리라고도 한다)가 있다. 많은 군집분석 기법이 있으며 각각 객체나 레코드를 자연스럽게 집단화하는 조금씩 다른 방법을 가지고 있다. 그림 4.8은 여러 가지 군집분석방법의 간단한 분류체계이다.

그림 4.8과 같이 군집화 방법들을 최상위에서 계층적인 방법과 분할적인 방법으로 나눌 수 있다. 계층적 군집화 방법은 인접한 객체들은 멀리 떨어져 있는 객체들보다 서로 관련성이 많다는 아이디어에 바탕을 두고 있

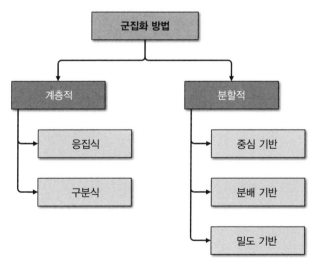

그림 4.8 군집화 방법의 간단한 분류체계

다. 그러므로 하나의 군집은 모든 관련된 객체들을 연결하는 데에 필요한 최대 거리로써 정의할 수 있다. 거리척도가 다르면 군집도 다르게 만들어지며 덴드로그램(dendrogram)을 사용하여 이를 표현할 수 있는데, 이것이 **계층적 군집화**라는 이름을 얻게 된 이유이다. 계층적 군집화에서 군집은 상향식(즉, 응집식 — 각 객체들이 스스로 하나의 군집인 맨 아래로부터 시작하여 유사한 객체들을 합쳐나가면서 보다 큰 군집으로 만들어 나아가는 방식)이거나 아니면 하향식(즉, 구분식 — 맨 위의 군집으로부터 시작하여 객체들을 보다 작은 군집들로 나누어가는 방식)으로 만들어진다.

반면에 **분할적 군집화** 방법은 다차원 공간에서 객체들의 자연 집단이 존재한다는 아이디어에 근거한다. 이 방법은 임의 개수의 군집에서 시작하여 객체들을 가장 그럴 듯한 군집에 할당하고 다시 군집의 수를 업데이트한 후, 안정된 군집공간에 도달할 때까지 군집에 할당하는 과정을 반복한다. 분할적 군집화의 여러 알고리즘들은 군집을 확인하는 방법이 서로 다르다. 군집화에는 가장 최선의 방법이나 또는 알고리즘이 있지 않으므로 군집화 작업을 하는 분석자는 여러 가지 경쟁적 알고리즘을 시도하고 그들의 적합도를 평가하여 가장 좋은 것을 선택해야 한다.

군집화 기법의 평가

군집화 방법에 의해 만들어진 군집의 적합성을 어떻게 평가할 것인가? 그것들이 타당한가를 어떻게 알 수 있나? 그것들이 데이터의 자연 집단을 어느 정도 대표하는지 어떻게 알 수 있는가? 어떤 주어진 데이터 집합에 대해 여러 다른 군집화 알고리즘들이 얼마나 좋은 성능을 보이는지 비교할 척도가 필요하다. 그리고 나서야 분류 형태의 데이터마이닝 문제에 대해 '가장 좋은' 것을 선택할 수 있다. 군집화 방법의 적합성을 평가하는 척도는 대개 내부평가와 외부평가 두 가지 부류로 나눈다.

내부평가

군집 내에서는 높은 유사도, 군집 간에는 낮은 유사도를 보이는 군집을 만들어준 방법(또는 알고리즘)에 높은 평가점수를 주는 것이 내부평가법이다. 내부평가 척도는 어떤 하나의 알고리즘의 성능이 다른 것보다 탁월한 상황에서 가장 적절하기는 하지만, 그렇다고 해서 그 알고리즘이 다른 것보다 더 '타당한' 결과를 준다는 뜻은 아니다. 타당성이란 상대비교평가와는 다른 것인데 이는 찾아낸 군집구조가 실제로 데이터에 존재함을 암시하기 때문이다. 이 평가방법은 다차원 특성공간에서 특정 형태의 거리척도를 사용하여 부류 간 및 부류 내의 유사도를 측정한다.

군집평가에서 내부기준을 사용하는 것의 단점은 내부 척도상의 높은 점수가 반드시 효과적인 정보추출 응용으로 이어지지 않는다는 점이다. 게다가 이 평가는 동일한 군집 모형을 사용하는 알고리즘 쪽으로 편향되는 측면이 있다. 예를 들어, k-평균 군집화는 자연스럽게 객체 거리들을 최적화하므로 거리기준 내부평가는 군집화 결과를 과대평가하는 경향이 있다.

외부평가

내부평가에서는 군집화 결과를 유사도 척도에 의해 평가하는 데 반해 외부평가에서는 군집결과를 군집화에 사용하지 않았던 데이터(부류 라벨을 알고 있는)에 의해 측정한다. 이 평가는 부류가 알려져 있거나 영역전문가에 의해 이미 라벨이 알려져서 분류되어 있는 레코드의 집합들로 구성된다. 이 비교용 집합을 평가를 위한 황금기준이라고 생각할 수 있다. 이 형태의 평가방법은 미리 정해진 라벨의 부류들에 군집화가 얼마나 근접한지를 측정한다. 이 방법이 합리적인 것처럼 생각되지만 광범위하게 실용성을 가지기에는 문제가 있다. 실제의 데이터 집합에서 미리 라벨이 정해진 부류들을 찾는 것이 어렵고 불가능하기 때문이다. 그리고 실제의 부류들은 일정 형태의 자연적인 구조를 가지기 때문에 군집화 알고리즘에 들어가는 속성·변수들이 실제의 군집대로 구분하기에 충분하지 못할 수 있다.

k-평균 군집화 알고리즘

k-평균 알고리즘(여기서 k는 이미 정해진 군집 개수)은 아마도 가장 선호하는 군집화 알고리즘일 것이며, 전통적인 통계분석에 그 뿌리를 두고 있다. 중심점 기반 분할적 군집화 방법의 하나로서, 그 이름에서 알 수 있듯이 k-평균 알고리즘은 각 데이터 점(즉, 고객, 사건, 객체 등)에 중심(또는 중심점)이 가장 가까운 군집을 할당한다. 중심은 군집 내 모든 점들의 평균인데, 그 좌표는 군집 내 모든 점에 걸쳐 각 차원별로 분리해서 구한 수리적 평균이다. 알고리즘 단계를 여기서 정리하고 그림 4.9에 그림으로 나타낸다.

초기화 단계 : 군집의 개수(즉, k값)를 선택한다.

1. 무작위로 k개의 임의의 점을 만들어 초기 군집의 중심점으로 삼는다.
2. 각 점들을 가장 가까운 군집 중심에 할당한다.

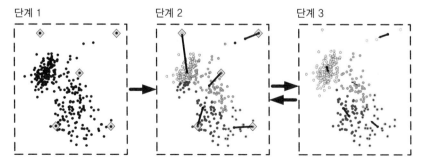

그림 4.9 k-평균 군집화 알고리즘의 단계

3. 군집의 새로운 중심을 다시 계산한다.

반복 단계 : 수렴기준을 만족할 때까지 단계 2와 3을 반복한다(대개는 군집의 할당에 변화가 없을 때까지).

연관분석

연관분석 — 연관규칙 마이닝 또는 친화성 분석, 장바구니 분석이라고도 함 — 은 데이터마이닝이 무엇인가, 그리고 무엇을 할 수 있는가를 설명하기 위한 예로 자주 사용되는 인기 있는 데이터마이닝 방법이다. 식료품점에서 맥주와 기저귀의 판매 사이에 알려진 그 유명한(생각하기에 따라 악명이 높다고도 할 수 있는) 관계를 들어본 적이 있을 것이다. 알려진 대로, 한 대형 슈퍼마켓 체인점(월마트일 수도 있지만 정확히 어느 슈퍼마켓 체인점인지는 알려지지 않았다)에서 고객들의 구매습관의 분석을 하여 맥주 구매와 기저귀 구매 간에 통계적으로 유의한 상관관계를 발견하였다. 즉, 아버지들(아마도 젊은 남자들)이 자신의 아기들이 쓸 기저귀를 사려고 슈퍼마켓에 갈 때(특히 목요일에), 예전처럼 스포츠 바를 자주 가지 못하기 때문에 이때 맥주도 함께 사려고 하기 때문이라는 이론이 성립되었다. 이 발견의 결과, 슈퍼마켓 체인점에서는 맥주 옆에 기저귀를 두도록 하였고 이로써 매출이 늘어났다.

근본적으로는 연관규칙 마이닝은 대형 데이터베이스에서 변수 간(항목 간)에 흥미로운 관계(친화성)를 발견하고자 한다. 소매점의 비즈니스 문제들에 성공적으로 적용됨으로써 흔히 장바구니 분석이라고도 부른다. 장바구니 분석에서의 주된 아이디어는 서로 다른 품목들(혹은 서비스들) 간에 대개 함께 구매되는(즉, 식료품점에서의 물리적인 장바구니나 전자거래 웹사이트에서 가상의 장바구니에서 함께 볼 수 있는) 긴밀한 상관관계를 밝히는 것이다. 예를 들면, 자동차종합보험에 가입하는 사람들의 65%가 건강보험도 구매한다거나 온라인에서 책을 사는 사람들의 80%는 온라인에서 음악도 구입하고, 고혈압이면서 과체중인 사람들의 60%는 고지혈증을 가지고 있다. 또한 노트북 컴퓨터와 바이러스 방지용 소프트웨어를 사는 고객의 70%는 추가적인 서비스 플랜도 구매한다.

장바구니 분석의 입력값은 그저 판매시점(POS) 거래 데이터인데, 함께 구입한 제품이나 서비스들이(구매 영수증의 내역과 같이) 단일 거래 사례로써 표로 만들어진다. 분석의 결과는 비즈니스 거래로부터 이익을 극대화하기 위해 고객-구매 행태를 보다 잘 이해하는 데에 사용될 수 있는 소중한 정보이다. 이와 같은 지식으로 (1) 두 제품들을 서로 가까이 둠으로써 고객들이 함께 챙겨가기 편하고, 하나를 살 때 다른 것도 사는 것을 잊지 않도록 하여 매출을 증가시키고, (2) 이들을(즉, 하나가 세일을 하면 다른 것은 세일하지 않고) 묶음상품으로 하여 판매를 촉진하며, (3) 서로 멀리 떨어뜨려 놓음으로써 고객이 이것들을 찾기 위해 이동하게 만들어서 잠재적으로 다른 상품들도 보고 구매할 수 있게 하는 등의 이점이 있다.

장바구니 분석의 응용으로는 교차 마케팅, 교차판매, 점포 디자인, 카탈로그 디자인, 전자거래 사이트 디자인, 온라인 광고의 최적화, 판매가격책정, 판매촉진 기획 등이 있다. 장바구니 분석은 고객의 구매패턴으로부터 그들의 니즈와 선호도를 추론하게끔 돕는다. 비즈니스 영역 이외에 연관규칙은 무엇보다도 증상과 질병, 진단과 환자 특성 및 치료(의료결정지원 시스템(DSS), 유전자와 그 기능(유전체학 프로젝트에서 사용됨) 등의 관계를 발견하는 데에 성공적으로 사용할 수 있다. 연관규칙 마이닝에서 몇 가지 흔한 영역과 용도를 보면 다음과 같다.

- **판매 거래** : 함께 구매되는 소매제품의 조합을 알면 판매대에서 제품 배치(함께 구매되는 제품들은 가깝게 배치)와 판촉가격의 책정(자주

함께 구매되는 두 제품은 판촉을 하지 않음) 등을 개선할 수 있다.

- **신용카드 거래** : 신용카드로 구매하는 제품들이 무엇인지 앎으로써 고객들이 구매하려는 다른 제품 또는 부정 신용카드번호 사용을 파악할 수 있다.

- **은행 서비스** : 고객들이 사용하는 순차적 패턴들(이를테면 자유입출금계좌 이후에 적금계좌)로 고객들이 관심을 가질 만한 다른 서비스(예 : 투자계좌)를 찾아낸다.

- **보험서비스 상품** : 고객들이 구입하는 묶음 보험상품(예 : 자동차보험에 이어 집보험)을 이용하여 추가적인 다른 보험상품(예 : 생명보험)을 권유할 수 있다. 반면에 비상식적인 조합의 보험청구가 있다면 이는 보험사기의 징후일 수 있다.

- **통신 서비스** : 주로 함께 구매되는 옵션들(예 : 통화대기, 발신자번호표시, 3자 통화 등)을 알면 수익을 최대화하는 상품 묶음을 더 잘 만들 수 있다. 이는 전화, 텔레비전, 인터넷 서비스 등을 제공하는 다채널 통신 공급자에게도 적용할 수 있다.

- **의료기록** : 어떤 조건들이 함께 나타난다면 여러 합병증의 위험이 증가하고 있음을 표시하는 것일 수 있다. 혹은 어떤 의료시설에서 특정 치료과정이 어떤 감염 형태와 연결될 수도 있다.

연관규칙 마이닝이 발견할 수 있는 패턴·관계들에 관해서 "모든 연관규칙들이 흥미롭고 유용한가?"는 좋은 질문이다. 이 같은 질문에 답하기 위해서 연관규칙 마이닝은 지지도(support), 신뢰도(confidence), 향상도(lift) 등 세 가지의 척도를 사용한다. 이 용어들을 정의하기 전에 연관규칙이 어떤 것인지 보자. 예를 들어, *X*(상품 또는 서비스이며 좌변 또는 선행조건이라고 함)가 *Y*(상품 또는 서비스이며 우변 또는 후행결과라고 함)와 연관이 있다면,

$$X \Rightarrow Y\,[S(\%),\ C(\%)]$$

여기서 S는 이 특정 규칙의 지지도이고 C는 신뢰도이다. 지지도와 신뢰도, 향상도의 공식은 다음과 같다.

$$지지도 = 지지도(X \Rightarrow Y) = \frac{X와\ Y를\ 모두\ 포함하는\ 바구니의\ 개수}{바구니의\ 총개수}$$

$$신뢰도 = 신뢰도(X \Rightarrow Y) = \frac{지지도(X \Rightarrow Y)}{지지도(X)}$$

$$
\begin{aligned}
향상도(X \Rightarrow Y) &= \frac{신뢰도(X \Rightarrow Y)}{기대신뢰도(X \Rightarrow Y)} \\[2mm]
&= \frac{지지도(X \Rightarrow Y)/지지도(X)}{지지도(X) \times 지지도(Y)/지지도(X)} \\[2mm]
&= \frac{지지도(X \Rightarrow Y)}{지지도(X) \times 지지도(Y)}
\end{aligned}
$$

상품 또는 서비스 모음의 지지도(S)는 그 상품들이나 서비스들이 같은 거래 내에서(즉, 좌변+우변=노트북 컴퓨터, 바이러스 방지용 소프트웨어, 추가 서비스 플랜) 얼마나 자주 함께 등장하는가의 척도로서, 다시 말해 이 규칙에서 언급된 상품 또는 서비스들이 포함된 거래의 비중이다. 규칙의 신뢰도는 우변(후행결과)에 있는 상품이나 서비스가 얼마나 자주 좌변(선행조건)의 상품이나 서비스와 함께 나타나는가를 측정하는 것으로, 즉 우변을 포함하면서 또 좌변도 함께 포함하는 거래의 비중이다. 즉, 규칙의 좌변이 이미 존재하는 거래에서 규칙의 우변이 나타날 조건부 확률이라고 할 수 있다. 연관규칙의 향상도는 규칙의 신뢰도와 규칙의 기대신뢰도의 비율이다. 규칙의 기대신뢰도는 좌변과 우변의 지지도들을 서로 곱한 후 좌변의 지지도로 나눈 것이다.

연관규칙을 찾아내는 몇 가지 알고리즘들이 있다. 잘 알려진 알고리즘으로는 아프리오리, Eclat, FP-성장이 있다. 이들 알고리즘은 작업의 반만 수행하는데, 데이터베이스에서 빈발항목집합만을 구한다. 일단 빈발항목집합이 구해지면 이들을 선행조건과 후행결과가 있는 규칙으로 변환해야 한다. 빈발항목집합으로부터 규칙을 만드는 것은 아주 쉬운 매칭과정이지만, 큰 거래 데이터베이스인 경우 시간이 걸리는 과정이다. 규칙의 각 부분마다 많은 항목들이 있을 수 있지만 실제로는 후행결과 부분은 대개 단일항목만을 가진다. 다음 절에서는 빈발항목집합을 구하기 위해 가장 많이 알려진 알고리즘들을 설명한다.

아프리오리 알고리즘

아프리오리(apriori) 알고리즘은 연관규칙을 발견하기 위해 가장 많이 사용되는 알고리즘이다. 항목집합이 주어져 있을 때(예를 들어, 각각의 구매항목들이 적혀 있는 소매점 거래의 집합), 최소 개수 이상의 (즉, 최소 지지도를 만족하는) 항목집합을 가지는 부분집합들을 찾는다. 아프리오리 알고리즘은 상향식 접근법을 쓰는데, 빈발부분집합들이 한번에 한 항목씩 늘려나가며(이를 **후보생성방법**이라고 하는데, 한 항목을 가진 부분집합에서 두 항목을 가진 부분집합으로, 다시 세 항목 부분집합으로, 이런 식으로 늘려나가는 방법), 각 수준에서 후보들이 최소 지지도를 만족하는가를 시험한다. 알고리즘은 더 이상 확장이 성공적이지 않을 때에 종료한다.

　예를 들어, 다음을 생각해보자. 한 식료품 가게는 SKU(stock keeping unit, 재고유지 단위)별로 판매 거래를 추적하여 어떤 항목들이 전형적으로 함께 구매되는지를 알고 있다. 거래 데이터베이스와 빈발항목집합을 밝히기 위한 후속 단계들을 그림 4.10에 보였다. 거래 데이터베이스에서 각 SKU는 상품에 해당되는데, 이를테면 '1=버터', '2=빵', '3=물' 등이다. 아프리오리 알고리즘의 첫 번째 단계는 각 항목(1항목의 항목집합)의 빈도수(즉, 지지도)를 모두 세는 것이다. 간단하게 예를 들어, 최소 지지도를 3(또는 50%, 즉 데이터베이스에 있는 6개의 거래 중에서 적어도 3회 이상 나타나면 그 항목집합을 빈발항목집합으로 간주한다는 의미)이라고 하자. 지지도 열을 보면 모든 1항목의 항목집합들의 지지도가 3 이상이므로 모두 빈발항목집합이다. 하지만 1항목의 항목집합 중 빈발하지 않는 것이 있다면 그것은 가능한 2항목 쌍에 후보 멤버로 포함되지 않았을 것이다. 이와 같은 방식으로 아프리오리는 모든 가능한 항목집합의 나무를 가지치기한다. 그림 4.10에서 보듯이 1항목의 항목집합을 사용하여 모든 가능한 2항목의 항목집합을 생성하고, 거래 데이터베이스를 사용하여 그들의 지지도를 계산한다. 2항목 항목집합 {1,3}은 지지도가 3보다 작으므로 다음 수준의 항목집합들 (3항목 항목집합들)을 생성하기 위해 사용될 빈발항목집합에 포함해서는 안 된다. 알고리즘은 언뜻 보기에는 간단해보이지만 작은 데이터 집합에만 가능하다. 훨씬 더 큰 데이터 집합에서, 특히 양은 적은데 매우 많은 항목들이 존재하거나 양은 많은데 항목의 수가 적은 경우에는 탐색과 계산이 매우 많이 필요하다.

거래번호	SKU (항목번호)	항목집합(SKU)	지지도	항목집합(SKU)	지지도	항목집합(SKU)	지지도
1001234	1, 2, 3, 4	1	3	1, 2	3	1, 2, 4	3
1001235	2, 3, 4	2	6	1, 3	2	2, 3, 4	3
1001236	2, 3	3	4	1, 4	3		
1001237	1, 2, 4	4	5	2, 3	4		
1001238	1, 2, 3, 4			2, 4	5		
1001239	2, 4			3, 4	3		

그림 4.10 아프리오리 알고리즘에 의해 빈발항목집합을 구하는 과정

데이터마이닝에 대한 오해와 실체

데이터마이닝은 비즈니스 경영자로 하여금 과거의 성격을 설명하는 것으로부터 미래를 예측하는 것으로 나아가게 해주는 강력한 분석도구이다. 마케팅 담당자에게는 고객 행태의 신비로움을 풀어줄 패턴을 발견하도록 도와준다. 데이터마이닝의 결과는 완전히 새로운 경쟁이익의 영역을 제공함으로써 수익을 높이고, 비용을 줄이며, 사기를 탐지해내고, 비즈니스의 기회를 찾아준다. 데이터마이닝은 계속 발전하고 성장하는 분야이지만, 다음 표 4.3(Zaima, 2003)에 나열한 것과 같이 많은 오해를 일으키기도 한다.

데이터마이닝에 대해 확실한 비전을 가지고 있는 사람들은 이런 오해가 정말 오해라는 것을 깨달음으로써 엄청난 경쟁우위를 점해 왔다.

표 4.3 | 데이터마이닝에 대한 몇 가지 오해와 실체

잘못된 생각	실체
데이터마이닝은 즉각적이고 유리공과 같이 투명한 예측을 해준다.	데이터마이닝은 신중하고 주도면밀한 설계와 사용이 필요한 다단계 과정이다.
데이터마이닝은 아직 비즈니스 분야에의 응용이 가능하지 않다.	현재의 기술수준은 거의 어떤 비즈니스에도 적용할 수 있는 정도이다.
데이터마이닝을 하려면 독립된 전용 데이터베이스가 필요하다.	데이터베이스 기술의 진보에 의해 전용 데이터베이스는 필요하지 않고 바람직하지도 않다.
높은 학위가 있는 사람만이 데이터마이닝을 할 수 있다.	모든 교육수준의 경영자들이 웹기반 도구들을 사용하여 데이터마이닝을 할 수 있다.
데이터마이닝은 많은 고객 데이터를 가진 대기업만을 위한 것이다.	데이터가 정확하게 비즈니스 또는 고객들을 반영하고 있기만 하다면 어떤 기업이든 데이터마이닝을 할 수 있다.

다음에 나열하는 열 가지 데이터마이닝 실수들은 현실에서 흔히 범하는 것으로서 피해야 한다.

1. 데이터마이닝을 하기에 적당하지 않은 문제를 선택함.
2. 당신의 후원자가 데이터마이닝을 어떻게 생각하는지, 무엇을 할 수 있고 무엇을 할 수 없는지 모름.
3. 데이터 준비를 하는 데에 시간을 너무 적게 할애함. 이 단계는 일반적으로 생각하고 있는 것보다 더 많은 노력이 필요하다.
4. 통합된 결과만을 보고 개별 레코드들은 보지 않음. IBM의 DB2 IMS 는 관심대상인 개별 레코드를 강조한다.
5. 데이터마이닝의 과정과 결과를 따라가는 것에 소홀함.
6. 의심스러운 결과를 무시하고 신속히 다음으로 나아감.
7. 마이닝 알고리즘을 되풀이하고 맹목적으로 실행함. 데이터 분석의 다음 단계에 대해서 심각하게 생각하는 것이 중요하다. 데이터마이닝은 실제로 직접 해봐야 하는 작업이다.
8. 데이터에 대해 들었던 것을 모두 믿음.
9. 당신 자신이 한 데이터마이닝 분석에 대해 들었던 것을 모두 믿음.
10. 당신의 결과를 당신의 후원자가 평가하는 방법과는 다르게 평가함.

응용 예 **NCAA 보울게임의 결과 예측하기**

대학 풋볼게임(또는 어떤 스포츠게임이든 상관없이)의 결과를 예측하는 것은 흥미롭고도 어려운 문제이다. 학계나 산업계 모두 도전을 마다않는 연구자들은 스포츠 이벤트의 결과를 예측하는 데에 많은 노력을 기울여 왔다. 스포츠 이벤트의 구조와 결과에 있어서 이들 결과에 영향을 줄 것이라고 생각되는 다양한 숫자나 부호 형태로 표현된 많은 양의 과거 데이터가 여러 언론매체들에 존재한다(그래서 공공연히 얻을 수 있다). 하지만 스포츠 분야에서 많은 양의 연구(디지털 문헌 데이터베이스에서 43,000건 이상)에도 불구하고 스포츠 예측의 특징에 전적으로 초점을 둔 논문은 적고 대개의 논문들은 스포츠 시장의 효율성에 대해 연구하였다. 지금까지 대부분의 베팅시장 연구는 경제적 효율성에 관심을 두었으므로(Van Bruggen et al., 2010), 그 이벤트들에 연관된 실제(또는 내포적으로) 예측을 평가하지 않았다. 결과적으로 경제적 효율성의 관점에서 시장을 시험해왔던 연구들을 통해 예측과 예측과정에 대한 매우 많은 정보들을 유추할 수 있었다(Stekler et al., 2010).

시즌 마지막의 보울게임은 대학에 재정적으로나(수백만 달러의 추가 수익을 가져온다) 명성으로나(본교의 체육 프로그램에 우수한 학생들과 명성이 높은 고등학교 운동선수들을 끌어오기 위해) 매우 중요하다. 한 보울게임에서 맞붙도록 선택된 팀에 의해 금액이 결정되는데, 그 액수는 어떤 보울게임인가에 따라 다르다. 어떤 보울은 권위가 있어서 두 팀 모두에게 높은 배당금이 돌아온다. 그래서 보울게임에 초청을 받는 것이 I-A 디비전의 대학축구 프로그램에서 매우 중요한 목표이다. 보울게임의 의사결정자에게는 보울게임 시즌 중 디비전 I-A 내 상대팀들에 대해 6승 이상을 하고 평가와 순위에 있어서 성공적인 팀들을 선택하고 초청할 수 있는 권한이 주어져 있는데, 재미있고 경쟁이 치열한 게임을 함으로써 두 학교의 팬을 끌어모으고 나머지 팬들은 광고에 의한 다양한 언론매체로 붙잡아둘 수 있도록 해야 한다.

최근 데이터마이닝 연구에서 델렌과 그의 동료들(Delen et al., 2012)은 8년간의 보울게임 데이터와 많이 쓰이는 세 가지 데이터마이닝 기법(결정나무, 신경망, 지지벡터기계)을 이용하여 분류 형태의 게임의 결과(승리 대 패배)와 회귀 형태의 게임결과(두 팀 간의 예상 점수 차이) 모두를 예측하였다. 다음에 이들의 연구내용을 간단히 소개한다.

방법론

이 연구에서 델렌과 그의 동료들은 CRISP-DM(데이터마이닝을 위한 모든 산업에서의 표준과정)이라고 하는 데이터마이닝 방법론을 따라했는데, 이것은 다음과 같은 여섯 단계의 과정이다. (1) 연구를 위하여 영역에 대해 이해하고 목표를 만든다, (2) 적절한 데이터 소스를 확인하고 접근해서 이해한다, (3) 해당 데이터를 전처리하고 정제하며 변환한다, (4) 비교가능한 해석적 기법을 사용하여 모형들을 개발한다, (5) 연구의 목표에 맞는지 모형들의 타당성과 효용을 검토하고 평가한다, (6) 의사결정과정에 사용하기 위해 모형들을 적용한다.

이 잘 알려진 방법론은 제3장 '데이터마이닝 과정'에서 상세히 다루었는데, 델렌 등이 해당 데이터마이닝 연구를 체계적이고 구조적으로 수행할 수 있는 방법을 제시해주었고, 이로써 보다 정확하고 믿을 만한 결과를 얻을 가능성을 높였다.

여러 형태의 모형 예측력을 객관적으로 평가하기 위해 저자들은 교차검증방법을 사용했는데, 이는 데이터마이닝에서 여러 모형들 간에 예측 정확도를 비교하기 위해 종종 사용되는 통계적 기법이다. 전통적인 교차검증방법은 데이터를 훈련집합과 시험집합 등 두 개(또는 신경망의 경우에는 검증집합을 포함하여 세 개)의 상호 배타적인 부분집합으로 나눈다. 이 같은 방식의 단일 무작위 분할은 특히 데이터 집합이 작을 경우 각 부분집합들이 비균질적인 대표성을 가지게 될 수 있다. 훈련 및 시험 데이터 표본의 무작위 표본 추출과 관련된 편중현상을 최소로 하기 위해 델렌 등은 k-중 교차검증을 사용하였다(이 장의 앞부분에서 설명하였다). 그림 4.11은 연구자들이 사용했던 방법론을 그래프로 표현한 것이다.

데이터

이 연구에서 표본 데이터는 ESPN.com, Covers.com, ncaa.org와 rauzulusstreet.com 등을 포함하여 웹에서 얻을 수 있는 다양한 스포츠 데이터베이스로부터 수집하였다. 2002년과 2009년 8개 시즌 동안 벌어졌던 대학 풋볼 보울게임 전체인 총 244개 보울게임 데이터를 수집하였다. 표본 외 데이터 집합(2010~2011년 보울게임들)도 수집하였는데, 이는 추가로 검증을 하기 위해서이다. 저자들은 데이터마이닝의 인기 있는 경험법칙 중 하나를 사용하여 가능한 많은 적절한 정보들을 모형에 포함하였다. 그래서 심층적인 변수 확인작업과 수집과정을 거친 후 36개 변수들을 포함하는 데이터 집합을 완성하였다. 첫 6개 변수들은 확인용 변수들이다. 보울게임의 이름과 연도, 홈팀 및 어웨이팀의 이름 그리고 소속 컨퍼런스이다(표 4.4에서 변수 1-6 참조). 그 다음 28개는 입력변수이며 공격 및 수비에서의 그 팀의 시즌 통계, 게임 결과, 팀 구성의 특징, 소속 컨퍼런스의 특징 그리고 그 팀이 어떻게 해왔는지를 나타내는 변수이다(표 4.4에서 변수 7-34 참조). 마지막 2개의 변수는 결과변수로, ScoreDiff(즉, 홈팀과 어웨이팀 간의 점수 차이를 정수로 표현)와 WinLoss(즉, 홈팀이 보울게임에서 이겼는가 혹은 졌는가를 명목형 라벨로 표시)이다.

데이터 집합의 형성에서 각 행[튜플(tuple), 사례, 표본, 예 등으로도 부름]은 보울게임을 나타내고 각 열은 변수를 표현한다(즉, 확인자 · 입력 또는 출력 형태). 두 팀 간의 게임 관련 비교 특징들을 표현하기 위해서 입력변수에서 저자들은 홈팀과 어웨이팀의 척도 간의 차이를 계산해서 사용하였다. 이 모든 변수값들은 홈팀의 관점에서 계산하였다. 예를 들어, 변수 PPG(팀이 게임당 얻은 득점의 평균 점수)는 홈팀의 PPG와 어웨이팀의 PPG 간의 차이를 나타낸다. 출력변수는 홈팀이 보울게임에서 이길 것인가 질 것인가를 나타낸다. 즉, ScoreDiff 변수가 양의 정수이면 홈팀이 그 점수의 차이로 게임에서 이길 것으로 예측되는 반면, ScoreDiff가 음의 정수이면 홈팀이 그 게임에서 그 점수 차이로 질 것으로 예측한다. WinLoss의 경우 결과변수는 이진 라벨로 승리 또는 패배이며, 홈팀의 게임결과를 표시한다.

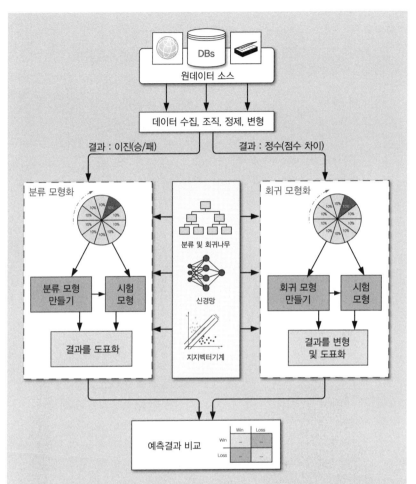

그림 4.11 연구에서 사용된 방법론의 도식적 예시

방법

이 연구에서는 인공신경망, 결정나무, 지지벡터기계 등 많이 쓰이는 세 가지 기법을 사용하여 모형을 만들고 비교하였다. 이 예측 기법들은 분류와 회귀 형태의 예측문제 모두에 대한 모형 수립 능력과 최근 발표된 데이터마이닝 문헌에서의 인기도에 근거하여 선택했다. 이 데이터마이닝 방법에 대하여 보다 자세한 것은 이 책의 제5장에서 찾을 수 있다.

표 4.4 | 연구에서 사용된 변수의 설명

번호	범주	변수명	설명
1	확인용	YEAR	보울게임 연도
2	확인용	BOWL GAME	보울게임의 이름
3	확인용	HOMETEAM	홈팀(보울조직위 등록명)
4	확인용	AWAYTEAM	어웨이팀(보울조직위 등록명)
5	확인용	HOMECONFERENCE	홈팀의 컨퍼런스
6	확인용	AWAYCONFERENCE	어웨이팀의 컨퍼런스
7	공격·수비	DEFPTPGM	게임당 수비 점수
8	공격·수비	DEFRYDPGM	게임당 수비 러시 야드
9	공격·수비	DEFYDPGM	게임당 수비 야드
10	공격·수비	PPG	게임당 팀의 평균 점수
11	공격·수비	PYDPGM	게임당 평균 총패스 야드
12	공격·수비	RYDPGM	게임당 팀의 평균 총러시 야드
13	공격·수비	YRDPGM	게임당 평균 총공격 야드
14	게임결과	HMWIN%	홈게임 승률
15	게임결과	LAST7	최근 7게임 중 승수
16	게임결과	MARGOVIC	평균 승차
17	게임결과	NCTW	비컨퍼런스팀 승률
18	게임결과	PREVAPP	지난해 보울게임 참가 여부
19	게임결과	RDWIN%	어웨이 승률
20	게임결과	SEASTW	당해 연도 승률
21	게임결과	TOP25	당해 연도 대 AP 상위25팀 승률
22	팀 특징	TSOS	당해 연도 일정표 강도
23	팀 특징	FR%	당해 연도 신입생 선수들이 플레이한 게임의 비율
24	팀 특징	SO%	당해 연도 2학년 선수들이 플레이한 게임의 비율
25	팀 특징	JR%	당해 연도 3학년 선수들이 플레이한 게임의 비율
26	팀 특징	SR%	당해 연도 4학년 선수들이 플레이한 게임의 비율
27	약세 극복	SEASOvUn%	이번 시즌에서 팀이 O/U* 이상이었던 횟수의 비율

번호	범주	변수명	설명
28	약세 극복	ATSCOV%	이전 보울게임에서 팀이 스프레드를 커버했던 횟수의 비율
29	약세 극복	UNDER%	이전 보울게임에서 팀이 언더로 간 횟수의 비율
30	약세 극복	OVER%	이전 보울게임에서 팀이 오버로 간 횟수의 비율
31	약세 극복	SEASATS%	이번 시즌에서 스프레드를 커버한 비율
32	컨퍼런스 통계	CONCH	소속 컨퍼런스 챔피언 결정전에서 이겼는가.
33	컨퍼런스 통계	CONFSOS	컨퍼런스 일정표 강도
34	컨퍼런스 통계	CONFWIN%	컨퍼런스 승률
35	회귀 모형의 결과변수	ScoreDiff**	점수 차이(홈팀 점수-어웨이 팀 점수)
36	분류 모형의 결과변수	WinLoss**	홈팀이 게임에서 이기는가

* Over/Under : 팀이 예상 점수 차이의 오버 혹은 언더(역자 주 : 스포츠 베팅 용어)로 가게 될 것인가를 나타냄.
** 결과변수들 : ScoreDiff는 회귀 모형이며 WinLoss는 이진의 분류 모형

평가

모든 모형의 예측 정확도를 서로 비교하기 위해 층화 k-중 교차검증 방법론을 사용하였다. k-중 교차검증의 층화 버전에서 각 부분집합들을 만들 때 예측 라벨(즉, 부류)이 원래의 데이터 집합과 근사적으로 동일한 비중을 가지도록 하였다. 이 연구에서는 k값은 10으로 두었는데(즉, 전체 244개 표본의 집합을 10개의 부분집합으로 쪼개어 각각이 약 25개 표본을 가지게 함), 이는 예측을 위한 데이터마이닝 응용 분야에서 흔히 사용하는 것이다. 이 장의 앞부분에서 10-중 교차검증을 그래프로 묘사한 바 있다(그림 4.11 참조). 위에서 언급한 3개의 데이터마이닝 기법을 사용하여 개발한 예측 모형을 비교하기 위해 정확도, 민감도, 특이도 등 세 가지 성능기준을 사용하였다. 이들 척도의 공식 역시 이 장의 앞부분에서 설명하였다.

결과

세 모형화 기법의 예측결과를 표 4.5와 4.6에 제시하였다. 표 4.5는 분류방법론의 10-중 교차검증의 결과인데, 3개의 데이터마이닝 기법을 이진의 명목형 출력변수(즉, WinLoss)를 가지는 것으로 만들었다. 표 4.6은 세 데이터마이닝 기법의 출력변수를 수치형(즉, ScoreDiff)으로 하여 회귀기반 분류방법론의 10-중 교차검증한 결과를 보이고 있다. 회귀기반 분류 예측에서 모형의 수치형 출력값은 WinLoss 숫자가 양수이면 Win으로, WinLoss 숫자가 음수이면 Loss로 라벨을 붙임으로써 분류 형태로 변환하였으며 이들을 분류행렬로 도표화하였다. 분류행렬을 이용하여 각 모형 형태의 전체 예측 정확도, 민감도, 특이도를 계산하고 2개의 표로 제시하였다.

표에서 나타내듯이, 분류 형태 예측방법이 회귀기반 분류 형태 예측방법론들보다 성능이 좋았다. 3개의 데이터마이닝 기법 가운데 분류회귀나무가 다른 두 예측방법론보다 좋은 예측 정확도를 보였다. 전체적으로 분류회귀나무 분류 모형은 10-중 교차검증 정확도가 86.48%이고 지지벡터기계(10-중 교차검증 정확도가 79.51%)와 신경망(10-중 교차검증 정확도가 75.00%) 순이었다. 연구자들은 t-검정을 사용하여 이 정확도 값들이 0.05 알파 수준에서 유의함을 보였다. 즉, 결정나무가 이 분야에서는 신경망과 지지벡터기계보다 유의하게 더 나은 예측방법이다. 그리고 지지벡터기계는 신경망보다 유의하게 더 좋은 예측방법이다.

표 4.5 | 직접 분류방법론들의 예측결과

예측방법 (분류)*		분류행렬		정확도** (%)	민감도 (%)	특이도 (%)
		승	패			
신경망(MLP)	승	92	42	75.00	68.66	82.73
	패	19	91			
지지벡터기계(RBF)	승	105	29	79.51	78.36	80.91
	패	21	89			
결정나무(C&RT)	승	113	21	**86.48**	84.33	89.09
	패	12	98			

* 출력변수는 이진 범주형 변수(승 또는 패)
** 차이는 유의함($p < 0.01$)

표 4.6 | 회귀기반 분류방법론들의 예측결과

예측방법 (분류)*		분류행렬		정확도** (%)	민감도 (%)	특이도 (%)
		승	패			
신경망(MLP)	승	94	40	72.54	70.15	75.45
	패	27	83			
지지벡터기계(RBF)	승	100	34	74.59	74.63	74.55
	패	28	82			
결정나무(C&RT)	승	106	28	77.87	76.36	79.10
	패	26	84			

* 출력변수는 수치형/정수 변수(ScoreDiff)
** 차이는 유의함($p < 0.01$)

연구결과는 분류 형태 모형이 회귀기반 분류 모형보다 게임의 결과를 더 잘 예측하고 있다. 이 결과들은 연구에서 사용된 응용 분야와 데이터에 국한되므로 연구의 범위를 넘어서 일반화해서는 안 되겠지만, 세 가지 기계학습 기법들 가운데 결정나무가 가장 좋은 예측 모형일 뿐만 아니라 이해와 직접 적용에도 가장 좋은 모형이라는 점이 흥미롭다. 이 연구의 보다 자세한 내용은 해당 참고문헌(Delen et al., 2012)에서 볼 수 있다.

출처 : Delen, D., D. Cogdell, & N. Kasap, "A Comparative Analysis of Data Mining Methods in Predicting NCAA Bowl Outcomes," *International Journal of Forecasting*, 28 (2012): 543-552.

참고문헌

Bhandari, I., et al. (1997). "Advanced Scout: Data Mining and Knowledge Discovery in NBA Data," *Data Mining and Knowledge Discovery*, 1(1): 121-125.

Buck, N. (2000/2001, December/January). "Eureka! Knowledge Discovery," *Software Magazine*.

Chan, P. K., W. Phan, A. Prodromidis, & S. Stolfo. (1999). "Distributed Data Mining in Credit Card Fraud Detection," *IEEE Intelligent Systems*, 14(6): 67-74.

CRISP-DM. (2013). *Cross–Industry Standard Process for Data Mining (CRISP–*

DM). www.the-modeling-agency.com/crisp-dm.pdf (accessed February 2013).

Davenport, T. H. (2006, January). "Competing on Analytics," *Harvard Business Review*.

Delen, D., D. Cogdell, & N. Kasap. (2012). "A Comparative Analysis of Data Mining Methods in Predicting NCAA Bowl Outcomes," *International Journal of Forecasting*, 28: 543-552.

Delen, D., R. Sharda, & P. Kumar. (2007). "Movie Forecast Guru: A Web-Based DSS for Hollywood Managers," *Decision Support Systems*, 43(4): 1151-1170.

Nemati, H. R., & C. D. Barko. (2001). "Issues in Organizational Data Mining: A Survey of Current Practices," *Journal of Data Warehousing*, 6(1): 25-36.

Quinlan, J. R. (1986). "Induction of Decision Trees," *Machine Learning*, 1: 81-106.

Sharda, R., & D. Delen. (2006). "Predicting Box-Office Success of Motion Pictures with Neural Networks," *Expert Systems with Applications*, 30: 243-254.

Stekler, H. O., D. Sendor, & R. Verlander. (2010). "Issues in Sports Forecasting," *International Journal of Forecasting*, 26: 606-621.

Van Bruggen, G. H., M. Spann, G. L. Lilien, & B. Skiera. (2010). "Prediction Markets as Institutional Forecasting Support Systems," *Decision Support Systems*, 49: 404-416.

Wald, M. L. (2004, February 21). "U.S. Calls Release of JetBlue Data Improper," *The New York Times*.

Wilson, R., & R. Sharda. (1994). "Bankruptcy Prediction Using Neural Networks," *Decision Support Systems*, 11: 545-557.

Wright, C. (2012). *Statistical Predictors of March Madness: An Examination of the NCAA Men's' Basketball Championship*. http://economics-files.pomona.edu/GarySmith/Econ190/Wright%20March%20Madness%20Final%20Paper.pdf (accessed February 2013).

Zaima, A. (2003). "The Five Myths of Data Mining," *What Works: Best Practices in Business Intelligence and Data Warehousing*, 15: 42-43.

제5장

데이터마이닝 알고리즘

데이터마이닝 방법 가운데 특히 예측 모형을 수립하는 방법들은 전통적인 통계적 기법, 알고리즘이나 최근의 기계학습 기법에서 파생되었다. 통계적 기법들은 오랫동안 연구되어 오면서 이론적으로 탄탄한 반면, 기계학습은 보다 실질적이고 정확한 것으로 알려져 있다. 데이터마이닝의 발전에 큰 영향을 미친 통계적 기법으로는 판별분석 모형, 선형회귀 모형, 로지스틱 회귀 모형 등이 있다. 데이터마이닝에서 가장 널리 사용되는 기계학습 기법으로는 최근접이웃, 인공신경망, 지지벡터기계 모형 등이 있다. 이 세 가지의 기계학습 기법은 분류와 회귀 모형 형태의 예측문제도 다룰 수 있고, 종종 문제가 복잡해서 다른 기법들로는 만족스러운 결과를 얻기 어려울 때 적용될 수도 있다.

데이터마이닝과 관련된 기존 연구들에서 기계학습이 많이 사용되므로 이 장에서는 이러한 기법에 대해서 설명하되, 알고리즘의 이면에 있는 복잡한 기술적 측면은 다루지 않는다. 또한 데이터마이닝의 범위에 맞게 통계적 기법에 대해서도 소개한다.

최근접이웃법

데이터마이닝 알고리즘들은 매우 수학적이고 계산이 복잡한 경향이 있다. 인공신경망이나 지지벡터기계 기법과 같이 널리 쓰이는 두 가지 기법은 계산시간이 오래 걸리고 복잡한 반복적인 수학적 미분이 필요하다. 이와 대조적으로 k-근접이웃 알고리즘(k-NN)은 다른 예측 기법보다 상당히 간단해보인다. 이 기법은 작동원리에 대한 이해가 쉽고 설명하기 용이하다. k-NN 알고리즘은 회귀분석과 같은 예측뿐 아니라 분류문제를 해결할 수 있는 기법이다. k-NN은 데이터 기반 학습(게으른 학습이라고도 함) 기법으로, 지역해로 근사화하고 실제 예측 결과를 도출할 때까지 모든 계산을 미루는 특성이 있다.

k-NN 알고리즘은 기계학습의 기법 중 가장 간단한 기법 중의 하나이다. 특정 데이터의 부류를 예측할 때 가까운 주변 k개의 부류를 살펴보고 그중에서 가장 많이 존재하는 부류로 분류되는 방식을 따른다. 만약 $k=1$이라면, 분류의 대상이 되는 데이터와 가장 가까이 있는 데이터의 부류로 분류되는 것이다. 그림 5.1은 이러한 개념을 x축과 y축으로 이루어진 2차원 공간에서의 예를 들어 설명하고 있다. 별 모양으로 나타낸 데이터는 분류의 대상이 되는 새로운 데이터이고, 원 모양과 사각형 모양의 데이터는 이미 존재하는 데이터의 부류이다. 새로운 데이터가 어느 부류에 가까운지를 측정해서 원 모양의 부류에 속할지 사각형 모양의 부류에 속할지에 대해 분류하는 것이다. 만약 k를 1로 정하면($k=1$), 별 모양의 새로운 데이터는 사각형 모양의 부류에 속하게 된다. 새로운 데이터와 가장 가까운 데이터의 부류가 사각형 모양이기 때문이다. k를 3으로 설정해서 생각해보자($k=3$). 이 경우에는 새로운 데이터가 원 모양의 부류로 분류되는데, 이는 주변의 가장 가까운 3개의 데이터가 2개는 원 모양의 부류이고 1개는 사각형 모양의 부류로 구성되어 있어 원 모양의 부류가 많기 때문

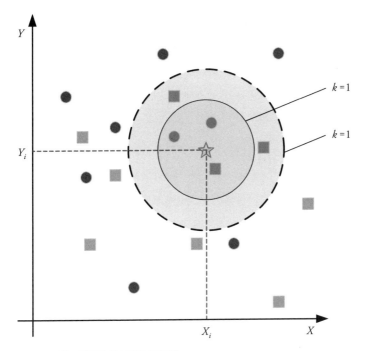

그림 5.1 *k*-NN 알고리즘에서 *k*값의 중요성

이다. 만약 *k*를 5로 설정하면(*k*=5), 새로운 데이터의 부류는 다시 사각형 모양의 부류로 분류됨을 알 수 있다. 이와 같이 비교적 간단한 예제를 통해서 *k*의 값을 어떻게 설정해야 하는지에 대한 중요성을 알 수 있다.

이 방법은 회귀분석 유형의 예측 기법으로도 사용될 수 있는데, 예측하고자 하는 데이터값에서 가장 가까운 주변 *k*개 데이터 값들의 평균값을 구해서 이 값을 예측값으로 정하는 방식이다. 주변 *k*개의 데이터 중 예측하고자 하는 데이터와 가까운 데이터에 보다 많은 가중치를 부여해서 가까운 데이터값들의 영향을 먼 곳에 있는 데이터값들의 영향보다 많이 반영할 수 있는 가중 평균값을 이용하는 것도 유용하다. 일반적으로 사용할 수 있는 가중치 산정방법으로 각 이웃들에게 $1/d$ 만큼씩의 가중치를 주는 방법이 있다. 여기에서 d는 예측하고자 하는 데이터와 이웃 데이터 간의 거리이다. 선형내삽법과 본질적으로 같다.

근접이웃 기법에서 주변 데이터들의 부류는 이미 알려져 있다. 즉, 훈련집합의 데이터들이 주어진 것으로 볼 수 있다. k-NN 알고리즘의 성능은 데이터들이 어떻게 퍼져 있는지에 민감하게 영향을 받는다.

유사도 측정 : 거리척도

k-NN 기법을 사용하기 위해서는 두 가지의 중요한 요소를 고려해야 하는데, 그 하나는 유사도를 측정하는 방법을 결정하는 것이고 다른 하나는 k값의 크기를 결정하는 것이다. k-NN 알고리즘에서 유사도의 측정은 수학적으로 계산이 가능한 거리의 개념을 사용한다. 새로운 데이터가 주어졌을 때, k-NN은 주어진 데이터와 가장 거리가 근접한 주변 k개의 이웃을 기반으로 예측을 한다. 따라서 k-NN을 사용하기 위해서는 주어진 데이터와 기존 데이터 간의 거리를 나타낼 수 있는 척도가 필요하다. 가장 많이 사용되는 방법 중 하나는 유클리드 방법인데, 이 방법은 단순히 두 점 간의 직선거리를 이용하는 것이다(식 3). 또 다른 방법은 맨해튼 거리라고도 부르는 직각선형 거리가 있다(식 2). 사실 이 두 가지의 거리는 민코우스키(Minkowski) 거리의 특별한 경우에 해당된다(식 1). 민코우스키 거리를 구하는 식은 다음과 같다.

$$d(i,j) = \sqrt[q]{(|x_{i_1} - x_{j_1}|^q + |x_{i_2} - x_{j_2}|^q + ... + |x_{i_p} - x_{j_p}|^q)} \qquad \text{(식 1)}$$

여기에서 $i = (x_{i1}, x_{i2}, \cdots, x_{ip})$와 $j = (x_{j1}, x_{j2}, \cdots, x_{jp})$는 p차원의 데이터이고 q는 정수이다.

만약 $q = 1$이면, d는 맨해튼 거리가 되고, 이는 다음과 같이 계산된다.

$$d(i,j) = |x_{i_1} - x_{j_1}| + |x_{i_2} - x_{j_2}| + \ldots + |x_{i_p} - x_{j_p}| \qquad \text{(식 2)}$$

만약 $q=2$ 이면, d는 유클리드 거리가 되고 다음과 같이 계산된다.

$$d(i,j) = \sqrt{(x_{i_1} - x_{j_1})^2 + (x_{i_2} - x_{j_2})^2 + \ldots + (x_{i_p} - x_{j_p})^2} \qquad \text{(식 3)}$$

이 척도들은 크기를 가지는 계량적 데이터에만 사용할 수 있다. 그렇다면 명목 데이터의 경우는 어떨까? 명목 데이터와 같이 비수치적인 데이터에 대해서도 거리를 측정하는 방법들이 있다. 가장 간단한 경우는 다변량 값을 갖는 두 명목변수의 경우, 두 값이 같은 경우에 거리는 0이 되고 그렇지 않을 경우에는 1의 값을 갖도록 할 수 있다. 문서의 분류를 다루는 분야에서는 해밍 거리(Hamming distance)와 같은 더 다양한 방법들이 쓰인다. 종종 주어진 문제에 따라 적절한 거리척도를 고안하여 실험을 통해 결정하면 k-NN 알고리즘의 분류 정확도를 상당히 향상시킬 수 있다.

매개변수 선택

k값을 어떻게 정하는지는 데이터에 따라 결정된다. 일반적으로 k값을 크게 설정하면 분류에 대한 잡음의 영향을 줄일 수 있는 것으로 알려져 있으나 부류 간 구분 경계의 명확성이 모호해지는 영향도 있다. 최적의 k값은 교차검증과 같은 휴리스틱을 이용하여 구할 수 있다. 예측하고자 하는 데이터의 부류가 이 데이터와 가장 가까운 훈련 데이터의 부류로 예측되는 특별한 경우($k=1$)를 최근접이웃 알고리즘이라 부른다.

교차검증

교차검증은 찾고자 하는 모형의 매개변수의 최적값을 찾는 데 사용되는 잘 알려진 실험적 기법이다. 이 기법은 거의 모든 기계학습 기법에서 결정해야 하는 매개변수가 많을 때 적용할 수 있다. 기본적인 개념은 한 데이터 표본을 임의로 여러 개(예 : v개의 데이터 묶음)의 서로 다른 표본으로 나누는 것이다. 이때 나누어진 표본들에는 공통적인 데이터가 없어야 한다. k값을 바꾸어 가면서 $v-1$개의 데이터 묶음을 검증 데이터로 사용하여 k-NN 예측 모형에 대한 오류값을 평가한다. 오류를 측정할 때 회귀분석 형태의 예측에는 평균 제곱오차를, 분류 형태의 예측에서는 정분류율을 주로 사용한다. 이렇게 각각 하나의 데이터 묶음을 나머지 $v-1$개의 데이터 묶음에 대하여 평가하는 과정을 v번 반복한다. 마지막 v번째 과정까지 반복한 후 그때까지의 오류들을 더하여 현재 설정된 k값을 갖는 k-NN 모형의 적합성을 평가한다. 여러 개의 k값을 대상으로 위와 같은 v번의 과정을 반복하고 그중에서 제일 작은 오류값이 나오게 하는 k값을 그 문제에 적합한 k값으로 결정한다. 그림 5.2는 훈련집합을 이용하여 최적의 k값과 거리척도를 결정한 후 새로운 데이터에 대한 예측을 수행하는 일련의 과정을 보여주고 있다.

위의 간단한 예를 통해서 알 수 있듯이, k-NN 알고리즘의 정확도는 k값을 어떤 값으로 하는가에 따라 상당히 달라진다. 또한 k-NN 알고리즘의 예측력도 부정확하거나 관련이 없는 데이터 특징들에 의해 저하될 수 있다. 이를 해결하여 보다 신뢰할 만할 예측결과를 얻기 위해 특징 선택, 정규화에 관한 많은 연구가 이루어지고 있다. 그 한 예로 k-NN 기법에 어떻게 최적의 데이터 특징들을 선택하여 포함시킬 것인지를 해결하기 위해 유전 알고리즘과 같은 진화 알고리즘들이 사용된다. 2개의 부류 중 하나로 분류하는 이진 분류문제에는 주변 k개의 데이터들 부류의 종류가 같을 경우를 방지하기 위하여 k값을 홀수로 정하는 것이 좋다.

k-NN을 이용한 분류 기법의 단점 중 하나는 특정 부류의 데이터 수가 많을 경우에는 이 부류에 속한 데이터들이 새로운 데이터 부류의 예측에 너무 많은 영향을 미칠 수 있다는 것이다. 특정 부류에 속하는 데이터가

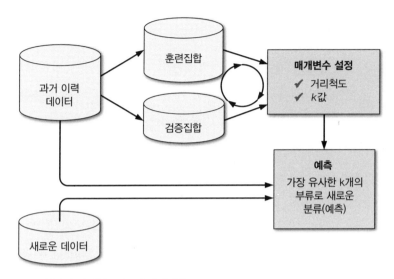

그림 5.2 최적의 거리척도와 k값 결정과정

다른 부류의 데이터보다 월등히 많을 경우 새로운 데이터 주변 k개의 데이터는 이 부류에 속할 확률이 높기 때문이다. 이러한 문제점을 해결하는 하나의 방법은 새로운 데이터 주변에 있는 기존의 k개의 데이터들에 대해서 거리를 기준으로 한 가중치를 고려하는 것이다. 또 다른 방법으로는 다차원 특징의 데이터를 1차원의 특징만을 사용하여 표현하는 것도 있다.

알고리즘을 구현하는 데 가장 단순한 접근은 분류 예측의 대상이 되는 새로운 데이터와 다른 모든 데이터 간의 거리를 계산하여 분류한 것인데, 이런 경우, 특히 훈련집합의 크기가 커질 경우에는 계산량이 너무 많아진다. 그동안 많은 근접이웃 알고리즘들이 제안되었는데 일반적으로 거리 계산에 대한 부하를 줄이는 방법들이 연구되었다. 적절한 근접이웃 탐색 알고리즘을 이용한다면 대규모의 데이터 집합에 대해서도 k-NN 기법을 적용하는 데 계산량을 줄일 수 있다.

인공신경망

신경망은 인간의 뇌가 정보를 처리하는 방식을 차용한 기법이다. 신경망 모형들은 실제로 뇌가 수행하는 기능의 방식을 그대로 적용한 것이 아니라 생물학적인 원리만을 차용한 것이다. 신경망은 데이터로부터의 학습능력이 뛰어나고 특정 가정들을 기반으로 하지 않는 비모수적(nonparametric) 특성을 지니고, 일반화 능력이 우수하여 많은 예측 및 비즈니스 분류문제들을 해결하는 데 매우 우수한 모형으로 여겨져 있다. 신경망 컴퓨팅이라는 말은 기계학습을 위한 패턴 인식방법을 지칭한다. 이 신경망 컴퓨팅의 결과물로서의 모형을 인공신경망(artifical neural network, ANN)이라 부른다. 신경망은 많은 비즈니스 분야에서 패턴 인식, 수요 예측을 포함한 다양한 예측, 분류문제를 해결하는 데 사용되어 왔으며 그 결과 많은 데이터마이닝 도구에서 필수적인 구성요소로 자리매김되었다. 신경망은 금융, 마케팅, 제조, 운영관리, 정보 시스템 등과 같은 많은 분야에서 널리 사용된다. 이 장에서는 신경망 모형과 기법, 응용에 대한 이해를 제공한다.

  인간의 뇌는 정보처리와 문제해결에 있어서 최첨단 컴퓨터보다도 월등히 뛰어난 점이 있다. 그동안 뇌에 대한 연구를 통해서 인간의 신경망과 유사한 구조를 가진 모형은 컴퓨터에 필적할 만한 지능을 보인다고 알려졌다. 이에 근거하여 연결주의적 모형, 병렬분산처리 모형, 뉴로모픽 시스템 혹은 신경망이라고도 불리는 인공신경망은 다양한 작업 수행을 위해서 생물학적 원리를 이용한 주목할 만한 모형으로 발전해왔다.

  생물학적 신경망은 수많은 뉴런들이 연결되어 구성되어 있다. 각 뉴런은 축색(axon)들과 손가락 모양으로 뻗어난 수상돌기(dendrites)들로 구성되어 있어 인접해 있는 뉴런과 전기적, 화학적 신호를 주고받도록 연결되어 있다. 이러한 생물학적 뇌의 구조를 모방한 형태의 인공신경망은 간단한 연산기능을 갖는 인공 뉴런으로 서로 연결되어 이루어져 있다. 따라서 인공신경망에서 정보를 처리할 때에는 인간의 뇌와 유사하게 계산 단위요소들이 동시다발적으로 작동한다. 인공신경망은 학습을 하거나 자기조직화, 고장에 대한 내구성 능력과 같은 인간의 뇌가 가지는 좋은 특성들을 가지고 있다.

지난 반세기 이상 많은 연구자들이 인공신경망에 대해 연구해왔으며, 공식적으로는 1943년에 매컬로크와 피츠에 의해 시작되었다. 인간의 뇌에 대한 실험과 관찰결과를 토대로, 그들은 같은 해에 생물학적 뉴런의 기능을 일부 모방한 이진인공뉴런의 간단한 모형을 제시하였다. 뇌를 모방한 정보처리장치를 이용하여 서로 연결되어 있는 많은 개수의 이진인공뉴런을 활용한 신경망을 고안했으며, 이것을 시초로 신경망에 대한 연구는 1950년대 후반과 1960년대 초반에 걸쳐 매우 활발해졌다. 그러나 1969년 민스키와 파페르트가 초창기의 은닉층이 없는 퍼셉트론이라고 하는 신경망에 대해 면밀하게 분석해서 그 한계점을 지적한 후 관심이 크게 줄어들었다.

이러한 쇠퇴의 시간도 있었으나 뇌과학, 인지과학의 발전과 새로운 신경망구조와 활성화 함수, 학습 알고리즘이 개발됨에 따라 지난 20여 년 동안 인공신경망에 대한 연구가 부활하였다. 새로운 이론과 기법의 발전으로 지난 수십년 간 신경망 연구에 있어서 장애가 되었던 문제들이 해결되고 주목할 만한 많은 연구결과 덕분에 신경망에 대한 연구는 다시 활기를 찾게 되었다. 게다가 신경의 정보처리가 갖는 장점들이 주목을 받음으로써 신경망은 복잡한 문제를 해결하는 데 유용한 것으로 받아들여졌다. 인공신경망은 다양한 상황에서 수많은 복잡한 문제들에 적용되었으며 이런 성공적인 활용으로 신경망에 대한 관심이 재점화된 것이다.

생물학적 신경망과 인공신경망

인간의 뇌는 뉴런이라고 불리는 특별한 세포들로 구성되어 있다. 다른 모든 세포들은 죽으면 죽은 세포를 대체하기 위해 새로운 세포들이 재생되는 것과는 달리 이들 세포들은 사람이 다쳐도 죽거나 재생되지 않는다. 이러한 이유로 인해서 사람이 오랫동안 정보를 기억하고 있다가 뇌세포들이 죽기 시작하면서 노화가 되면 망각하게 되는 것이다. 정보의 저장은 수많은 뉴런에 걸쳐 이루어진다. 뇌는 500억 개부터 1,500억 개 정도의 뉴런으로 구성되어 있으며 이들 뉴런에는 100여 개의 다양한 종류들이 있다. 뉴런들은 망이라는 그룹으로 나누어져 있다. 각각의 망들은 촘촘하게 연결되어 있는 수천 개의 뉴런들로 구성되어 있다. 이것이 뇌를 일종의 신경망의 모음으로 보는 이유이다.

학습할 수 있고 환경의 변화에 대해 반응할 수 있기 위해서는 지능이 필요하다. 인간은 뇌와 중앙신경계가 생각하고 지능적인 행동을 취할 수 있도록 통제한다. 뇌손상을 입은 사람은 학습을 하거나 변화에 반응하는 데 어려움을 느끼는 이유가 이 때문이다. 그렇지만 손상되지 않은 뇌의 일부가 새로운 학습을 대신하기도 한다.

그림 5.3은 2개의 세포로 구성된 신경망의 일부를 나타내고 있다. 각 세포 내에는 뉴런의 중앙처리장치인 핵이 있다. 첫 번째 세포의 위쪽에 있는 수상돌기를 통해 입력신호가 세포에 전달된다. 또한 오른쪽으로 이어져 있는 축색을 통해 출력신호가 두 번째 세포에 전달된다. 첫 번째 세포의 축색 끝은 두 번째 세포의 수상돌기와 연결되어 있다. 전달되는 신호는 아무런 변화 없이 그대로 전달되거나 혹은 시냅스(synapse)를 통해 변화되기도 한다. 시냅스는 뉴런 사이의 연결강도를 증가시키거나 감소시킬 수 있고, 연결되어 있는 뉴런의 흥분이나 진정을 유발한다. 이런 방식으로 정보가 신경망에 저장된다.

인공신경망은 이런 생물학적 신경망의 작동방식을 차용한다. 신경망

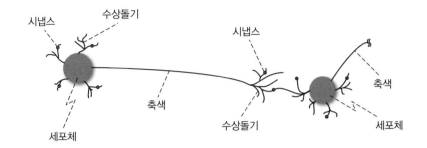

그림 5.3 생물학적 신경망 : 서로 연결된 2개의 세포·뉴런

컴퓨팅은 생물학적 신경계에서 일어나는 일들의 극히 일부의 개념을 이용한다. 표 5.1을 보면 생물학적 신경망과 인공신경망에서 사용되는 용어 간의 관계를 알 수 있다. 여기에서 인공신경망은 인간의 뇌 자체에 대한 정확한 모형이라기보다는 인간의 뇌가 작동하는 방식과 유사한 개념을 도입한 것임을 짚고 넘어가야 한다. 마치 수많은 병렬 프로세스를 이용한 시뮬레이션 소프트웨어 구현처럼 인공신경망 구조에서 인공뉴런 혹은 신경체라고 부르는 서로 연결된 노드(node)들이 동시에 연산을 수행하는 것이 인간의 신경과 유사하다고 할 수 있다. 인공뉴런은 뇌세포의 수상돌기가 다른 뉴런으로부터 전기화학적 신호를 받는 것과 유사한 개념으로 입력신호를 받는다. 또한 인공뉴런에서 신호를 출력하는 것은 뇌세포의 뉴런에서 축색을 통해 신호를 전달하는 것과 유사하다. 시냅스에 의해서 뇌내 뉴런 사이의 전달신호가 변할 수 있는 개념을 차용하여 가중치라는 것을 도입하여 인공뉴런 사이의 신호들이 변할 수 있도록 하였다(그림 5.4).

인공신경망의 여러 가지 개념이 다양한 문제에 맞도록 제안되어 왔다. 다양한 인공신경망 모형의 차이점을 알아보기 위해서는 인간의 뇌를 어떤 구조로 차용하였는지, 정보를 어떻게 처리하는지, 지정된 작업을 수행하기 위한 학습은 어떻게 일어나는지를 살펴보면 된다.

인공신경망은 인간의 뇌를 모방한 것이므로 뇌 내의 뉴런처럼 중요한

표 5.1 | 생물학적 신경망과 인공신경망 간의 비교

생물학적 신경망	인공신경망
세포체(soma)	노드(node)
수상돌기(dendrites)	입력(input)
축색(axon)	출력(output)
시냅스(synapse)	가중치(weight)
속도가 느림	속도가 빠름
많은 개수의 뉴런(10^9)	적은 개수의 뉴런(수만~수십만)

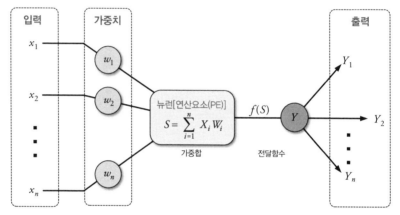

그림 5.4 인공뉴런에서의 정보처리

계산은 개별 뉴런에서 처리된다. 인공뉴런은 다른 뉴런이나 외부의 자극으로부터 정보를 받고, 이를 변환한 후 다른 뉴런이나 외부에 변환된 정보를 전달한다. 이것은 현재까지 인간의 뇌가 어떻게 작동하는가에 대해 알아낸 것과 유사하다. 뉴런과 뉴런 사이에서 정보를 전달하는 것은 다른 뉴런으로부터 입력된 정보나 자극에 대해 반응하여 한 뉴런이 활성화되는 것으로 보면 된다.

　신경망에서 정보가 어떻게 처리되는지는 본질적으로 망의 구조에 따라 결정된다. 신경망은 하나 이상의 뉴런층들로 구성된다. 이 뉴런들은 모두 연결되거나 혹은 특정 층들만 연결될 수도 있다. 뉴런 사이의 연결에는

각각 가중치가 매겨져 있다. 본질적으로 신경망에서 처리되는 '지식'은 이렇게 연결되어 있는 가중치에 따라 결정된다. 각 뉴런들은 자신에게 전달되는 다른 뉴런들의 값에 대한 가중치들을 더하여 입력을 변환시킨 후, 이 값을 다른 뉴런으로 전달한다. 항상 그렇지는 않지만, 일반적으로 한 뉴런에서 입력을 출력으로 변환할 때에는 비선형 형태로 이루어진다.

인공신경망의 기본 구성요소

신경망은 기본적인 연산 단위요소들로 구성되어 있는데 이 단위요소들에 따라 신경망의 구조가 결정된다. 이 기본적인 연산 단위요소가 뉴런이다. 많은 수의 뉴런들이 신경망을 구성한다. 뉴런은 다양한 방법으로 구성되는데, 신경망의 패턴들을 토폴로지라고 부른다. 전방·후방전파라고 불리는 널리 사용되는 방법에서는 모든 뉴런들이 출력층과 입력층을 연결할 수 있으나 중간에서의 피드백 연결은 허용되지 않는다(Haykin, 2009). 후방전파는 신경망에서 가장 널리 사용되는 방법이다.

연산 단위요소

인공신경망의 처리 단위요소는 인공뉴런이다. 각 뉴런들은 그림 5.4에서와 같이 입력을 받아 처리한 후 하나의 출력 형태로 전달한다. 입력은 초기의 입력 데이터일 수도 있고 다른 연산요소로부터 전달된 출력일 수도 있다. 또한 출력은 최종 결과값(예 : 1이면 예, 0이면 아니요)일 수도 있고 다른 뉴런에게 입력으로 전달될 수도 있다.

신경망구조

각 인공신경망은 일련의 뉴런의 집합이 층으로 구성되어 있다. 그림 5.5는 신경망의 일반적인 구조를 보여주고 있다. 이 구조는 입력층, 중간의 은닉층, 출력층 등 세 층으로 구성되어 있다. 은닉층은 입력층으로부터 입력을 받아 입력을 변환시킨 후 다음의 연산을 위해 출력하는 뉴런들로 구성되어 있다. 입력층과 출력층 사이에는 여러 개의 은닉층이 있을 수 있는데 일반적으로는 하나의 은닉층으로 구성된다. 하나의 은닉층을 가지는 경우에 은닉층은 입력값을 비선형 연산을 통해 변환한 후 이 변환된 값을 출력층으로 전달하는 역할을 수행한다. 일반적으로 은닉층은 특징 추출 메커니즘으로 간주하는데, 이는 주어진 문제에서의 초기 입력을 다소 단순한 형태의 조합으로 변환시키기 때문이다.

해결하고자 하는 문제에 따라 다양한 신경망구조를 구성할 수 있다. 가장 일반적인 구조로는 후방전파를 갖는 다층 퍼셉트론의 전방향, 연관 기억, 순환신경망, 자기조직 특성 맵, 홉필드(hopfield) 신경망 등이 있다. 이 중 가장 널리 사용되는 것은 다층의 퍼셉트론(multiple-layered perceptron, MLP)을 갖는 전방향 신경망이다. 이 구조는 그림 5.5와 같은데, 이 구조에서 정보는 입력층으로부터 은닉층으로, 다시 은닉층으로부터 출력층으로 흘러간다.

생물학적 신경망과 유사하게 인공신경망은 토폴로지 혹은 구조적 측면에서 다양한 형태를 띤다. 즉, 뉴런이 다양한 방법으로 연결되는 것이다. 정보가 처리될 때에 많은 연산 구성요소들이 동시에 연산을 처리한다. 이러한 병렬처리는 뇌가 작동하는 것과 유사한데, 이것이 일반적인 컴퓨터가 작동되는 순차적 처리와는 다른 점이다.

학습은 어떻게 이루어지는가?

MLP구조는 지도학습을 이용하며 귀납적 방식을 통해 이루어진다. 즉, 이미 존재하는 데이터들을 이용하여 각 뉴런 간의 연결 가중치에 해당하는 매개변수의 값들을 추론하는 방식이다. MLP 형태의 인공신경망에서 학습은 그림 5.6과 같이 다음의 세 가지 작업을 통해 이루어진다.

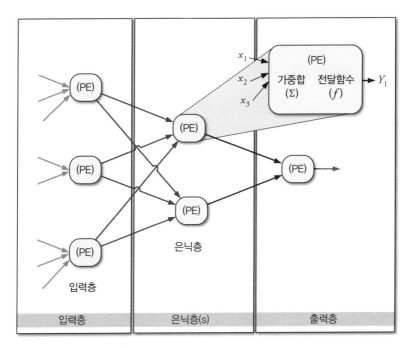

그림 5.5 전방향 신경망의 구조

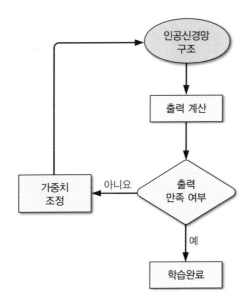

그림 5.6 인공신경망의 지도학습 과정

1. 잠정적인 출력 계산
2. 출력과 목표값과의 비교
3. 비교결과에 따른 가중치의 반복적 수정

역전파학습

오류 역전파(back-propagation) 알고리즘은 신경망에서 가장 널리 사용되는 지도학습방법이다. 이것은 비교적 구현하기 쉬우면서도 뛰어난 성능을 보인다. 역전파 네트워크는 한 개나 혹은 그 이상의 은닉층을 가지고 있다. 이 형태의 신경망은 전방향 방식인데, 이는 내부적으로 동일한 층에 있는 연산 단위의 출력과 이 층을 포함한 전 단계 층으로 전달된 입력과의 연결이 없기 때문이다. 신경망의 가중치 값들을 변화시키기 위해서는 해당 신경망을 통해 학습단계에서 계산된 출력과 미리 알려져 있는 외부의 정답과 비교하는 과정을 거치면서 신경망이 훈련 데이터를 얼마나 잘 분류하는지를 평가하여 가중치를 조정한다. 평가를 위한 오류 허용치는 대개 사전에 미리 설정된다.

그림 5.7과 같이 출력층으로부터 시작해서 실제 예측값과 정답과의 오차를 고려하여 이전 단계 층과의 연결마다 가중치를 수정한다. 각 출력 뉴런에 대하여 신경망을 이용한 예측 출력(Y)과 실제 정답(Z)과의 차이를 계산한다. 이 오차는 일종의 비선형 함수를 이용하여 신경망의 가중치 값을 증가시키거나 감소시켜 변환하도록 후방으로 전파된다.

구체적인 학습 알고리즘은 다음과 같다.

1. 임의의 값으로 가중치를 초기화함
2. 입력과 정답을 읽음
3. 입력층부터 단계적으로 층을 이동하면서 신경망의 연산을 통해 출력 값을 계산함

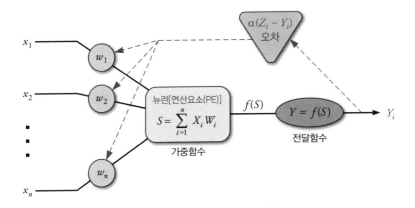

그림 5.7 인공신경망의 역전파 학습 알고리즘

4. 정답과 출력 간의 오차를 계산함

5. 출력층부터 은닉층의 역방향으로 가중치를 조정함

출력값과 정답과의 오차가 미리 정한 범위 내의 허용치가 될 때까지 전체 입력 데이터를 대상으로 위와 같은 과정을 반복한다. 한 번의 반복에서도 수많은 연산이 필요하므로 대규모의 신경망을 학습시키기 위해서는 많은 시간이 소요될 수 있다. 따라서 학습속도를 높이는 방법으로 부분 데이터 집합으로 전방 연산을 수행한 후 오차의 총합을 계산하여 피드백하는 방법이 있다. 경우에 따라서는 초기에 임의로 주어진 가중치와 다른 신경망 파라미터들의 설정에 따라서 신경망이 원하는 성능 수준으로 수렴하지 않는 경우도 있다. 이럴 경우에는 새로운 가중치 값을 사용하거나 신경망 파라미터, 심지어 신경망의 구조를 변화시킬 필요도 있다.

인공신경망에서의 민감도 분석

신경망은 다양한 분야에서 고도로 복잡한 문제를 해결하는 데 효과적인 도구로 사용되어 왔다. 이렇게 인공신경망이 많은 문제의 상황에서 뛰어난 예측과 분류 도구로 입증되었지만 인공신경망이 어떻게 수행되는지에 대해서 추가적으로 알아야 할 점들이 있다. 인공신경망은 뛰어난 문제해결 능력을 가지고 있지만 그 성능을 명확히 설명하는 점에서는 다소 부족한 전형적인 블랙박스 모형으로 여겨졌다. 이러한 현상을 **블랙박스 증후군**이라 부른다.

모형의 '내부구조'를 설명할 수 있어야 하는 것이 중요한데, 이러한 설명은 신경망이 올바르게 학습되거나 비즈니스 문제에 적용되었을 때 적절하게 작동하는지에 대한 확인을 위해서 필요하다. 데이터 수집에 대한 비용문제로 인해 상대적으로 적은 양의 데이터를 가지고 학습을 시켜야만 하거나 오류를 범했을 때의 위험성이 큰 경우에는 '내부를 들여다 볼' 필요가 있다. 자동차의 에어백 작동과 같은 문제에 모형이 적용될 경우가 이러한 경우의 한 예이다. 자동차 충돌을 대상으로 하는 데이터의 수집비용과 인명의 위험과 같은 사안은 매우 중요하다. 모형의 설명력이 중요한 또 다른 예로는 대출심사와 같은 경우이다. 만약 대출이 거절된 경우라면 그 이유에 대한 설명이 필요하다. 단순히 대출을 위해 우량고객과 불량고객에 대한 분류가 정확하게 수행되었다고 하더라도 그 분류결정에 따른 이유와 정당성을 제공하지 않으면 안 된다.

학습된 신경망을 분석하고 평가하기 위해 다양한 기법들이 제안되었다. 이 기법들은 신경망이 어떻게, 무슨 일을 수행하였는지를 명확하게 설명한다. 다시 말해, 각각의 입력들에게 신경망이 구체적으로 어떻게, 얼마나 작용했는지에 대한 설명을 제공한다. 민감도 분석은 블랙박스 특징을 갖는 신경망 학습을 알아내는 데 가장 뛰어난 기법 중 하나이다.

민감도 분석은 학습된 신경망 모형의 입력과 출력 간의 인과관계를 알아내는 기법이다. 민감도 분석을 수행할 때에는 훈련된 신경망의 학습기능을 중지하여 신경망의 가중치 값들이 영향받지 않도록 한다. 기본적으로 민감도 분석은 신경망에 대한 입력을 일정한 범위 내에서 체계적으로 변경시켜 가면서 각 변화에 따른 출력의 변화를 살펴보는 것이다. 그림

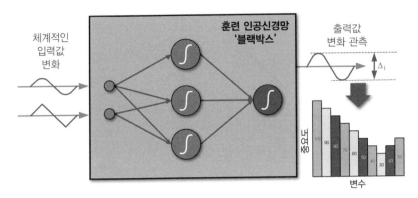

그림 5.8 인공신경망 모형의 민감도 분석의 개념

5.8은 이러한 개념을 보여주고 있다. 첫 번째 입력 이외의 다른 입력들은 자신들의 평균값이나 최빈값으로 고정시킨 상태에서 첫 번째 입력만 자신의 평균값을 기준으로 일정한 표준편차 내외의 값 범위 내에서 변화시킨다. 이후 신경망 출력의 변화를 출력의 평균을 기준으로 상하 어느 범위 내에서 얼마나 변화하는지를 계산한다. 이 과정을 각각의 입력에 대해서 반복한다. 이런 과정을 거쳐 얻게 된 정보는 각각의 입력(X)에 대한 상대적인 민감도, 중요도에 대한 값(Y)들의 분포를 보여주는 그래프 형태로 표현될 수 있다.

지지벡터기계

지지벡터기계(support vector machine, SVM)는 뛰어난 예측성능과 탄탄한 이론적 기반을 바탕으로 최근에 가장 주목받고 있는 기계학습 기법 중의 하나이다. 지지벡터기계는 훈련집합을 바탕으로 하는 지도학습 기법 중 하나로 입력과 출력 간의 관계함수를 제공한다. 이 입력 데이터와 출력 데이터 간의 관계를 설명하는 함수는 데이터를 특정 부류로 지정하는 분류함수일 수도 있고, 연속적 값을 갖는 데이터의 예측값 출력을 위한

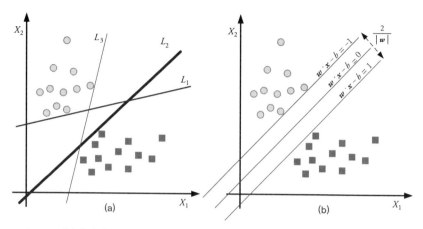

그림 5.9 지지벡터기계에 의한 두 부류의 분리

회귀함수가 될 수도 있다. 분류문제에서는 비선형 커널 함수를 도입해서 복잡한 비선형적 입력 데이터들을 고차원의 특성공간으로 변환시켜서 입력 데이터들이 선형적으로 분리가능하도록 하는 방법을 자주 사용한다. 이후에 훈련 데이터 부류 간의 간격이 최대가 되도록 입력 데이터들을 최적으로 분류할 수 있는 초평면(hyperplane)을 찾는다.

어떤 분류문제가 주어지면, 데이터들을 각각의 부류에 따라 여러 구역으로 나누어주는 초평면 형태의 선형 분류기가 여러 개 존재한다. 그림 5.9a는 2개의 부류가 각각 원형(●)과 사각형(■) 모양으로 구분되어 있는 것을 보여준다. 이렇게 많은 초평면 중에서 각각 부류로부터의 간격이 최대인 초평면은 단 하나밖에 존재하지 않는다. 그림 5.9b에는 두 부류로부터의 간격이 최대이면서 각 부류의 데이터를 분류하는 하나의 초평면과 이 초평면으로부터 각 부류 간의 간격이 최대인 2개의 초평면이 나타나 있다.

지지벡터기계에 사용되는 데이터는 2개의 서로 다른 부류로 분류될 수 있는 3차원 이상의 데이터일 수도 있다. 이 경우, n차원의 데이터를 $n-1$차원의 초평면들로 분류하는 문제로 생각해볼 수 있다. 이 문제는 각 부류에 속하는 데이터 중 가장 가까운 데이터로부터 떨어진 거리간격이 최대가 되는 초평면을 찾는 것이다. 이 문제의 가정은 이 간격이 클수록 지지벡터기계를 이용한 분류기의 일반화 성능이 뛰어나다는 것이다. 만일 이와 같은 초평면들이 존재한다면, 그것들은 수학적으로 2차식을 갖는 최적화 모형으로 표현될 수 있다. 이런 초평면은 최대 간격을 가진 초평면으로 알려져 있고, 이에 기반한 선형 분류기를 최대 간격 분류기라고 한다.

통계적 학습이론의 탄탄한 수학적 기반을 갖춘 것 이외에도 지지벡터기계는 의료진단, 유전자 정보처리, 얼굴 및 음성 인식, 수요 예측, 이미지처리, 문서분석과 같은 수많은 현실문제에서 뛰어난 성능을 보임으로써 지식발견과 데이터마이닝에서 가장 많이 사용되는 분석 도구로 자리매김하였다. 인공신경망과 같이 지지벡터기계는 다변량 함수를 원하는 정도의 정확도로 근사화시킬 수 있다. 이러한 장점으로 인해 고도의 비선형이고 복잡한 문제에 적용될 수 있다.

지지벡터기계 모형 수립 단계

최근 들어 지지벡터기계는 분류를 위한 문제에 점점 더 많이 사용되고 있는데, 이는 지지벡터기계가 가지는 정확한 예측력과 확장성 때문이다. 많은 사람들이 인공신경망에 비해 사용하기가 쉽다고 여기는 경향이 있지만, 지지벡터기계가 작동하는 세부적인 내용에 대한 명확한 이해가 부족하면 원하는 결과를 얻기 어렵다. 이 절에서는 우수한 결과를 얻기 위해 지지벡터기계 모형을 세우고 사용하는 단계들에 대해 간단히 다룬다. 그림 5.10은 3단계로 이루어진 프로세스를 보여준다.

다음은 각 단계에 대한 간략한 설명이다.

단계 1 : 데이터 전처리

현실 세계에서는 데이터가 완벽한 경우가 거의 없으므로 데이터마이닝에

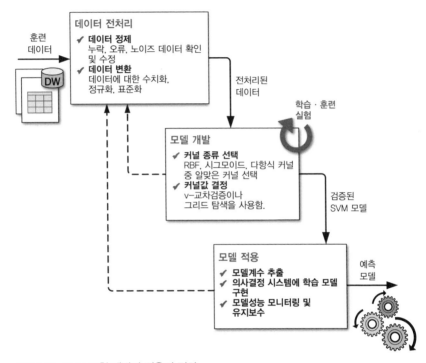

그림 5.10 SVM 모형 개발과 적용의 절차

지지벡터기계를 사용하기 위해서는 이에 맞게 데이터를 다듬고 변환시키
는 것이 필요하다. 다른 데이터마이닝 기법이나 알고리즘과 같이 지지벡
터기계에서도 이 단계의 작업은 가장 많은 시간이 소요되고 귀찮은 일이
지만 가장 중요한 작업이다. 이 단계에서는 누락되거나 불완전하거나 노
이즈가 있는 데이터를 다루는 작업과 데이터에 대한 수치화, 정규화, 표
준화와 같은 작업을 수행한다.

• **데이터 수치화** : 지지벡터기계를 사용하기 위해서는 각각의 데이터가
  실수의 벡터형식으로 표현되어야 한다. 따라서 범주형의 특징을 수
  치형 특징으로 변환시켜야 한다. 일반적으로 3보다 크거나 같은 m개
  의 분류를 갖는 특징들을 나타낼 때에는 m개의 이진변수를 사용한

다. 다시 말해서, m개의 이진변수는 해당 분류에 속한 경우에는 1의 값을 갖고 아닌 경우에는 0의 값을 갖도록 하는 것인데, 이를 '1-of-m 표현'이라 부른다. 예를 들어 빨강, 초록, 파랑과 같은 3개의 분류로 나누어지는 특징을 나타내기 위해서 $(0,0,1)$, $(0,1,0)$, $(1,0,0)$과 같이 표현할 수 있다.

- **데이터 정규화** : 인공신경망과 같이 지지벡터기계에서도 수치형 데이터값에 대한 정규화나 크기의 조정이 필요하다. 정규화의 장점은 상대적으로 큰 값을 갖는 데이터의 영향과 작은 값을 갖는 데이터의 영향에 대한 균형을 맞출 수 있다는 점이다. 이는 또한 지지벡터기계의 모형을 만드는 데 있어 반복적인 연산과정에서 수치 계산의 성능을 향상시킬 수 있도록 한다. 지지벡터기계에서는 선형 커널이나 다항식 커널과 같은 커널함수의 값들이 특징벡터의 내적(inner product)에 의해 계산되므로, 큰 값을 갖는 특징값들로 인해서 학습시간이 오래 걸릴 수 있다는 점에서 이런 정규화에 대한 장점을 생각해볼 수 있다. 일반적으로 각 특징의 정규화 과정에서 $[-1, +1]$ 혹은 $[0, 1]$ 사이 범위로의 정규화가 좋은 것으로 알려져 있다. 물론 검증 데이터를 대상으로 모형을 평가할 경우에도 훈련 데이터를 정규화했던 것과 같은 방식으로 데이터의 크기 조정이 필요하다.

단계 2 : 모형 개발

데이터의 전처리 단계를 마친 후에 모형을 개발하는 단계를 수행한다. 전 단계의 데이터 전처리나 다음 단계인 모형 적용 단계와 비교해서 이 단계는 모형을 만드는 직접적인 작업을 수행하므로 가장 흥미로울 수 있다. 지지벡터기계에서는 매개변수들의 설정을 위한 수많은 조합의 경우가 존재하므로, 최적의 성능을 위해서는 이러한 조합 중에서 최적의 조합을 찾아야 한다. 가장 중요한 매개변수에는 어떤 커널을 사용할지와 커널에 사용되는 매개변수들의 설정과 관련된 것들이다.

일반적으로 4개의 커널들이 있는데, 어떤 커널을 사용할 것인지 아니면 각각을 실험을 통해 모두 비교해볼 것인지에 대한 결정을 해야 한다. 일단 커널이 결정되면 커널 내의 매개변수들과 비용변수 C의 값들을 결정해야 한다. 많은 경우 RBF커널을 먼저 사용해보는 것이 일반적이다. RBF커널은 입력과 출력들의 관계가 고차원의 비선형일 경우 입력 데이터를 고차원의 공간으로 매핑하기 위해 사용한다. 선형 커널은 일반적인 RBF커널의 특수한 경우이다. RBF커널에서는 2개의 매개변수를 결정해야 하는데 그것은 C와 γ이다. 특정 예측 문제에 대해서 C와 γ를 어떤 값으로 정하는 것이 최적인지는 미리 알 수 없다. 따라서 이 매개변수들에 대한 탐색 기법이 필요하다. 탐색을 통해서 검증 데이터와 같이 학습에 사용되지 않은 데이터에 대한 분류가 정확하게 이루어질 수 있는 최적값을 찾는다. 가장 일반적으로 사용되는 탐색 기법으로는 교차검증과 격자탐색이 있다.

단계 3 : 모형 적용

지지벡터기계를 이용한 예측 모형이 수립되면 이를 의사결정 시스템에 통합시켜야 한다. 이를 위해서는 두 가지 방법이 있는데, (1) 모형을 웹서비스나 자바 빈(Java Bean) 혹은 COM과 같은 객체로 변환해서 입력을 받아 출력을 예측하도록 하거나, (2) 모형에서 구해진 변수의 값들을 직접적으로 의사결정 시스템에 적용하는 것이다. 지지벡터기계는 해결하고자 하는 문제가 정적인 경우에 정확도나 구현의 용이성 면에서 가장 유용하다. 문제가 동적으로 변하는 경우에는 모형의 정확도 역시 영향을 받는다. 따라서 모형의 정확도를 지속적으로 모니터링하면서 정확도가 저하될 경우에는 재학습을 시키는 작업이 동반되어야 한다.

지지벡터기계와 인공신경망의 비교

어떤 연구자들은 지지벡터기계를 인공신경망의 특수한 형태로 보기도 하지만, 이 두 모형은 다소 상이한 특성을 가진 기계학습 기법이다. 지지벡터기계가 인공신경망에 비해 돋보일 수 있는 점을 살펴보자. 인공신경망의 태동과 발전은 응용과 실험에 기반한 휴리스틱적 접근이 먼저 이루어진 후 이론적 토대가 제공되었다. 반면에 지지벡터기계는 탄탄한 통계적 학습이론에 근거하여 개발된 후 구현과 실험이 이루어졌다. 지지벡터기계의 뛰어난 장점은 지지벡터기계를 이용하여 구한 해답이 전역 최적의 유일한 해라는 것이다. 이는 인공신경망이 지역해에 빠질 수 있다는 점과 확연히 다른 점이다. 또 다른 두 가지의 장점은 지지벡터기계에 대한 명료한 기하학적 해석이 가능하다는 것과 학습 데이터의 수에 비해 특징의 수가 많은 데이터들에 대한 해결이 가능하다는 것이다. 실제 문제에서 인공신경망에 비해 지지벡터기계의 성능이 우수한 경우가 많은 이유는 지지벡터기계가 인공신경망에 비해서 과적합(overfitting) 문제해결에 뛰어나기 때문이다.

구현 측면에서 지지벡터기계의 장점도 있지만 어려운 점도 존재한다. 해결해야 한 중요한 점은 어떤 커널의 종류를 사용할 것인지, 또 커널함수의 매개변수들은 어떻게 설정해야 하는지의 문제이다. 이보다 더 큰 어려움은 훈련과 검증에 대한 속도와 규모이다. 지지벡터기계를 이용하여 모형을 수립하기 위해서는 복잡하고 시간이 오래 걸리는 연산들이 필요하다. 실제 적용 관점에서 가장 심각한 문제는 지지벡터기계 모형에서는 2차항을 갖는 최적화 문제를 풀어야 하기 때문에 대규모 작업을 요하는 경우 알고리즘의 계산량과 메모리 요구량이 매우 크다는 것이다. 이러한 어려움에도 불구하고 탄탄한 이론적 기반과 전역적 유일해를 제공한다는 점에서 지지벡터기계는 오늘날 데이터마이닝 분야에서 가장 널리 사용되는 방법 중 하나로 자리잡고 있다. 따라서 지지벡터기계가 다른 데이터마이닝 기법과 적절히 통합될 경우에는 더 널리 사용될 것으로 기대된다.

선형회귀분석

회귀분석, 특히 선형회귀분석은 아마도 통계 분야에서 가장 널리 사용되는 분석 기법일 것이다. 회귀분석은 1920년에서 1930년대로 거슬러 올라가 프랜시스 골턴 경의 배의 유전적 특징에 대한 초기 연구를 바탕으로, 후에 칼 피어슨이 연구를 이어가면서 시작되었다. 그 이후 회귀분석은 입력변수와 이에 대응하는 출력변수 간의 관계에 대한 특징을 분석하는 통계적 기법으로 자리잡았다.

회귀분석은 상대적으로 간단한 통계 기법으로, 반응·출력변수인 종속변수가 입력변수인 설명변수에 어떻게 영향을 받는지를 모델링하는 것이다. 이런 영향이 파악되면 그 영향관계를 선형 함수나 식으로 표현할 수 있다. 다른 모델링 기법과 마찬가지로 회귀분석은 실제로 존재하는 특징들 간의 관계들을 규명하고, 이를 수학적으로 표현함으로써 복잡한 현실의 현상을 발견하거나 이해하고, 그 관계를 설명하거나 미래의 일들을 예측하는 것을 목적으로 한다.

회귀분석은 두 가지의 목적으로 사용되는데, 이것은 여러 변수들 간의 잠재적인 관계를 규명하는 가설검증과 한 개 혹은 여러 개의 설명변수들에 대한 반응변수들의 값들을 알아내는 예측이다. 이 두 목적은 상호 배타적이지 않고 서로 연관되어 있다. 회귀분석을 통해 설명변수의 영향을 파악할 수 있기 때문에 예측이 가능하다. 회귀분석은 또한 가설검증을 통해서 다수의 설명변수(주로 x_i들로 표현)에 대한 반응변수(주로 y로 표현)가 있는지, 있다면 얼마나 어떤 영향을 받는지를 알아내도록 한다. 예측에서는 설명변수들과 반응변수 간의 관계에 대해 수학적 함수로 나타낸다. 이러한 함수가 결정되면 이를 이용하여 주어진 설명변수에 대한 반응변수값을 예측한다.

상관관계분석과 회귀분석

회귀분석은 상관관계분석에 대한 연구로부터 시작했고, 둘 다 다수의 변수들에 대한 관계를 기술하는 것을 목표로 했기 때문에 상관관계분석과 회귀분석에 대한 구분이 명확하지 않은 경우가 많다. 상관관계분석에서는 사전에 어떤 변수가 다른 어떤 변수에 영향을 받을 것이라는 가정을 하지 않으며 그 변수들의 특정 관계는 중요하지 않다. 다만 상관관계분석은 그 변수들 간의 연관 정도에 대한 예측을 가능하게 한다. 반면 회귀분석은 직간접적으로 설명변수가 반응변수에 영향을 미칠 것이라는 인과관계를 가정하고, 이런 설명변수들에 대한 반응변수의 영향을 기술하는 것을 목표로 한다. 상관관계분석은 두 변수 간의 하위레벨에서의 관계에 초점을 맞추는 반면, 회귀분석은 모든 설명변수들과 이에 대한 반응변수 간의 관계 규명에 초점을 맞춘다.

단순회귀분석과 다변량회귀분석

만약 회귀분석의 함수식이 하나의 설명변수와 하나의 반응변수로 이루어진 경우, 이를 단순회귀분석이라 부른다. 예를 들어, 어떤 사람의 키를 설명변수로 설정하고 키에 대한 몸무게를 반응변수로 설정하여, 이들 간의 관계를 예측하거나 설명하는 회귀분석 식을 세우는 것은 단순회귀분석이다. 다변량회귀분석은 단순회귀분석을 확장하여 다수의 설명변수들을 고려하는 것이다. 사람의 키뿐만 아니라 체질량, 성별, 인종과 같은 다른 특성들도 고려하여 사람의 몸무게를 예측하기 위해서는 다변량회귀분석을 사용한다. 두 경우 모두 설명변수와 반응변수 간의 관계를 나타내는 함수식은 덧셈으로만 구성되어 있는 선형의 형태로 이루어진다. 만약 이 식이 비선형일 경우에 입·출력변수 간의 관계를 알아내고자 한다면 다른 비선형회귀분석 모형을 사용해야 할 것이다.

선형회귀분석 모형은 어떻게 만들 것인가

두 변수 간의 관계를 이해하기 위한 가장 간단한 방법 중 하나는 대응변수의 값을 y축으로 삼고 설명변수의 값을 x축으로 삼아 두 변수의 값들에 대한 산점도를 그려보는 것이다(그림 5.11). 이런 산점도를 통해 설명변수의 변화에 따른 반응변수의 변화를 알아볼 수 있다. 그림 5.11의 예에서는 설명변수의 값이 증가함에 따라 반응변수의 값도 증가하는 형태의 관계가 있음을 알 수 있다.

단순회귀분석은 이러한 관계를 나타내는 수학적 식을 찾는 것이다. 실제로 단순회귀분석은 산점도에 찍혀 있는 점들과 떨어져 있는 거리를 최소화하는 직선을 찾는데, 이런 이론적 회귀직선을 통해서 미지의 데이터

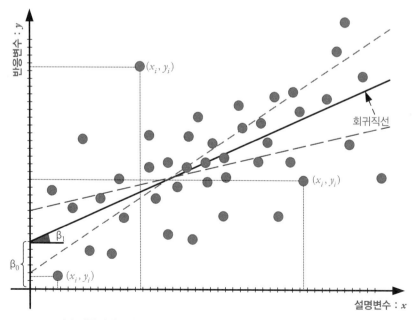

그림 5.11 단순선형회귀직선과 산점도

에 대한 예측을 하는 것이다. 회귀직선을 찾기 위한 다양한 방법과 알고리즘이 개발되었고, 최소자승법이 가장 널리 사용된다. 최소자승법은 실제 관측값과 회귀분석을 통해 얻은 직선 간의 수직거리의 제곱들의 총합을 최소화하는 것을 목적으로 하며, 이를 통해 회귀분석 직선에 의한 예측값에 대한 수학적 함수를 결정하는데, 이것은 회귀분석 직선의 매개변수 β 값들을 결정하는 것과 같다. 단순회귀분석에서 설명변수(x)와 반응변수(y) 간의 관계를 다음과 같은 식으로 표현할 수 있다.

$$y = \beta_0 + \beta_1 x$$

이 식에서 β_0를 절편이라 부르고 β_1을 기울기라 부른다. 최소자승법을 이용하여 회귀식의 두 계수값을 구하면, 이 식을 이용하여 어떤 x값이 주어질 때 이를 대응하는 y값을 예측할 수 있다. β_1값의 부호와 값을 통하여 두 변수가 어떤 방향으로 얼마 만큼의 영향 관계를 갖는지 알 수 있다.

다변량회귀분석의 경우에는 더 많은 수의 계수들을 결정해야 하는데 각각의 계수들은 각 입력변수마다 하나씩 대응된다. 다음 식에서와 같이 β_i값과 곱한 형태로 이루어져 있는 각각의 설명변수들의 합으로 반응변수에 대한 선형관계를 나타낸다.

$$y = \beta_0 + \beta_1 x_1 + \beta_2 x_2 + \cdots + \beta_n x_n$$

모형의 적합성 분석

여러 가지 이유로 인하여 가끔은 모형이 실제의 현상을 잘 반영하지 못하는 경우도 있다. 고려해야 하는 설명변수의 개수에 상관 없이 적절한 모형을 도출하지 못할 수 있는 가능성은 항상 존재하며, 따라서 회귀분석 모형이 반응변수값에 대한 예측을 얼마나 잘하는가에 대해 적합도를 평가할 필요가 있다. 단순한 의미로 적합도가 높은 회귀분석 모형은 실제 관측한 값과 가까운 값을 예측할 수 있다고 할 수 있다. 회귀분석 모형의 적합도를 수치값로 나타내기 위해서 결정계수(R^2), F-검증, 평균 제곱근 오차 등이 종종 사용된다. 이 세 가지 통계량은 오차의 제곱합을 이용하는데, 이는 데이터가 평균에서 얼마나 떨어져 있는가와 모형을 통한 예측값으로부터 얼마나 떨어져 있는가를 측정한다. 이 두 차이들을 어떻게 조합해서 사용하는지에 따라서 회귀분석 모형이 단순히 평균값을 기반한 예측과 어떻게 다른지에 대한 평가가 달라진다.

세 통계량 중에서 결정계수가 가장 이해하기 쉽고 유용한 것으로 알려져 있다. 결정계수의 값은 0에서 1 사이의 값을 갖는데, 이 값이 0의 값을 가질 경우에는 회귀분석 모형의 예측성능이 매우 좋지 않은 것을 의미하고, 1의 값을 가질 경우는 회귀분석 모형이 완벽하게 예측할 수 있다는 것을 의미한다. 1에 가까운 값을 가질수록 좋은 모형이라는 것을 의미하는데, 1에 얼마나 가까운 값을 갖는 것이 좋은 모형인지에 대한 평가는 주어진 문제에 따라 다르다. 예를 들어, 사회과학 분야에서의 경우 결정계수가 0.3이어도 좋은 모형일 수 있지만, 공학 분야 문제에서는 0.7 정도의 결정계수값을 갖는 모형일지라도 좋지 않은 모형일 수 있다. 결정계수의 값을 증가시키도록 회귀분석 모형을 향상시키기 위해서는 모형에 설명변수를 더 추가하거나 혹은 배제해볼 수도 있고, 다른 데이터 변환 기법을 사용해볼 수도 있다.

그림 5.12는 회귀분석 모형을 만드는 과정을 보여주고 있다. 그림에서와 같이, 모형을 만드는 작업 후에 모형을 평가하고 검증하는 작업을 수행해야 한다. 이 작업에서는 모형의 적합성도 평가하고 또한 모형이 선형이라는 가정을 전제했으므로 모형이 실제 현실의 현상을 얼마나 반영했는가에 대한 검증도 실시해야 한다.

선형회귀분석에서의 주요 가정들

선형회귀분석은 데이터 분석에서 설명과 예측을 위해 가장 많이 사용하

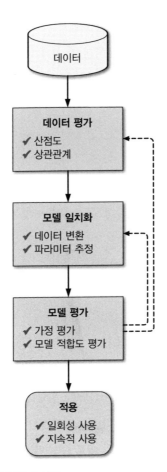

그림 5.12 회귀모형 개발을 위한 순서도

는 기법이지만 매우 제한적인 가정들을 전제로 한다. 선형 모형이 얼마나 현실을 반영하는지는 이러한 가정들에 얼마나 부합하는지에 따라 달라진 다. 주요 가정들을 살펴보면 다음과 같다.

- **선형성** : 이 가정은 설명변수와 반응변수 간의 관계가 1차 식으로 이 루어진 선형적 관계를 갖는다는 것이다. 다시 말해, 반응변수에 대 한 예측값은 각 설명변수의 직선 형태의 함수로 결정된다는 것이다.

즉, 다른 모든 설명변수를 고정시켜도 하나의 설명변수와 결정변수와의 관계는 직선함수로 표현된다. 또한 이때 직선의 기울기는 다른 변수의 영향을 받지 않는다. 이것은 반응변수에 대한 예측값이 각 설명변수들의 합의 형태로 결정된다는 것을 의미한다.

- **오차 간의 독립성** : 이 가정은 반응변수에 대한 오차들은 상호간에 연관관계가 없다는 것이다. 이 오차 독립성에 대한 가정은 선형회귀분석에서는 만족하기 어렵지만 통계적 독립성보다는 약한 가정이다.
- **오차의 정규분포성** : 이 가정은 반응변수에 대한 오차값들이 정규분포를 따른다는 것이다. 즉, 오차들이 어떤 특정 패턴들을 띠지 않고 임의로 분포되어 있다는 것이다.
- **오차의 등분산성** : 이 가정은 설명변수의 값에 상관없이 반응변수에 대한 오차항들이 동일한 분산을 갖는다는 것이다. 실제 적용에 있어서 만약 반응변수의 값들이 광범위한 값들을 갖게 되는 경우에는 성립하지 않을 수 있다.
- **다중공선성** : 이 가정은 설명변수들 간에 강한 상관관계가 없어야 한다는 것이다. 이것은 특정 모형에 대해서 필요한 동일한 정보를 다른 값들로 표현하면 안 되는 경우에 해당된다. 이러한 다중공선성은 완전히 일치하는 2개 이상의 설명변수가 모형에 포함될 경우에 발생하게 된다. 이를 해결하기 위해서는 설명변수 간의 상관관계를 고려한 데이터 분석이 필요하다.

이 같은 가정들이 위배되는지를 분석하기 위한 통계적 기법들이 개발되었고, 또한 이 가정의 위배에 따른 영향을 최소화하기 위한 기법들도 만들어졌다. 보다 정교하게 데이터를 분석하기 위해서는 수집된 데이터를 대상으로 분석 모형이 이러한 가정과 부합하는지에 대한 평가가 이루어져야 한다.

로지스틱 회귀분석

로지스틱 회귀분석은 지도학습에 기반한 확률적 분류 알고리즘으로 널리 사용되는 통계적 기법이다. 이 기법은 1940년대에 선형회귀분석과 선형 판별 기법을 보완하면서 개발되었다. 이후 의료 분야와 사회과학 분야 등과 같은 다양한 분야에서 광범위하게 사용되었다. 로지스틱 회귀분석은 관측값들을 훈련 데이터로 이용하여 설명변수와 반응변수 간의 관계를 수학적 함수로 표현한다는 점에서 선형회귀분석과 유사하다. 반면에 로지스틱 회귀분석의 결과로 얻어지는 반응변수의 출력이 특정 수치적 값이 아니라 어떠한 부류에 속하는지에 대한 분류라는 점에서는 매우 다르다. 즉, 선형회귀분석은 연속적 값을 갖는 수치에 대한 예측을 목적으로 하지만, 로지스틱 회귀분석은 부류변수에 대한 분류를 목적으로 한다. 초기의 로지스틱 회귀분석은 0 혹은 1, 예 혹은 아니요, 합격 혹은 불합격, 허용 혹은 거부 등과 같은 이진분류에 사용되었지만, 최근에는 다항 로지스틱 회귀분석과 같이 다양한 복수부류로 분류할 수 있도록 보완해서 사용된다. 하나의 예측변수만을 이용하여 하나의 결과변수를 예측하는 경우를 단순 로지스틱 회귀분석이라고 부르는데, 이것은 선형회귀분석에서 하나의 설명변수(독립변수)만을 사용할 때 단순선형회귀분석이라고 부르는 것과 같다.

예측적 애널리틱스에서 로지스틱 회귀분석은 하나 혹은 그 이상의 예측변수인 설명변수와 부류의 형태인 반응변수 간의 확률적 모형을 수립하는 데 사용된다. 이때 설명변수는 연속값과 범주형 값을 갖는 변수일 수도 있고, 반응변수는 이진부류의 변수일 수도 있으며 다수의 분류 변수일 수도 있다. 일반적인 선형회귀분석과는 다르게 로지스틱 회귀분석은 반응변수가 어떤 부류에 속하는지에 대한 범주를 예측하는 데 사용되는데, 이것은 반응변수를 베르누이 시행의 결과값으로 간주하는 것과 같

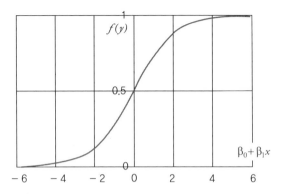

그림 5.13 로지스틱 함수

다. 따라서 로지스틱 회귀분석에서는 반응변수의 값을 적절한 부류로 분류하기 위해서 로짓(logit) 변형을 통해 반응변수의 승산(odds)값에 자연로그를 취하여 표현한다. 로지스틱 회귀분석에서 이 로짓 변형을 링크함수라고도 부르는데, 로짓 변형의 값은 반응변수가 범주형 변수이거나 이항변수일지라도 연속적인 값을 갖게 된다.

그림 5.13의 로지스틱 회귀함수에서 x축은 승산값을 나타내고 y축은 결과에 대한 확률을 나타낸다.

그림 5.13의 로지스틱 함수 $f(y)$의 값은 0과 1 사이의 값을 갖는데, 다음 식이 이 함수를 표현하는 간단한 수식이다.

$$f(y) = \frac{1}{1 + e^{-(\beta_0 + \beta_1 x)}}$$

로지스틱 회귀함수의 계수들은 최대 우도추정법에 의해 추정되는 값이다. 오차들의 분포를 정규분포로 가정하는 선형회귀분석과는 달리 우도함수를 최대화시킬 수 있는 계수의 정확한 값을 구하는 것이 불가능하므로 반복적인 계산법을 이용해 근사해를 찾는다. 이 과정은 임의의 초기해를 가지고 시작하여 개선되는 방향으로 조금씩 변수들을 변화시켜 나가는 방법이다. 이를 계속적으로 반복하면서 더 이상의 개선이 이루어지지 않거나 개선의 양이 매우 적으면 해답에 수렴한 것으로 판단하여 멈춘다.

시계열 예측

때로는 분석하고자 하는 반응변수에 대한 명확한 설명변수를 찾기 힘들거나 혹은 이와 반대로 너무 많은 설명변수가 존재할 수도 있다. 이때는 시계열 예측과 같은 모형이 사용될 수 있다. 시계열 예측에 사용되는 데이터는 연속적인 시간 단위로 측정되어 일정 시간 간격 단위로 나타나는 데이터들이다. 이런 데이터들의 예로는 특정 지역의 월별 강수량, 주식시장에서의 일일 종가, 식료품점에서의 일일 판매량 등이다. 이러한 시계열 데이터들은 선형 차트와 같은 형태를 이용하여 그림으로 표현할 수 있다. 그림 5.14는 2008년부터 2012년까지의 분기별 판매량 데이터이다.

 시계열 예측은 과거의 관측값 데이터를 기반으로 알아내고자 하는 변수의 향후 예측값을 수학적 모형을 통해 예측하는 것이다. 시계열 데이터에

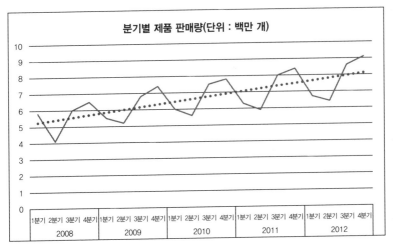

그림 5.14 분기별 판매량의 시계열 데이터 표본

대한 산점도나 차트 등은 시간변수에 따른 반응변수의 변화를 나타낸다는 점에서 회귀 산점도와 유사하다. 비록 이런 유사점이 있기는 하지만, 두 기법은 여러 면에서 거의 공통점이 없을 정도로 매우 다르다. 회귀분석은 주로 하나 혹은 그 이상의 설명변수의 값이 주어질 경우 반응변수에 어떤 영향을 미칠 것인지에 대해 알아내기 위해 사용되지만, 시계열 예측은 시간의 흐름에 따른 미래의 값을 추정하는 데에 초점을 맞춘다.

시계열 예측은 모든 설명변수들의 영향이 시간에 따라 반응변수의 값에 반영되어 있다는 가정을 한다. 따라서 시간에 따른 변화 추이를 알아내기 위해서 반응변수에 대한 미래의 값을 예측하는 것이다. 그러기 위해서는 변화 추이에 대한 패턴들을 분석하여 주요 요소들로 나누어 고려해 볼 수 있는데, 특정 패턴을 따르지 않는 임의의 변화, 시간의 흐름에 따른 증감 트렌드, 계절적 요인에 의한 순환반복 등이 있을 수 있다. 그림 5.14에 나타나 있는 시계열 데이터 예에 이러한 패턴들이 포함되어 있음을 알 수 있다.

시계열 예측을 위한 기법들은 직전의 관측값을 바로 다음의 예측값으로 사용하는 단순한 기법부터 자기회귀와 이동평균 패턴을 조합한 ARIMA 등과 같은 복잡한 기법들이 있다. 평균을 이용한 단순평균, 이동평균, 가중이동평균, 지수평활법과 같은 기법들이 가장 널리 사용된다. 이런 각각의 기법들도 계절성이나 트렌드를 고려해서 예측의 정확도를 향상시킬 수 있는 보다 진보된 기법으로 발전되어 왔다. 이들의 정확도를 평가하기 위해서 과거 관측값에 대한 실제값과 예측값의 차이인 오차를 이용하는데, 오차를 계산하는 방법에는 평균 절대오차(mean absolute error, MAE), 평균 제곱오차(mean squared error, MSE), 평균 절대백분율 오차(mean absolute percent error, MAPE) 등이 있다. 이 모든 방법들에서 오차 자체를 측정하는 것은 동일하지만, 오차에 대한 가중치를 다르게 고려해서 어떤 오차들은 다른 오차들에 비해서 중요하게 고려할 수도 있다.

응용 예

의료 분야에서의 데이터마이닝

헬스케어 분야는 전 세계에 걸쳐 인간의 삶의 질과 관련된 매우 중요한 분야가 되었다. 고령화로 인해 헬스케어 서비스에 대한 수요는 꾸준하게 증가하고 있는 반면에 요구되는 수준의 품질을 만족하는 서비스를 제공하는 데에는 어려움을 겪고 있다. 이러한 차이를 해소하기 위해서는 헬스케어 시스템들이 효과적이고 효율적으로 운영되도록 대폭 개선되어야 한다. 그러기 위해서는 정확한 진단, 적절한 치료와 같은 효과적 운영과 함께 최소의 비용과 시간으로 운영될 수 있는 효율성도 확보해야 한다. 방대한 양의 정교한 데이터를 바탕으로 정확하고 신속한 의사결정을 지원할 수 있는 예측적 모델링 기법이 헬스케어 시스템을 개선할 수 있을 것으로 기대된다.

미국심장협회에 따르면 미국인 사망의 20% 이상이 심혈관계 질병에 기인한다. 이 질병은 1900년 이래로 대독감이 유행했던 1918년 단 한 해만을 제외하고 항상 가장 많은 사망자를 초래하였다. 심지어 심혈관계 질병에 의한 사망자 수는 암, 만성하부호흡기질병, 사고, 당뇨병에 의한 사망자 모두를 합한 수보다 더 크다. 심혈관계 질병의 반 이상이 관상동맥질환에 기인하는 것으로 알려져 있다. 이는 커다란 인명의 희생과 함께 인류의 번영을 저해할 뿐만 아니라 미국을 포함한 전 세계 헬스케어 자원에 대한 막대한 낭비를 초래한다. 심혈관계 질병으로 인한 직간접적인 비용은 연간 5천억 달러에 이른다. 심혈관계 질병의 변형을 치료하기 위한 일반적인 수술적 시술을 관상동맥 대체혈관 이식수술이라 부르는데, 이 비용은 환자와 의료진에 따라 다르지만 미국에서의 평균 비용이 5만 달러에서 10만 달러에 이른다. 델렌과 그의 동료 연구자들은 관상동맥 대체혈관 이식수술의 결과를 예측하기 위해서 다양한 예측 모형을 사용하여 분석연구를 수행하였는데(Delen et al., 2012), 이 수술의 영향인자를 파악하기 위해 학습된 모형에 대한 정보확산 기반의 민감도 분석을 적용하였다. 이 연구의 주 목적은 대규모의 다양한 정보를 바탕으로 한 예측과 분석이 헬스케어 분야에서 효율적이고 효과적인 의사결정을 내리는 데 중요한 정보를 제공할 수 있다는 것을 실증하기 위함이다.

연구방법

그림 5.15는 연구자들이 사용한 모형 개발과 검증 프로세스를 보여주고 있다. 그들은 인공신경망, 지지벡터기계, 두 종류의 의사결정나무인 C5와 CART의 총 네 가지의 예측모형을 적용하였으며, 광범위한 실험을 통해 각 모형의 매개변수들을 결정하였다. 모형을 만든 후에는 그 모형을 텍스트 데이터 집합에 적용하였다. 마지막 단계로 학습된 모형을 대상으로 민감도 분석을 실시하여 각 변수들의 기여도를 측정하였다. 표 5.2에 네 가

지 종류의 예측 모형에 대한 실험결과가 나타나 있다.

연구결과

이 연구를 통해 델렌과 그의 동료 연구자들은 관상동맥 대체혈관 이식수술과 같은 복잡한 의료문제에서 결과를 예측하고 영향요소들을 분석하는 데 데이터마이닝이 유용함을 보여주었다. 그들은 또한 다양한 예측 모형들을 사용하는 것이 하나의 모형만을 사용하는 것보다 여러 실험상황을 분석하는 데 더 좋은 예측력을 가지고 설명할 수 있음을 보였다. 그들이 사용한 네 가지의 모형 중에서 지지벡터기계가 학습 데이터 표본에 대해 88%의

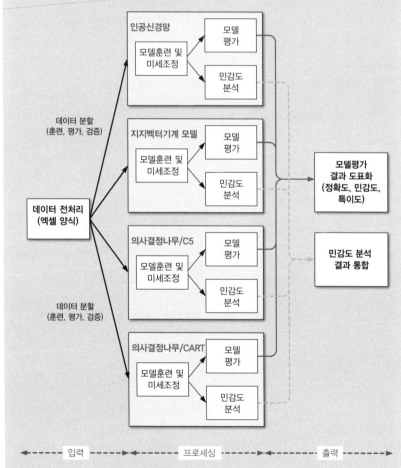

그림 5.15 네 가지 예측 모형의 훈련과 검증의 순서도

표 5.2 | 검증 데이터 집합에 의한 네 모형 형태의 예측 정확도 결과

모형 형태*		오류행렬		정확도†	민감도†	특이도†
		참(1)	거짓(2)			
ANN	참(1)	749	230	74.72%	76.51%	72.93%
	거짓(0)	265	714			
SVM	참(1)	876	103	87.74%	89.48%	86.01%
	거짓(0)	137	842			
C5	참(1)	876	103	79.62%	80.29%	78.96%
	거짓(0)	137	842			
CART	참(1)	660	319	71.15%	67.42%	74.87%
	거짓(0)	246	733			

* 모형 약어 : ANN-인공신경망, SVM : 지지벡터기계 기계, C5 : 널리 쓰이는 의사결정나무 알고리즘, CART : 분류 및 회귀나무
** 테스트 데이터에 대한 예측결과로 행은 실제 데이터, 열은 예측값을 보여줌.
† 정확도, 민감도, 특이도가 예측 모형의 성능을 비교하는 기준으로 사용됨.
출처 : Delen, D., A. Oztekin, & L. Tomak, "An analytic approach to better understanding and management of coronary surgeries," *Decision Support Systems*, 52(3) (2012): 698-705.

예측력을 보여 가장 좋은 결과를 도출하였다. 정보 확산 기반의 민감도 분석을 통해 독립 변수들의 중요도 면에서의 순위도 밝힐 수 있었다. 이 분석을 통해 확인된 주요 변수들이 기존에 수행되었던 의료적, 생물학적 연구결과를 통해 확인된 주요 변수들과 상당히 일치하는 것으로 밝혀져 데이터마이닝에 대한 접근의 효과성이 검증되었다.

　헬스케어 시스템의 경영적 측면에서 데이터마이닝을 사용하는 의사결정 시스템이 관리자나 전문적 의료진을 대체할 수 있다는 것은 아니다. 오히려 그들이 정확하고 신속한 결정을 내리고 의료자원을 최적으로 할당해서 의료서비스의 품질과 성능을 증가시킬 수 있도록 지원하는 것이다. 이러한 의사결정지원 도구들이 헬스케어 분야에 광범위하게 도입되기 위해서는 아직 해결해야 할 점들이 많이 남아 있다. 그 밖에 이 도구들을 도입하는데 방해요소로 작용하는 심리적, 도덕적, 법률적 이유들도 있다. 아마도 더 나은 헬스케어 시스템을 위한 요구와 이에 부합하는 제도적 지원 등을 통해 의사결정 도구의 도입이 빨라질 수 있을 것이다.

출처 : Delen, D., A. Oztekin, & L. Tomak, "An analytic approach to better understanding and management of coronary surgeries," Decision Support Systems, 52 (3) (2012) : 698-705.

참고문헌

Aizerman, M., E. Braverman, & L. Rozonoer. (1964). "Theoretical Foundations of the Potential Function Method in Pattern Recognition Learning," *Automation and Remote Control*, 25: 821-837.

Collins, E., S. Ghosh, & C. L. Scofield. (1988). "An Application of a Multiple Neural Network Learning System to Emulation of Mortgage Underwriting Judgments." *IEEE International Conference on Neural Networks*, 2: 459-466.

Das, R., I. Turkoglu, & A. Sengur. (2009). "Effective Diagnosis of Heart Disease Through Neural Networks Ensembles," *Expert Systems with Applications*, 36: 7675-7680.

Delen, D., A. Oztekin, & L. Tomak. (2012). "An analytic approach to better understanding and management of coronary surgeries," *Decision Support Systems*, 52(3): 698-705.

Delen, D., R. Sharda, & M. Bessonov. (2006). "Identifying Significant Predictors of Injury Severity in Traffic Accidents Using a Series of Artificial Neural Networks," *Accident Analysis and Prevention*, 38(3): 434-444.

Delen, D., & E. Sirakaya. (2006). "Determining the Efficacy of Data-Mining Methods in Predicting Gaming Ballot Outcomes," *Journal of Hospitality & Tourism Research*, 30(3): 313-332.

Fadlalla, A., & C. Lin. (2001). "An Analysis of the Applications of Neural Networks in Finance," *Interfaces*, 31(4).

Haykin, S. S. (2009). *Neural Networks and Learning Machines*, 3rd ed. Upper Saddle River, NJ: Prentice Hall.

Hill, T., T. Marquez, M. O'Connor, & M. Remus. (1994). "Neural Network Models for Forecasting and Decision Making," *International Journal of Forecasting*, 10.

Hopfield, J. (1982). "Neural Networks and Physical Systems with Emergent Collective Computational Abilities," *Proceedings of the National Academy of Science*, 79(8).

Liang, T. P. (1992). "A Composite Approach to Automated Knowledge Acquisition," *Management Science*, 38(1).

Loeffelholz, B., E. Bednar, & K. W. Bauer. (2009). "Predicting NBA Games Using Neural Networks," *Journal of Quantitative Analysis in Sports*, 5(1).

McCulloch, W. S., & W. H. Pitts. (1943). "A Logical Calculus of the Ideas Imminent in Nervous Activity," *Bulletin of Mathematical Biophysics*, 5.

Minsky, M., & S. Papert. (1969). *Perceptrons*. Cambridge, MA: MIT Press.

Piatesky-Shapiro, G. *ISR: Microsoft Success Using Neural Network for Direct Marketing*, http://kdnuggets.com/news/94/n9.txt (accessed May 2009).

Principe, J. C., N. R. Euliano, & W. C. Lefebvre. (2000). *Neural and Adaptive Systems: Fundamentals Through Simulations*. New York: Wiley.

Sirakaya, E., D. Delen, & H-S. Choi. (2005). "Forecasting Gaming Referenda," *Annals of Tourism Research*, 32(1): 127-149.

Tang, Z., C. de Almieda, & P. Fishwick. (1991). "Time-Series Forecasting Using Neural Networks vs. Box-Jenkins Methodology," *Simulation*, 57(5).

Walczak, S., W. E. Pofahi, & R. J. Scorpio. (2002). "A Decision Support Tool for Allocating Hospital Bed Resources and Determining Required Acuity of Care," *Decision Support Systems*, 34(4).

Wallace, M. P. (2008, July). "Neural Networks and Their Applications in Finance," *Business Intelligence Journal*, 67-76.

Wen, U-P., K-M. Lan, & H-S. Shih. (2009). "A Review of Hopfield Neural Networks for Solving Mathematical Programming Problems," *European Journal of Operational Research*, 198: 675-687.

Wilson, C. I., & L. Threapleton. (2003, May 17-22). "Application of Artificial Intelligence for Predicting Beer Flavours from Chemical Analysis," *Proceedings of the 29th European Brewery Congress*, Dublin, Ireland. http://neurosolutions.com/resources/apps/beer.html (accessed May 2009).

Wilson, R., & R. Sharda. (1994). "Bankruptcy Prediction Using Neural Networks," *Decision Support Systems*, 11.

Zahedi, F. (1993). *Intelligent Systems for Business: Expert Systems with Neural Networks*. Belmont, CA: Wadsworth.

제6장

텍스트 애널리틱스와 감성분석

현대 정보시대의 특징 중 하나는 전자적인 형태로 수집되고 저장되며 사용가능한 데이터의 양이 급격히 늘어나고 있다는 점이다. 엄청난 양의 비즈니스 데이터 가운데 대부분이 사실상 비정형인 텍스트 문서로 저장된다. 메릴린치와 가트너의 연구에 의하면, 모든 기업의 데이터 중 85%가 여러 비정형적인 형태로 만들어지고 저장된다(McKnight, 2005). 또한 동일한 연구에서 이 비정형 데이터는 매 18개월마다 그 크기가 두 배로 늘고 있다고 주장한다. 오늘날 비즈니스 세상에서 지식은 힘이고 그 지식은 데이터와 정보로부터 나오기 때문에, 텍스트 데이터 소스를 효과적이고 효율적으로 활용하는 기업들은 더 나은 의사결정을 내리는 데에 필요한 지식을 가질 수 있어서 이에 뒤쳐진 기업들에 비해 경쟁 우위를 가지게 될 것이다. 이로써 오늘날의 기업환경이라고 하는 큰 그림에 텍스트 애널리틱스와 텍스트마이닝에 대한 니즈가 들어맞게 된다.

텍스트 애널리틱스와 텍스트마이닝 모두 비정형인 텍스트 형태의 데이터에 자연언어처리(NLP)와 애널리틱스를 응용함으로써 실천 가능한 정보로 바꾸는 것이 목표이기는 하지만, 그 정의들은 적어도 이 분야 전문가들에게 있어서는 좀 다르다. 이들에 따르면 텍스트 애널리틱스는 정보추출, 데이터마이닝, 웹마이닝 등과 함께 정보검색(예를 들어, 어떤 주어진 핵심용어들에 대하여 적절한 문서들을 탐색하고 찾아내는 것)을 포함하는 광범위한 개념인 반면, 텍스트마이닝은 주로 텍스트로 된 데이터 소스로부터 새롭고 유용한 지식을 발견하는 데에 초점을 둔다.

그림 6.1은 텍스트 애널리틱스와 텍스트마이닝 간의 관계를 다른 관련 응용 분야와 함께 보이고 있다. 그림 아래에는 이렇게 인기가 높아지는 데에 매우 중요한 역할을 하는 주된 원리(집의 기초)들을 나열하고 있다.

텍스트마이닝에 비해 텍스트 애널리틱스는 상대적으로 새로운 용어이다. 최근 애널리틱스를 강조하면서 기술적으로 관련이 있는 많은 응용 분야들(이를테면 소비자 애널리틱스, 완성적 애널리틱스, 시각화 애널리틱

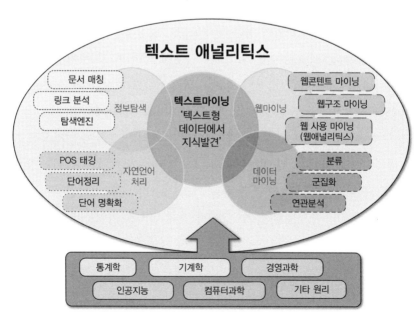

그림 6.1 텍스트마이닝과 주된 원리

스, 소셜 애널리틱스)이 애널리틱스 시류에 편승하였다. 텍스트 애널리틱스라는 용어는 주로 비즈니스 응용 상황에서 흔히 사용되었던 반면, 텍스트마이닝은 학문적 연구영역에서 자주 사용되었다. 이들 용어가 약간 다르게 정의되었지만 텍스트 애널리틱스와 텍스트마이닝은 대개 동의어로 사용된다.

텍스트마이닝(텍스트 데이터마이닝 또는 텍스트 데이터베이스에서의 지식발견이라고도 함)은 대용량의 비정형 데이터로부터 패턴(즉, 유용한 정보와 지식)을 추출하는 반자동화된 과정이다. 데이터마이닝이 범주형, 순서형 또는 연속형 변수에 의해 정형화되어 레코드로 정리가 된 정형 데이터베이스에 저장된 데이터에서 타당하고 새로우며 잠재적으로 유용하고 궁극적으로는 이해할 수 있는 패턴들을 확인하는 과정임을 상기하라. 텍스트마이닝은 목적과 사용하는 과정이 같다는 점에서 데이터마이닝과 동일하지만, 텍스트마이닝 과정에서 사용하는 입력물은 워드문서나 PDF 파일, 텍스트 요약, XML 파일 등과 같은 비정형(또는 덜 정형화된) 데이터 파일들의 집합이다. 근본적으로 텍스트마이닝은 텍스트 기반의 데이터 소스에 구조를 입히는 것으로부터 출발해서 데이터마이닝 기술과 도구들을 사용하여 이 정형화된 텍스트 기반 데이터로부터 적절한 정보와 지식을 추출하는 과정이라고 생각할 수 있다.

텍스트마이닝은 법률(예 : 법원 명령), 학술연구(예 : 연구논문), 재정(예 : 분기별 보고서), 제약(예 : 퇴원수속 서류), 생물학(예 : 분자의 상호작용), 기술(예 : 특허 출원) 그리고 마케팅(예 : 고객의견) 등과 같이 엄청나게 많은 텍스트형 데이터가 만들어지는 분야들에서 그 장점이 두드러진다. 예를 들어, 불평(또는 칭찬)이나 품질보증 신청의 형태로 이루어지는 고객들과의 자유형식의 텍스트 기반 상호 소통을 통해 제품과 서비스에서 부족한 부분을 객관적으로 밝혀내서 제품개발과 서비스 할당 방식을 개선할 수 있다. 시장조사나 집중집단 등도 많은 양의 데이터를 만들어낸다. 고객들은 정형적인 문자나 데이터 형태가 아니어도 기업의 제품과 서비스에 대해 생각하는 것을 자신들의 언어로 제시할 수 있다.

　비정형 텍스트의 자동화 처리가 큰 영향을 주는 또 다른 분야는 이메일과 기타 전자적 통신이다. 텍스트마이닝은 스팸메일을 분류하고 걸러내는 데에 사용될 뿐만 아니라 중요도에 따라 이메일의 우선순위를 자동적으로 구분하거나 자동 응답문을 만들어내기도 한다(Weng과 Liu, 2004). 다음은 텍스트마이닝이 가장 널리 쓰이는 분야들이다.

- **정보추출** : 텍스트마이닝은 미리 정해진 객체와 순차들을 패턴 매칭으로 찾아내어 텍스트 안의 중요 어구와 관계들을 확인한다. 아마도 가장 널리 사용되는 정보추출 형태는 객체추출일 것이다. 객체추출이란 이름이 있는(named) 객체의 이름 인식(해당 분야의 기존 지식을 사용하여 사람이나 기관, 장소의 이름, 시간의 표현, 일정 형태의 수치 표현 등에 대해 알려진 객체 이름의 인식), 동일 지시어 찾기(텍스트 객체 간에 동일 지시어나 전방조응적 연결을 찾아내는 것), 그리고 관계 추출(객체 간의 관계를 확인) 등을 뜻한다.
- **주제 추적** : 텍스트마이닝은 사용자의 프로필과 사용자가 본 문서들을 바탕으로 그 사용자가 관심을 가질 만한 다른 문서들을 예측할 수 있다.
- **요약** : 텍스트마이닝은 독자가 시간을 절약하도록 문서를 요약할 수 있다.
- **범주화** : 문서의 주된 주제를 찾아내서 그 주제에 맞게 미리 정해진 범주로 문서를 이동한다.
- **군집화** : 미리 정해진 범주가 없어도 유사한 문서들끼리 모아줄 수 있다.
- **개념의 연결** : 공통된 개념들을 찾아냄으로써 관련 문서들을 연결하

고, 이로써 사용자로 하여금 기존의 탐색법으로는 찾을 수 없던 정
보들을 찾게 도와줄 수 있다.

- **질의응답** : 주어진 질의에 대해 지식 구동 패턴 매칭을 통해 가장 좋
은 답변을 찾는다.

텍스트마이닝은 여러 가지 기술적인 용어 및 약어 등 자체의 언어를 가
지고 있다. 텍스트마이닝에서 보통 사용되는 몇 가지 용어들과 개념들은
다음과 같다.

- **비정형 데이터**(vs. **정형 데이터**) : 정형 데이터는 미리 정해진 형식이
있다. 대개는 간단한 데이터값(범주형, 순서형, 연속형 변수들)을 가
지는 레코드로 구성되어 있으며 데이터베이스에 저장한다. 반면에
비정형 데이터는 미리 정해진 형식이 없고 텍스트 형태의 문서로 저
장된다. 근본적으로 정형 데이터는 컴퓨터 처리가 목적이고 비정형
데이터는 인간이 처리하고 이해하기 위한 것이다.

- **말뭉치** : 언어학에서 말뭉치(corpus, 복수형은 corpora)란 지식을 발
견하기 위해 준비된 크고 정형화된 텍스트의 집합이며, 대개 전자적
으로 처리하고 저장한다.

- **용어** : 용어는 자연언어 처리(natural language processing, NLP)방법
에 의해 특정 영역에서의 말뭉치로부터 직접 뽑아낸 단일단어 또는
복수의 단어 구문이다.

- **개념** : 개념이란 수작업이나 통계적, 규칙 기반 또는 복합적인 범주
화 방법에 의해 여러 문서들로부터 만들어지는 특성들이다. 개념은
용어보다는 더 높은 수준의 추상화에 의해 얻어진다.

- **어간 만들기** : 어간 만들기(stemming)는 어미변화한 단어를 그 어
간(기본형 또는 어근)의 형태로 줄여가는 과정이다. 예를 들어,
stemmer, stemming, stemmed는 모두 어간이 stem이다.

- **정지 단어** : 정지 단어(또는 잡음 단어)는 자연언어 데이터(즉, 텍스트)의 처리 전 또는 후에 걸러지는 단어들이다. 널리 공용으로 사용되는 정지 단어의 목록이 있지는 않으나 대부분의 NLP 도구들은 관사(a, an, the, of 등), 보조동사(is, are, was, were 등)와 다른 것과 차별성을 가지지 않는 각각의 상황에 따른 특정 단어들의 목록을 사용한다.

- **동의어와 다의어** : 동의어는 똑같거나 적어도 흡사한 의미를 가지지만 문장론상 서로 다른(즉, 철자가 다른) 단어들이다(예 : movie, film, motion picture는 모두 영화를 뜻하는 동의어). 반면에 다의어는 동형이의어라고도 하는데, 문장론적으로는 동일(즉, 철자가 완전히 동일)하지만 다른 의미를 가지는 단어이다. 예를 들어, bow는 '허리를 앞으로 구부리다', '뱃머리', '활', 또는 '나비매듭'이라는 뜻이 있다.

- **토큰화** : 토큰(token)이란 문장에서 범주화된 텍스트의 덩어리(block)이다. 토큰에 해당하는 텍스트 덩어리는 그것이 수행하는 기능에 따라 범주를 나눈다. 이렇게 텍스트 덩어리에 의미를 부여하는 것을 토큰화라고 한다. 토큰은 어떤 형태로도 가능하다. 다만 정형화된 텍스트에서 유의미한 부분이면 된다.

- **용어사전** : 용어사전은 말뭉치 내에서 추출된 용어들을 어떤 좁은 분야에 한정되어 사용하도록 한 용어들의 집합이다.

- **단어 빈도수** : 한 단어가 특정 문서에서 나타나는 횟수이다.

- **품사 매기기**(part-of-speech tagging) : 텍스트 내의 단어들마다 각 단어의 정의와 그것이 사용된 곳의 문맥에 따라 해당 품사(예 : 명사, 동사, 형용사, 부사)를 매겨서 표시하는 절차이다.

- **형태론** : 형태론은 언어학의 한 분야로써, 단어의 내부구조, 즉 한 언어 또는 여러 언어들 내에서 단어가 형성되는 패턴을 연구하는 자연

언어 처리의 일부이다.

- **용어 대 문서행렬(발생행렬)** : 이 행렬은 용어와 문서 간의 빈도수에 따른 관계를 표 형태로 나타내는 도표인데 용어들을 행에, 문서들을 열에 두고 그 용어와 문서 간의 빈도수를 정수값으로 각 항에 나열한다.
- **특이값 분해(잠재 의미의 찾아보기화)** : 주성분 분석과 유사한 행렬 조작방법을 사용하여 빈도수의 중간 표현을 만들어냄으로써 용어 대 문서 행렬을 변환하여 적절한 크기로 축소하는 데에 사용하는 차원 축소법이다.

자연언어 처리

초기의 몇 가지 텍스트마이닝 응용 분야 중에는 텍스트 기반의 문서집합에 구조를 도입할 때 이들을 2개 이상의 미리 정해진 부류로 분류하거나 자연스런 군집으로 만들기 위해서 단어가방(bag-of-words)이라고 하는 단순화된 표현방법을 사용하였다. 단어가방 모형에서는 문장, 문단 또는 전체 문서 등과 같은 텍스트를 단어의 집합으로 표현하는데, 문법이나 그 단어들이 나타나는 순서 등은 무시한다. 단어가방 모형은 아직도 일부 간단한 문서분류 도구에서 사용되고 있다. 예를 들어, 스팸메일 걸러내기에서 이메일 메시지를 단순히 순서 없는 단어들의 집합(단어가방)으로 모형화하고 미리 정해진 2개의 가방과 비교한다. 가방 하나는 스팸 메시지에서 발견되는 단어들로 채워진 것이고 다른 가방은 보통의 이메일에서 볼 수 있는 단어들이 들어 있다. 일부 단어들은 2개의 가방에 모두 들어 있지만 사용자의 친구나 일터에 관련이 있는 단어들을 더 많이 포함하고 있을 보통의 가방에 비해 '스팸' 가방에서는 주식시장, 비아그라, 구입 등과 같이 스팸과 관련이 있는 단어들을 훨씬 더 많이 가지고 있을 것이다. 특

정 이메일의 단어가방이, 서술자들을 포함한 두 가방들과 얼마만큼 일치
하는가로 스팸 여부를 결정한다.

하지만 원래 우리 인간은 단어들을 순서나 구문 없이 사용하지 않는
다. 단어들은 통사론적 구조(syntactic structure)와 더불어 의미론적 구조
(semantic structure)도 가지고 있는 문장 안에서 사용한다. 그러므로 자동
화된 기술(이를테면 텍스트마이닝)이라면 단어가방 식의 해석을 넘어 보
다 많은 의미론적 구조를 포함할 수 있는 방법을 찾아야만 한다. 텍스트
마이닝에서 현재의 경향은 자연언어 처리를 사용하여 얻을 수 있는 많은
향상된 특성들을 포함시키는 것이다.

단어가방방법은 텍스트마이닝을 할 때(예 : 분류, 군집화, 연관) 그다
지 좋은 정보내용을 만들어내지 못할 수도 있다고 알려졌다. 그 좋은 예
는 증거기반 의학에서 찾을 수 있다. 증거기반 의학의 핵심은 의료의사
결정 과정에 가장 좋은 가용한 연구결과들을 활용하는데, 출판매체로
부터 수집된 정보들의 타당성과 적합성을 평가하는 것을 포함한다. 메
릴랜드 대학교 연구진은 단어가방법을 사용해서 증거평가 모형을 개발
하였다(Lin과 Demner-Fushman, 2005). 이들은 기계학습법을 사용하여
MEDLINE(Medical Literature Analysis and Retrieval System)에서 50만
개 이상의 연구논문들을 수집하였다. 이 모형은 각 초록들을 단어가방
으로 나타냈는데 어간으로 만든 각각의 용어들을 특성으로 표현하였다.
검증된 실험계획법과 함께 잘 알려진 분류방법을 사용했지만 그들의 예
측결과는 단순한 추측보다 나을게 없었으며, 이로써 단어가방법은 이 분
야에서 연구논문들에 대해 충분히 좋은 결과를 만들어내지 못함을 알
게 되었다. 따라서 자연언어 처리(NLP)와 같은 보다 진보된 기법이 필요
하다.

NLP는 텍스트마이닝의 중요한 요소이며, 인공지능과 컴퓨터언어학의
하부 분야이다. 이것은 컴퓨터 프로그램이 텍스트로 된 문서와 같은 인간

언어의 표현물을 다루기 쉽도록 형식을 더 갖춘, 즉 숫자와 기호의 형태를 가진 표현물로 변환하겠다는 목표 아래 인간의 자연언어를 이해하는 문제를 연구한다. NLP의 목표는 구문론에 의한 텍스트 다루기(종종 '단어 개수 세기'라고도 함)를 벗어나서 상황과 함께 문법과 의미론적 제약 사항을 고려하며 자연언어를 진정으로 이해하고 처리하고자 한다.

이해(understanding)라는 단어의 정의와 범위는 NLP에서 중요한 논쟁 주제 중의 하나이다. 인간의 자연언어는 모호하며, 의미를 정말로 이해하는 데에는 단어, 문장 그리고 문단 안에 무엇이 있는가를 넘어서 주제에 대한 광범위한 지식을 필요로 한다. 컴퓨터가 과연 인간이 하는 것과 같은 방식으로, 그리고 동일한 정확도로 자연언어를 이해할 수 있을까? 아마 아닐 것이다! NLP는 단순히 단어 개수를 세던 시절로부터 많이 지나왔지만 인간의 자연언어를 정말로 이해하려면 가야 할 길이 훨씬 더 많이 남아 있다. NLP를 실행함에 있어서 일반적으로 관련된 몇 가지 과제들은 다음과 같다.

- **품사 매기기** : 텍스트에 있는 용어들에 해당 품사(예 : 명사, 동사, 형용사, 부사)들을 매기는 것은 품사가 그 용어의 정의에 따라서만 정해지는 것이 아니라 그 용어가 사용되는 상황에 의해서도 정해지므로 쉬운 일은 아니다.
- **텍스트 분리** : 중국어나 일본어, 태국어 등의 언어들은 단일 단어에 경계가 없다. 이 경우에는 텍스트 파싱(parsing) 작업으로 단어의 경계를 밝혀야 하는데, 대부분 어려운 작업이다. 대화 언어를 분석할 때에는 연속된 글자들과 단어들을 표현하는 소리들이 서로 섞여버리기 때문에 언어 분리에서도 이와 유사한 문제가 나타나고 있다.
- **단어 의미의 명료화** : 대부분의 단어들은 하나 이상의 의미를 가진다. 가장 뜻이 통하는 의미를 선택하기 위해서는 그 단어가 사용되는 문

맥을 고려하지 않으면 안 된다.

- **문장 구성상의 모호함** : 자연언어의 문법은 모호한 점이 많다. 즉, 대부분 여러 개의 가능한 문장구조를 고려해야 한다. 가장 적절한 구조를 선택하기 위해서는 대개 의미론과 문맥상의 정보를 혼합해야 한다.

- **불완전하거나 불규칙한 입력** : 대화에서 외국어나 지방 사투리 및 더듬거리는 말투와 텍스트에서의 오타나 문법적 실수 등은 언어처리를 더욱 어렵게 만든다.

- **대화 중 행동** : 어떤 문장은 종종 어떤 행동을 필요로 하는 경우가 있다. 문장구조만으로는 그 행동을 규정하는 충분한 정보를 가지지 못할 수도 있다. 예를 들어, "시험에 합격할 수 있어?"는 간단히 예/아니요 대답만 하면 되겠지만 "소금 좀 건네줘(pass)"는 특정한 신체적 행동을 필요로 한다.

인공지능 학계에서는 오랫동안 텍스트를 자동적으로 읽고 이로부터 지식을 얻을 수 있는 알고리즘을 만들고자 꿈꾸어 왔다. 스탠포드 대학교의 NLP 연구실은 파싱한 텍스트에 학습 알고리즘을 적용해서 텍스트로부터 자동으로 개념 및 개념들 간의 상호관계들을 찾아내는 방법을 개발해왔다. 그들의 알고리즘은 많은 양의 텍스트에 특별한 방법을 적용해서 전 세계로부터 자동적으로 수십만 가지의 지식들을 획득하고, 이를 이용하여 매우 훌륭한 WordNet 저장소를 만들어낸다. WordNet은 영어단어들과 그것들의 뜻, 동의어들 그리고 동의어 집합들 간의 다양한 의미론적 관계 등을 수작업으로 공들여 코딩해서 만든 데이터베이스이다. 이것은 NLP 응용을 위한 주된 자원이지만 수작업으로 개발하고 유지하기에는 매우 비싸다. 지식이 자동적으로 WordNet 안으로 들어올 수 있다면 WordNet은 저렴한 비용으로 NLP를 위한 보다 훌륭하고도 종합적인 자원이 될 수 있다.

　NLP와 WordNet의 장점이 잘 드러나는 분야는 고객관계관리(CRM)이다. 광범위하게는, CRM의 목표는 고객의 실제 및 알려진 니즈를 더 잘 이해하고 이에 효과적으로 반응함으로써 고객가치를 극대화하는 것이다. CRM에서 NLP의 영향을 크게 받은 중요한 분야는 감성분석이다. 감성분석은 웹 게시 형태로 주어지는 고객의 의견들과 같이, 대용량의 텍스트 형태의 데이터 소스를 이용하여 특정 상품과 서비스에 대한 호감과 비호감 의견들을 찾아내는 기법이다. 감성분석에 대한 자세한 내용은 이 장의 뒷부분에서 다룬다.

　NLP는 이전에는 인간에 의해서만 할 수 있었던 인간의 자연언어를 자동적으로 처리해주는 컴퓨터 프로그램을 통해 다양한 영역에서 다양한 작업에 성공적으로 적용되어 왔다. 다음은 이들 작업 가운데 가장 널리 쓰이는 것들이다.

- **질문에 대한 대답** : NLP는 자연언어에서 주어지는 질문에 자동으로 대답하는 데에 사용될 수 있다. 즉, 인간의 언어로 한 질문에 인간의 언어로 대답을 만들어낸다. 질문의 대답을 찾기 위해 컴퓨터 프로그램은 미리 정해진 데이터베이스나 자연언어 문서('world wide web'과 같은 텍스트 말뭉치)들을 이용한다.
- **자동 요약** : 컴퓨터 프로그램은 원문서의 가장 중요한 내용들을 포함하여 간결하게 요약된 텍스트 형태의 문서를 만들어낼 수 있다.
- **자연언어 생성** : 시스템이 컴퓨터 데이터베이스로부터 얻은 정보를 인간이 읽을 수 있는 언어로 변환한다.
- **자연언어 이해** : 시스템은 인간 언어의 표본을 컴퓨터 프로그램이 다루기 쉽게 보다 정형화된 표현으로 변환할 수 있다.
- **기계 번역** : 시스템은 인간 언어를 다른 언어로 자동으로 번역한다.

- **외국어 읽기** : 컴퓨터 프로그램은 모국어가 아닌 외국어를 읽을 때 여러 단어들을 정확한 발음과 어투로 읽도록 도울 수 있다.
- **외국어 쓰기** : 컴퓨터 프로그램은 모국어가 아닌 외국어로 글을 쓸 때 도움을 줄 수 있다.
- **구어 인식** : 시스템은 대화 단어를 기계가 읽을 수 있게 변환하여 입력할 수 있게 한다. 사람이 소리내어 말한 일부를 텍스트로 받아 적는다.
- **텍스트를 구어로** : 컴퓨터 프로그램은 보통 언어의 텍스트를 인간의 구어로 자동으로 변환할 수 있다. 이를 구어합성이라고 한다.
- **텍스트 교정** : 오류를 찾아내고 고치기 위해 텍스트의 교정본을 읽어낼 수 있다.
- **광학문자 인식** : 손으로 쓰거나 타이핑하거나 혹은 인쇄된 텍스트의 이미지(대개는 스캐너로 스캔한 것)를 기계가 읽을 수 있는 텍스트 형태의 문서로 자동 변환할 수 있다.

텍스트마이닝이 성공하고 인기를 얻게 된 것은 인간의 언어를 이해하게 된 NLP에서의 진보에 의한 바가 크다. NLP는 비정형의 텍스트로부터 특성을 추출할 수 있기 때문에 다양한 데이터마이닝 기법들이 지식(새롭고 유용한 패턴과 관계들)들을 추출하는 데에 사용될 수 있다. 이 같은 점에서 볼 때 텍스트마이닝은 NLP와 데이터마이닝의 조합이라고 할 수 있다.

텍스트마이닝 응용

기업이나 단체 등의 조직에서 수집하는 비정형 데이터들의 양이 늘어남에 따라 텍스트마이닝 도구들의 가치와 인기도 높아지고 있다. 많은 기관들이 자기들의 문서 기반 데이터 저장소로부터 텍스트마이닝 도구들을 사용하여 지식을 추출하는 것의 중요성을 깨닫고 있다. 다음에 열거하는 것은 텍스트마이닝의 응용 분야를 예시한 것 가운데 아주 작은 부분에 지나지 않는다.

마케팅 응용

텍스트마이닝은 콜센터에서 만들어지는 비정형 데이터들을 분석하여 교차판매(cross-selling)와 연쇄판매(up-selling)를 부추기는 데에 사용할 수 있다. 콜센터의 기록에서 수집된 텍스트는 고객들과의 음성대화 기록과 함께 텍스트마이닝 알고리즘으로 분석하여 기업의 제품과 서비스에 대한 고객들의 인식을 바탕으로 새롭고 실천 가능한 정보들을 추출한다. 그리고 여러 웹사이트에 있는 블로그와 사용자들의 제품 사용후기, 토론방 등은 고객 감성분석의 황금광산이다. 이 풍부한 정보들을 수집하고 적절히 분석하면 고객의 만족과 종합적인 평생가치를 높일 수 있다.

텍스트마이닝은 고객관계관리에서도 매우 중요해졌다. 텍스트마이닝을 사용하여 기업에서는 엄청난 양의 비정형 텍스트 데이터들과 데이터베이스로부터 뽑아낸 적절한 정형 데이터들을 결합하여 고객들의 인식 및 후속구매 행태들을 예측할 수 있다. 예를 들어, 텍스트마이닝을 사용하여 다른 기업의 제품을 구매할 가능성, 즉 고객이탈(customer churn) 가능성이 아주 높다고 판명되는 고객들을 정확하게 파악하고 예측해서 이들을 붙잡을 수 있는 전술을 수립하는 수리모형의 성능개선에 사용될 수 있다.

제품을 물리적인 원자 객체가 아니라 어떤 속성값 쌍들의 집합이라고 본다면, 수요 예측, 여러 제품의 혼합에 대한 최적화, 제품 추천, 소매점과 제조업자들의 종합적인 비교, 제품공급자 선택 등을 포함하여 다양한 비즈니스 응용의 유효성을 높일 수 있다. 가니 등(Ghani et al., 2006)은 텍스트마이닝을 사용하여 소매점의 제품 데이터베이스의 분석능력을 높임으로써 제품에 포함된 내포적이고 외연적인 특성들을 유추하는 시스템을 개발하였다. 이들이 제안한 시스템은 그다지 많은 수작업 없이도 제품들을 속성과 속성값으로 표현할 수 있다. 이 시스템은 지도학습과 준지도학습 기법들을 소매점의 웹사이트에 있는 제품설명에 적용하여 속성을 학습한다.

보안 응용

보안 분야에서 가장 크고 탁월한 텍스트마이닝 응용은 극비리에 숨겨진 ECHELON 감시 시스템일 것이다. 소문대로 ECHELON은 위성, 공중전화망, 극초단파 링크 등을 통해 전달되는 정보들을 가로채서 전화통화, 팩스, 이메일과 기타 여러 형태의 데이터 내용을 알아낼 수 있다.

2007년에 EUROPOL은 국제적인 조직 범죄를 추적할 목적으로 엄청난 양의 정형 및 비정형 데이터원을 평가하고 저장하며 분석할 수 있는 통합시스템을 개발하였다. 정보지원종합분석 시스템(overall analysis system for intelligence support, OASIS)이라고 하는 이 시스템은 오늘날 시장에서 가용한 가장 진보된 데이터 및 텍스트마이닝 기술들의 통합을 시도하고 있다. 이 시스템은 EUROPOL로 하여금 국제적인 위법사항을 단속하는 데에 중요한 기여를 하고 있다(EUROPOL, 2007).

미국 FBI와 CIA는 국토안전부의 감독하에 슈퍼컴퓨터 데이터 및 텍스트마이닝 시스템을 함께 개발하고 있다. 이 시스템은 연방, 주, 지역 위법단속기관들의 지식발견 수요를 충족하기 위해 엄청난 크기의 데이터 웨어하우스를 만들고 있다고 추정된다. 이 프로젝트 이전에 FBI와 CIA는 거의 또는 서로 전혀 연결되어 있지 않은 독자적인 데이터베이스를 가지고 있었다.

보안관련 분야에서 텍스트마이닝을 응용한 또 다른 예는 사기탐지 분야이다. 풀러 등(Fuller et al., 2008)은 실제 범죄 용의자들의 기록물들에 텍스트마이닝을 적용하여 거짓된 문서와 참된 문서들을 구분하는 예측 모형을 개발하였다. 이 모형은 텍스트로 되어 있는 문서로부터 추출한 풍부한 단서들을 사용하여 만들었는데, 검증용 표본에 대해 70%의 정확도로 예측하였으며(육성이나 시각적인 단서가 이닌), 단지 텍스트 문서만으로부터 추출한 단서라는 점을 고려할 때 이는 의미 있는 성공이라고 생각된다. 게다가 거짓말탐지기와 같은 다른 사기탐지 기법에 비해 이 방법은 비접촉식이며 텍스트로 된 데이터뿐만 아니라 육성녹음을 받아 적은 구술문에도 적용될 수 있다. 텍스트 기반의 사기탐지에 대한 보다 자세한 설명은 이 장 맨 뒤의 응용 사례를 보기 바란다.

생체의학 응용

텍스트마이닝은 일반적인 의학 분야와 생체의학 분야에서 높은 잠재성을 가지고 있다. 첫째, 이 분야에서 출판된 서적이나 출판매체(특히 오픈소스 학술지의 등장과 함께)가 기하급수적으로 늘고 있다. 둘째, 다른 분야와 비교해서 의학서적들은 보다 표준적이고 잘 정돈되어 있기 때문에 보다 쉽게 '채굴할 수 있는' 정보원이다. 마지막으로, 이 서적에 사용되는 용어들은 상대적으로 일정하고 아주 표준화된 개념들을 가진다. 텍스트마이닝을 사용한 몇 가지 시범 연구들에서는 생체의학 논문들로부터 새로운 패턴들을 성공적으로 추출하였다.

DNA 마이크로 배열 분석, 유전자 발현의 직렬식 분석(SAGE) 그리고 분광분석 단백질 유전정보학과 같은 실험적 기법은 유전자와 단백질에 관련한 많은 양의 데이터를 만들어낸다. 다른 실험적 접근법과 마찬가지로 연구대상인 생물체에 대해 이전에 알려진 정보에 근거하여 엄청난 양의 데이터를 분석해야 할 필요가 있다. 이때, 문헌들은 특히 실험의 검증과 해석을 위한 소중한 정보원이다. 그러므로 그와 같은 해석을 도와줄 자동화된 텍스트마이닝 도구들을 개발하는 것이 지금의 생체정보학 연구에서 주된 과제이다.

세포 내에서 특정 단백질의 위치를 알게 되면 생물학적 과정에서 그것의 역할을 설명하고 약물 표적화의 성능을 결정하는 데에 도움이 된다. 수많은 위치 예측 시스템이 문헌에 기술되어 있는데, 어떤 것들은 특정 생체조직에, 또 어떤 것들은 광범위한 생체조직을 분석하는 데에 초점을 두고 있다. 샤트케이 등(Shatkay et al., 2007)은 단백질의 위치를 예측하기 위해 여러 형태의 순차 및 텍스트 기반의 특성을 활용하는 종합 시스템을 제안하였다. 이 시스템의 특징은 텍스트 소스와 특성들을 선택해서 순차기반 특성들과 통합하는 방식이다. 이들은 이 시스템의 예측력을 시험해보기 위해 예전에 사용했던 데이터 집합과 특별하게 고안된 새 데이터 집합에 이 시스템을 적용해보았다. 그 결과 이 시스템이 이전에 보고된 결과들보다 일관되게 좋음을 보이고 있다.

천 등(Chun et al., 2006)은 MEDLINE을 통해 얻은 문헌들로부터 질병-유전자의 관계를 추출하는 시스템을 설명하고 있다. 6개의 공개 데이터베이스로부터 질병과 유전자 이름의 사전을 만들고 이 사전과 맞춰 보는 방식을 이용하여 관계 후보를 추출하였다. 거짓긍정이 너무 많이 생성되었기 때문에 이들은 질병·유전자 이름을 잘못 인식한 것들을 걸러내기 위해 기계학습 기반의 명명된 객체 인식(named entity recognition, NER)이라는 방법을 개발하였다. 관계추출의 성공 여부는 NER 필터링에 크게 좌우되었고 재현율(recall)이 약간 감소하였지만 관계추출의 정밀도(precision)는 26.7% 만큼 향상되었다.

그림 6.2에서는 생체의학 문헌에서 유전자-단백질 관계 또는 단백질-단백질 상호작용을 발견하기 위한 다계층의 텍스트 분석과정을 간단히 도식화하였다(Nakov et al., 2005). 이 예에서는 생체의학 텍스트로부터 하나의 간단한 문장을 사용하였다. 그림에서 보면, 우선(아래 3개의 계

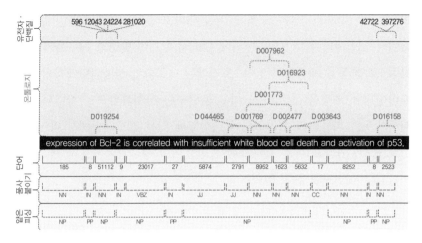

그림 6.2 유전자 · 단백질 상호작용 확인을 위한 텍스트의 다계층 분석

층) 텍스트는 품사 붙이기(POS tagging)와 얕은 파싱을 사용하여 토큰을 만든다. 토큰화한 용어들, 즉 단어들은 영역 온톨로지(ontology)의 계층적 표현들과 맞춰보고 해석하여 유전자-단백질 관계를 유도해낸다. 이 방법 (또는 이 방법을 변형한 방법)을 생체의학 문헌들에 적용함으로써 인간 게놈 프로젝트에서의 복잡성을 풀어내는 데에 큰 기여를 할 것이다.

텍스트마이닝은 보다 나은 정보추출을 위해 인덱싱이 필요한 대용량 의 정보 데이터베이스를 가지고 있는 출판사들에게 매우 중요하다. 특 히 과학 분야에서 더 그러한데, 이 분야는 매우 특정한 정보들이 텍스트 형태로 포함되어 있다. 공개 텍스트마이닝 인터페이스(open text mining interface, OTMI)를 위한 네이처(Nature)지의 제안과 국가보건원의 학술 지 출간 문서형태정의(document type definition, DTD)와 같은 새로운 사 업들이 이미 시작되었는데, 이것들은 공공의 접근성에 대한 출판사들의 장벽을 없애지 않고서도 텍스트 안에 포함되어 있는 특정 질의에 기계가 대답하기 위한 감성 단서들을 제공할 것이다.

학술기관들도 텍스트마이닝에 대한 새 계획들을 시작하였다. 예를 들어, 영국의 맨체스터 대학교와 리버풀 대학교 간의 상호협력체인 텍스트마이닝 국립센터는 텍스트마이닝에 대해서 학계에 맞춤화 도구들과 연구시설, 조언 등을 제공하고 있다. 초기에는 생물학과 생체의학에서의 텍스트마이닝에 초점을 두었고 그 이후의 연구는 사회과학으로 확대되었다. 미국에서는 버클리의 캘리포니아 대학교에 있는 정보대학에서 바이오텍스트(BioText)라고 하는 프로그램을 만들어서 생물과학자들의 텍스트마이닝과 분석연구를 돕고 있다.

텍스트마이닝 과정

텍스트마이닝 연구가 성공하기 위해서는 최상의 실행에 기반을 둔 건전한 방법론을 따라야 한다. 제3장의 '데이터마이닝 과정'에서 CRISP-DM이 데이터마이닝 프로젝트에 있어서 기업들의 표준이었음을 상기하자. 마찬가지로 텍스트마이닝에서도 표준화된 절차 모형이 필요하다. CRISP-DM의 대부분이 텍스트마이닝 프로젝트에도 역시 적용할 수 있기는 하지만 텍스트마이닝에서는 특히 매우 정교한 데이터 사전처리 작업이 필요하다. 그림 6.3은 전형적인 텍스트마이닝 절차에 있어서 높은 수준에서의 문맥 다이어그램을 나타내고 있다(Delen과 Crossland, 2008). 이 문맥 다이어그램은 절차의 범위를 표시하며, 특히 주변을 둘러싼 더 큰 환경과의 상호작용을 강조하고 있다. 근본적으로 텍스트마이닝 절차에 무엇이 포함되고 무엇이 배제되는가 하는 경계를 명확하게 나타내고 있다.

문맥 다이어그램을 보면, 잘 수집되고 저장되어 사용가능하게 만들어진 비정형 및 정형 데이터들이 텍스트 기반 지식발견과정으로 입력(상자의 왼쪽 가장자리로 들어오는 연결부분)된다. 그리고 상자의 오른쪽 가장자리에서 나가는 연결부분에 있는 출력은 의사결정에 사용할 수 있는

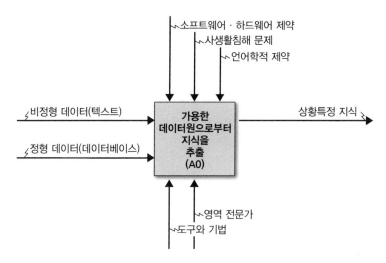

그림 6.3 텍스트마이닝의 문맥 다이어그램

상황특정 지식이다. 제어부분(제약이라고도 한다)은 상자의 위로부터 들어오는 연결인데, 소프트웨어와 하드웨어상의 제약, 사생활침해 문제들, 그리고 자연언어 형태로 제시되는 텍스트를 처리하는 데에 관련된 어려움들이다. 상자의 아래쪽으로 들어오는 연결로 표시된 메커니즘은 적절한 기법, 소프트웨어 도구들 그리고 영역 전문가들이다. 텍스트마이닝의 주된 목표는 지식발견이라는 상황 안에서(현재 풀고자 하는 문제와 관련이 있는 획득가능한 정형 데이터도 포함해서) 비정형의 텍스트 데이터를 처리하여 의미 있고 실천할 수 있는 패턴들을 추출하여 보다 나은 의사결정을 하는 것이다.

매우 높은 수준의 텍스트마이닝 절차는 세 가지의 연속된 과업으로 나눌 수 있는데, 각각은 특정 입력을 받아서 특정 출력을 발생한다(그림 6.4). 만약 어떤 이유로 과업의 출력이 기대한 것과 다르다면 이전 과업으로 역방향의 재조정이 필요하다.

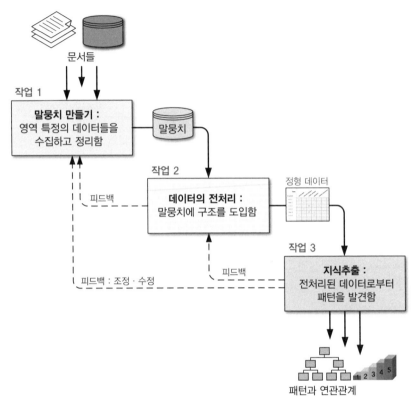

그림 6.4 텍스트마이닝 세 과업의 절차

작업 1 : 말뭉치 만들기

텍스트마이닝 절차에서 첫 번째 과업은 연구대상인 상황(즉, 관심 영역)에 관련이 있는 모든 문서들을 모으는 것이다. 여기에는 텍스트로 된 문서, XML 파일, 이메일, 웹페이지, 간단한 메모 등이 있다. 이미 가용한 텍스트로 된 데이터 이외에도 음성인식 알고리즘을 사용하여 육성녹음을 옮겨 적은 것도 있다.

일단 수집되면 텍스트 문서들은 전산처리를 위해, 예를 들어 ASCII 텍스트 파일과 같이 모두 동일한 표현 형태로 변형하여 정돈한다. 정리된 문서들은 파일 폴더에 저장된 발췌 모음집이나 특정 분야의 웹페이지 링크들의 목록일 수도 있다. 많은 상용 데이터마이닝 소프트웨어 도구들은 이들을 입력으로 받아서 단층 파일(flat file)로 변환하여 처리한다. 또는 텍스트마이닝 소프트웨어 밖에서 단층 파일을 만든 후에 텍스트마이닝 응용프로그램으로 입력하기도 한다.

작업 2 : 데이터 전처리 : 용어-문서행렬을 생성

텍스트마이닝 과업 2에서는 디지털화하고 정리된 문서들(말뭉치)을 사용하여 용어-문서행렬(term-document matrix, TDM)을 만든다. TDM에서 행은 문서, 열은 용어를 나타낸다. 용어와 문서 간의 관계는 찾아보기(즉, 각 문서 안에 나타나는 해당 용어들의 출현횟수와 같이 간단한 상호관계 척도)들로 표시한다. 그림 6.5는 전형적인 TDM을 예시하고 있다.

이 과업은 잘 정돈된 문서의 목록(말뭉치)을 TDM으로 변환하고 가장 적절한 찾아보기들을 사용해서 각 셀들을 채운다. 문서의 핵심은 그 문서에 사용된 용어들의 빈도수를 목록으로 나타낼 수 있다는 가정을 바탕으로 한다. 하지만 문서의 특성을 나타내는 데에 모든 용어들이 다 중요

문서 \ 용어	투자위험	프로젝트 경영	소프트웨어 공학	개발	SAP	...
문서 1	1			1		
문서 2		1				
문서 3			3		1	
문서 4		1				
문서 5			2	1		
문서 6	1			1		
...						

그림 6.5 용어-문서행렬의 예

할까? 당연히 그 대답은 '아니요'이다. 관사, 보조동사 그리고 거의 모든 문서들의 말뭉치에서 시용되는 단어들은 변별력이 없으므로 인덱싱 과정에서는 제외되어야 한다. 이 같은 용어들을 정지용어 또는 정지단어라고 하는데, 연구대상에 따라 정해지며 영역 전문가가 확인해야 한다. 또는 전문가가 미리 정해진 용어들의 집합(포함 용어 또는 사전)을 선택해서 그것들만으로 문서를 인덱싱할 수도 있다. 그리고 찾아보기 항들이 보다 정확하도록 동의어(동일한 것으로 취급되는 두 용어들)와 특정 구(예 : '에펠탑')들을 포함시킬 수도 있다.

찾아보기를 정확히 만들기 위해서 해야 하는 또 다른 작업으로는 어간 만들기가 있다. 이는 단어를 그 어간으로 줄이는 것으로, 서로 다른 문법적 형태나 동사변형도 확인하여 동일한 단어로써 인덱싱해야 한다. 예를 들면, 'modeling'과 'modeled'는 'model'과 같은 단어라고 인식할 수 있도록 어간으로 만들어야 한다.

첫 번째 TDM은 정지단어 목록에 있는 것들은 제외하고 말뭉치에서 확인된 모든 개별 단어들을 각 열에서, 모든 문서들은 각 행에서, 각 문서에서 각 단어들의 출현횟수는 셀값으로 나타낸다. 보통 그렇듯이, 말뭉치가 상당히 많은 수의 문서들을 포함하는 경우에는 TDM에 단어들이 지나치게 많아질 수 있다. 너무 큰 행렬을 처리하려면 시간도 많이 걸릴 것이고 더 중요하게는 부정확한 패턴을 추출할 수도 있다. 여기에서 다음을 결정해야 한다. (1) 찾아보기들을 표시하는 가장 좋은 방법은 무엇인가? (2) 이 행렬을 다루기 쉬운 크기로 어떻게 줄일 것인가?

찾아보기를 표현하는 가장 좋은 방법은?

입력 문서들이 인덱싱되고 초기 단어 빈도수(문서별로)가 계산되고 나면 몇 번의 추가적인 변형과정을 수행해서 추출된 정보들을 요약하고 통합한다. 초기 용어의 빈도수들은 일반적으로 각 문서에서 어떤 단어가 얼마나 핵심적이거나 중요한가를 반영한다. 구체적으로, 한 문서에서 빈도수가 높은 단어일수록 그 문서내용을 더 잘 기술한다고 볼 수 있다. 하지만 단어 빈도수 자체가 그 문서의 기술어로서의 중요성에 비례한다고 가정하는 것은 타당하지 않다. 예를 들어, 어떤 단어가 한 문서 A에서 한 번 나타나고 문서 B에서는 세 번 나타난다고 할 때, 이 단어가 문서 A에서보다 문서 B에서 반드시 세 배 만큼 중요하다고 볼 수 없다. 이후 분석을 위해 보다 일관성이 있는 TDM을 만들기 위해서는 이 초기 찾아보기들은 정규화해야 한다. 즉, 실제 빈도수를 사용하기보다는 용어와 문서 간의 수치적 관계를 여러 방법으로 정규화한다. 다음은 가장 많이 사용되는 몇 가지 정규화 방법이다(StatSoft, 2014).

- **로그 빈도수** : 초기 빈도수를 로그함수를 사용하여 변형한다. 이 변환은 원래의 빈도수 및 이것이 이후 분석에 미치는 영향을 '완화'한다.
- **이진 빈도수** : 이진 빈도수는 로그 빈도수보다 더 간단한 변환으로, 문서에서 어떤 용어가 사용되었는지를 세는 것이다. 이것으로 만든 TDM 행렬은 해당 단어가 있는지 없는지를 나타내도록 0과 1의 숫자만 포함한다. 이 변환도 이후의 계산과 분석에서 원래 빈도수의 영향을 완화한다.
- **역문서 빈도수** : 이후 분석에서 사용될 찾아보기에 대하여 고려해야 할 또 하나의 문제는 여러 용어들의 상대적인 문서 빈도수이다. 예를 들어, guess와 같은 단어는 모든 문서에서 자주 나타나지만 software와 같은 단어는 몇 번밖에 나타나지 않는다. 그 이유는 guess는 특정한 주제에 상관없이 여러 가지 상황에서 사용할 수 있지만, software는 컴퓨터 소프트웨어를 다루는 문서에서만 나타날 가능성이 있는, 의미상으로 집중된 단어이다. 단어의 특이성(즉, 문서의 빈도수)과, 그것의 전반적인 출현 빈도수(즉, 단어의 빈도수) 모두를

반영하는 일반적이면서도 보다 유용한 변환이 이른바 역문서 빈도수이다(Manning et al., 2008).

TDM 행렬의 크기를 어떻게 줄일 것인가?

TDM은 대개 매우 크면서도 성근(대부분의 셀이 0인) 행렬이기 때문에 '이 행렬을 적절한 크기로 어떻게 줄일 것인가'가 중요하다. 여기에는 몇 가지 방법이 있다.

- 영역 전문가가 용어 목록을 훑어보고 연구대상의 상황에 그다지 의미가 없는 것들을 삭제한다(수동이며 노동집약적인 과정).
- 문서에서 거의 나타나지 않는 단어들은 없앨 수 있다.
- 특이값 분해(singular value decomposition, SVD)를 통해 행렬을 변형한다.

특이값 분해(SVD)는 주성분 분석과 밀접하게 관련이 있는데, 입력행렬의 전반적인 차원(즉, 입력되는 문서의 개수×추출된 단어의 개수)을 보다 작은 차원으로 줄이는 것으로, 각각의 연속된 차원은(단어와 문서 간) 변동성의 가능한 최대 정도를 나타낸다(Manning et al., 2008). 이상적으로는, 단어와 문서 간에 변동성(즉, 차이점)의 대부분을 설명해주면서도 단어와 문서들 간에 숨겨진 의미론적 공간을 핵심적으로 나타내는 2~3개의 차원을 찾아낸다. 일단 그러한 차원들을 찾았다면 문서들 안에(논한 것이든 설명한 것이든) 포함되어 있는 의미들을 추출한다.

작업 3 : 지식의 추출

잘 구성된 TDM에 다른 정형 데이터 요소들이 덧붙여지면 연구대상의 특정 상황에 대해 패턴들을 추출할 수 있다. 지식추출의 주된 범주는 분류, 군집화, 연관분석, 추세분석 등이다. 이들의 방법을 간단히 설명하겠다.

분류

복잡한 데이터원을 분석하는 데에 있어서 가장 널리 쓰이는 지식발견 주제는 아마도 어떤 객체의 분류일 것이다. 이 과업은 주어진 데이터를 이미 정해진 범주(또는 부류)로 분류하는 것이다. 이 작업은 텍스트마이닝 영역에 적용될 때 **텍스트 범주화**라고 알려져 있는데, 어떤 범주(객체, 주제, 개념)집합과 텍스트 문서가 주어져 있을 때, 문서 및 문서의 범주 모두를 포함하고 있는 훈련 데이터 집합을 사용해서 개발한 모형으로 각 문서마다 정확한 제목, 주제 또는 개념을 찾아낸다. 현재는 자동화된 텍스트 분류를 이용하여 텍스트의 상호작용형 자동·반자동 인덱싱, 스팸 걸러내기, 계층적 카탈로그하에서 웹페이지의 범주화, 메타데이터 자동 생성, 장르 검색 등 다양한 상황에 적용하고 있다.

군집화

군집화는 객체들을 군집이라고 하는 '자연적인' 집단으로 나누는 비지도 과정이다. 범주화는 라벨이 없는 새 표본을 분류하기 위해 이미 분류된 훈련 표본들의 집합을 사용해서 부류들의 기술적 특성들에 기반한 모형을 개발하는 반면, 군집화에서는 라벨이 없는 객체(예 : 문서, 고객 의견, 웹페이지)들의 집합을 사전지식이 없이 의미 있는 군집들로 묶어준다.

군집화는 문서추출에서 웹콘텐트 탐색에 이르기까지 응용 분야가 광범위하다. 사실, 가장 두드러진 군집화의 응용은 웹페이지와 같은 매우 큰 텍스트 집합들의 분석과 탐색이다. 관련 있는 문서들은 그렇지 않은 문서들보다 더 유사하다는 것이 기본 가정이다. 이 가정이 맞다면 내용의 유사성에 기반한 문서 군집화는 탐색의 유효성을 높여준다.

연관분석

제4장 '데이터마이닝 방법'에서 연관분석의 정의와 자세한 설명을 하였다. 연관규칙을 생성하는(또는 장바구니 문제를 푸는) 주된 아이디어는 주로 함께 나타나는 집합을 찾는 것이다. 텍스트마이닝에서 연관성은 구체적으로 개념(단어) 또는 개념의 집합들 간의 직접적인 관계를 의미한다. 빈발개념집합 A와 C를 연결하는 연관규칙은 2개의 기본 척도인 지지도와 신뢰도에 의해 정량화한다. 이 경우에 신뢰도는 A에 있는 모든 개념을 포함하는 문서들의 집합 내에서 C에 있는 모든 개념들을 포함하는 문서들의 비율이다. 지지도는 A와 C 안의 모든 개념을 포함하는 문서들의 비율(또는 개수)이다. 예를 들어, 문서집합에서 '소프트웨어 실행 실패'라는 개념이 'ERP' 및 'CRM'이라는 개념과 가장 자주 함께 나타나는데, 그 지지도가 4%, 신뢰도가 55%라면 문서들의 4%는 세 가지 개념 모두를 같은 문서 안에 함께 나타내고 있으며, '소프트웨어 실행 실패'를 포함하는 문서 중에서 55%가 'ERP'와 'CRM'을 포함한다. 텍스트마이닝에서 연관분석은 조류독감의 창궐과 진행상황을 기록하기 위해 기 발간된 자료(웹에 게시된 뉴스들과 학술기사)들을 분석하는 데에 사용된 바 있다(Mahgoub et al., 2008). 아이디어는 지리적 영역, 동물의 종 사이의 전염 그리고 대책(치료) 간의 연관관계를 자동으로 밝히는 것이었다.

추세분석

텍스트마이닝에서 추세분석을 하는 최근의 방법들은 여러 형태의 개념분포가 문서집합의 함수라는 데에 바탕을 두고 있다. 즉, 문서집합이 다르면 동일한 개념집합이라 하더라도 그 분포가 서로 다를 수 있다. 따라서 서로 다른 부분집합으로부터 왔다는 것만 제외하고는 완전히 동일한 두 분포를 비교할 수도 있다. 추세분석의 중요한 방향 중 하나는 동일한 소스(예 : 동일한 학술지의 집합)에서 시간적으로 서로 다른 두 시점에서의 집합을 비교 검토하는 것이다. 델렌과 크로스랜드는 정보 시스템 분야에서 중요 개념들의 발전을 확인하기 위해 3개의 최상급 학술지에 발표된 수많은 학술논문들에 대해 추세분석을 하였다(Delen and Crossland, 2008). 아래에 이 텍스트마이닝 응용프로그램에 대해 기술하였다.

응용 예

연구논문의 텍스트마이닝

자기의 연구와 관련된 문헌들을 탐색하고 검토하는 연구자들은 점점 더 복잡하고 많은 양의 작업에 직면한다. 관련 분야의 지식들을 획득하기 위해 기존의 문헌자료에서 정보들을 수집하고 정리하여 분석하고 유사성을 검토하는 데에 큰 노력을 기울여야 하는 것은 항상 중요한 일이다. 관련 분야에서, 게다가 기존에는 관련이 없던 분야에서 보고되는, 잠재적으로 중요한 연구들의 양이 크게 늘어남에 따라 연구자의 작업은 점점 더 벅차기만 하다.

새로운 연구 흐름에서 연구자의 작업은 훨씬 더 지루하고 복잡하다. 다른 사람들이 발표한 적절한 연구결과들을 찾아내는 것은 어렵고, 출판된 문헌들을 수작업으로 검토하기란 거의 불가능하다. 전담 대학원생이나 동료가 많이 있다고 해도 잠재적으로 관련이 있을 만한 모든 출판물들을 다 찾아보기에는 한계가 있다.

수많은 학술회의가 매일 열린다. 학술회의의 현재 주제에 대해 지식의 폭을 넓힐 뿐만 아니라 주최측에서는 추가로 소규모 트랙과 워크숍도 제공한다. 많은 경우에 이들 추가 행사들은 참석자들에게 연구관련 분야의 핵심 흐름을 소개하고 연구 주제와 관심사항에 있어서 '차세대 성장동력'이 무엇인지를 소개해준다. 그러한 소규모 트랙과 워크숍에서 적절한 후보 주제를 찾아내는 일은 기존 또는 새로운 연구 분야로부터 객관적으로 유도되기보다는 주관적인 경우가 많다.

델렌과 크로스랜드(Delen and Crossland, 2008)는 텍스트마이닝을 적용해서 기존에 발표된 많은 양의 문헌들을 반자동적으로 분석하는 방법을 제안하였다. 저자들은 표준적인 디지털 라이브러리와 온라인 발행 검색엔진을 사용하여 경영정보 시스템 분야에서 다음 3개의 중요 학술지로부터 논문들을 다운받고 수집하였다. MIS Quarterly(MISQ), Information Systems Research(ISR), Journal of Management Information Systems(JMIS). 세 학술지에 대해 동일한 시간대(종적 비교연구)를 유지하기 위해서 가장 최근에 디지털 발행이 시작된 학술지를 시작 시점으로

	A	B	C	D	E	F	G	H	I
1	ID	YEAR	JOURNAL	ABSTRACT					
2	PID001	2005	MISQ	The need for continual value innovation is driving supply chair					
3	PID002	1999	ISR	Although much contemporary thought considers advanced infc					
4	PID003	2001	JMIS	When producers of goods (or services) are confronted by a situ					
5	PID004	1995	ISR	Preservation of organizational memory becomes increasingly i					
6	PID005	1994	ISR	The research reported here is an adaptation of a model develc					
7	PID006	1995	MISQ	This study evaluates the extent to which the added value to cu					
8	PID007	2003	MISQ	This paper reports the results(-) of a field-study of six medical					
9	PID008	1999	JMIS	Researchers and managers are beginning to realize that the fu					
10	PID009	2000	JMIS	The Internet commerce technologies have significantly reduce					
11	PID010	1997	ISR	Adaptive Structuration Theory (AST) is rapidly becoming an inf					
12	PID011	1995	JMIS	Research shows that group support systems (GSS) have dramat					
13	PID012	2000	MISQ	Increasingly, business leaders are demanding that IT play the r					
14	PID013	2001	ISR	Alignment between business strategy and IS strategy is widely					
15	PID014	1999	JMIS	A framework is outlined that includes the planning of and sett					

그림 6.6 텍스트 데이터 집합의 표본

삼았다(즉, JMIS 논문들은 1994년부터 디지털로 가용하였음). 크로스랜드는 각 논문마다 제목, 요약, 저자, 키워드, 권, 호, 발행연도를 추출하고 모든 논문데이터를 간단한 데이터베이스 파일로 옮겼다. 그리고 판별분석을 위해 각 논문마다 학술지 형태를 나타내는 항을 추가했다. 편집용 노트, 연구 노트, 종합 검토 등은 수집하지 않았다. 그림 6.6은 데이터를 표 형태로 정리한 것이다.

분석 단계에서 이들은 정보를 추출하기 위해 논문의 초록만을 사용하기로 정하였다. 논문이 제공하고 있는 키워드를 분석에 포함시키지 않은 이유는 두 가지다. (1) 보통의 경우 초록은 키워드를 이미 포함하고 있으며, 따라서 키워드를 분석에 포함시키면 동일한 정보를 반복하는 것으로, 불필요하게 가중치를 더 주는 셈이 될 수 있다. (2) 키워드는 실제로 논문에 포함되어 있기보다는 저자들이 자기들의 논문이 그렇게 다양한 분야와 연관되어지기를 원해서 포함시킨 용어들일 수도 있기 때문에 분석에 불특정한 편향성이 도입될 수도 있다.

첫 번째 탐색적 연구는 세 학술지의 종적 조망이다(즉, 시간에 따른 연구 주제의 전개). 종적 연구를 위해 12년(1994~2005)의 기간을 모두 4개의 3년 기간으로 나누었다. 이 같은 프레임워크로 12개의 상호 배타적인 데이터 집합(4개의 기간×3개 학술지)으로 12개의 텍스트마이닝 실험을 하였다. 즉, 12개의 데이터 집합 각각에 대해 텍스트마이닝을 적용하는데, 논문의 초록들로 표시되는 논문을 가장 잘 설명하는 용어들을 추출하였다. 결과들은 도표로 만들고 이들 세 학술지에 발표된 용어들의 시간에 따른 변화를 검토하였다.

두 번째 탐색 연구로는 전체 데이터 집합을 가지고(세 학술지와 네 기간 모두) 군집분석을 하였다. 군집화는 아마도 가장 널리 쓰이는 텍스트마이닝 방법일 것이다. 군집화는 별도의 분리된 군집으로 논문들을 자연스럽게 묶어준 후에 각 군집들의 특징을 가장 잘 설명하는 용어들을 나열하였다. 저자들은 특이값 분해(SVD) 방법을 이용해 용어 — 문서 행렬의 차원을 축소하였으며 기대 — 최대화 알고리즘으로 군집을 생성하였다. 몇 가지 실험을 거쳐서 최적의 군집 개수를 정한 최적의 것은 9개이다. 9개 군집을 생성한 후에 각 군집의 내용을 다음 두 가지 관점에서 분석하였다. (1) 학술지 형태별 표현(그림 6.7) (2) 시간에 따른 변화의 표현(그림 6.8). 세 학술지 간에 존재할지도 모를 차이점과 공통점을 찾고 각 군집에서 중요한 점들의 변화를 보고자 하였다. 즉, "어떤 하나의 학술지에서만 특정한 차별적인 연구주제가 나타나는 군집이 있는가?"와 "군집들 간에 시간에 따라 변화하는 특성이 있는가?"라는 질문에 대답하고자 하였다. 몇 가지 흥미로운 패턴들을 발견하였고, 이를 표와 그래프를 사용해서 나타냈다(보다 자세한 정보는 Delen and Crossland, 2008 참조).

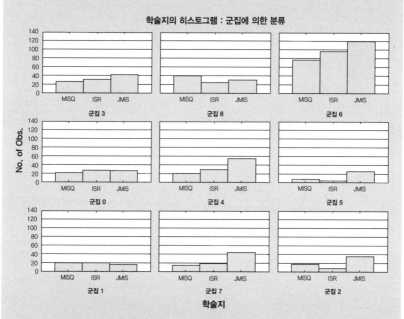

그림 6.7 9개 군집에서 각 학술지별 논문 개수의 분포

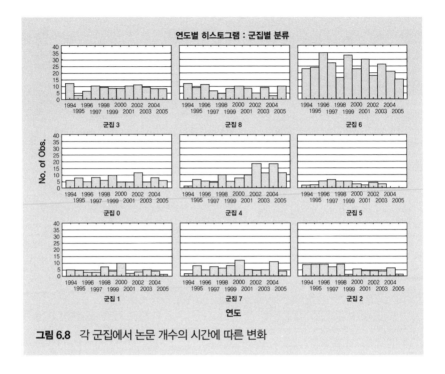

그림 6.8 각 군집에서 논문 개수의 시간에 따른 변화

텍스트마이닝 도구들

텍스트마이닝의 가치가 점점 더 높아짐에 따라 소프트웨어 기업들이 제공하는 소프트웨어 도구들의 수도 늘고 있다. 다음 절은 몇 가지 인기 있는 텍스트마이닝 도구들을 설명하였는데, 상용 소프트웨어 도구와 무료(또는 공개) 소프트웨어 도구로 나누었다.

상용 소프트웨어 도구들

다음은 텍스트마이닝에서 사용되는 가장 인기 있는 몇 가지 소프트웨어 도구이다. 이 기업들은 각각의 웹사이트에서 시범 사용을 위한 버전을 제공한다.

- ClearForest는 텍스트 분석과 시각화 도구를 제공한다.

- IBM은 SPSS Modeler와 Data and Text Analytics Toolkit을 제공한다.

- Megaputer Text Analyst는 탐색-동적 재집중을 하는 자유 형태의 텍스트, 요약, 군집화, 내비게이션, 자연언어 추출의 감성분석을 제공한다.

- SAS Text Miner는 텍스트 처리와 분석 도구를 풍부하게 제공한다.

- KXEN Text Coder(KTC)는 KXEN Analytic Framework에서 사용하기 위해 비정형 텍스트 속성들을 자동으로 정형적 표현으로 변환해 주는 텍스트 분석용 솔루션이다.

- The Statistica Text Mining 엔진은 탁월한 시각화 능력이 있으며 사용하기 쉽다.

- VantagePoint는 텍스트 데이터베이스로부터 지식을 발견하기 위해 강력하고 다양한 상호대화형 그래프 시각과 분석 도구를 제공한다.

- Provalis Research의 The WordStat 분석 모듈은 열린질문(open-ended question)들과 인터뷰에 대한 반응들처럼 텍스트로 되어 있는 정보를 분석한다.

- Clarabridge 텍스트마이닝 소프트웨어는 마케팅, 서비스, 상품개선을 위해 고객의견을 변환하고자 하는 고객경험 전문가들에게 단대단(end-to-end) 솔루션을 제공한다.

무료 소프트웨어 도구들

무료 소프트웨어 도구들 중 일부는 개방형이며 비영리 조직에서 얻을 수 있다.

- RapidMiner는 데이터마이닝과 텍스트마이닝에 있어서 그래픽이 우수한 사용자 인터페이스를 가지고 있으며 가장 인기 있는 무료 개방

형 소프트웨어 도구이다.

- Open Calais는 블로그, 내용관리 시스템, 웹사이트, 응용프로그램 안에서 감성 기능성을 포함하는 개방형 도구이다.
- GATE는 텍스트마이닝에서 선두에 있는 개방형 소스 도구이다. 무료의 개방형 소스 프레임워크(SDK)와 그래픽 개발환경을 가지고 있다.
- LingPipe는 인간 언어의 언어학적 분석을 위한 자바 라이브러리 모음이다.
- S-EM (Spy-EM)은 긍정이며 라벨이 없는 사례들로부터 학습하는 텍스트 분류 시스템이다.
- Vivisimo/Clusty는 웹 탐색 및 텍스트 군집화 엔진이다.

몇 가지 소프트웨어 도구들을 모아서 사용할 때 종종 텍스트마이닝의 혁신적 응용이 이루어진다.

감성분석

우리 인간은 사회적 동물이다. 생각을 나누기 위해 여러 가지 수단을 능숙하게 활용한다. 투자 결정을 내리기 전에 재무토론 포럼의 자문을 얻기도 하고, 새로 연 식당이나 새로 나온 영화에 대해 친구들의 의견을 묻기도 하며, 집이나 차, 가전제품 등 큰 구매를 하기 전에 인터넷을 뒤져서 소비자 의견과 전문가의 보고서를 읽기도 한다. 보다 나은 결정을 내리기 위해 사전에 다른 사람의 의견에 의존하는데, 우리의 지식이나 경험이 부족한 분야에서는 특히 그렇다. 트위터, 페이스북과 같은 사회관계 매체, 온라인 후기 사이트, 개인 블로그와 같이 풍부한 의견들이 있는 인터넷 자원이 많아지고 인기가 높아지는 덕분에 최첨단 기계장치에서부터 정치 및 공공적인 내용에 이르기까지 모든 면에서 다른 사람의 의견(실은 수천 명)을 찾는 것이 그 어느 때보다 쉬워졌다. 모든 사람들이 인터넷에 의견을 표현하지는 않지만 사회적 의견교환 채널의 수와 용량이 빠르게 늘고 있어서 그 수는 지수적으로 늘고 있다.

감성(sentiment)은 정확하게 정의하기 어려운 단어이다. 종종 신뢰, 관점, 의견, 신념 등과 같은 다른 단어와 연결되어 혼동스럽다. 감성은 감정을 나타내는 섬세한 의견이다(Mejova, 2009). 감성은 텍스트에서 우리가 확인하고자 하는 다른 개념과 구별할 수 있는 몇 가지 독특한 특성을 가지고 있다. 종종 우리는 텍스트를 주제에 따라 구분하려고 하는데, 이때는 주제 전체의 분류체계를 다루어야 한다. 반면에 감성 분류는 대개 두 계급(긍정 대 부정), 극성의 범위(영화의 별점), 의견의 강약 범위 등을 다룬다(Pang and Lee, 2008). 이들 부류는 여러 주제, 사용자, 문서들에 걸쳐 있다. 몇 가지만의 부류를 다루기 때문에 보통의 텍스트 분석보다 쉬울 것 같지만 사실은 그렇지 않다.

연구 분야로서 감성분석은 계산언어학, 자연언어처리, 텍스트마이닝과 밀접한 관계가 있다. 감성분석은 많은 다른 이름이 있다. 정서 컴퓨팅(affective computing, 감정의 컴퓨터 인식 및 표현)과 일부 연관이 있으며 오피니언마이닝, 주관성 분석, 평가추출 등으로 부르기도 한다. 감성분석에 대한 갑작스런 관심과 활동이 늘어나면서 텍스트에서 의견, 감정, 주관을 자동으로 추출함으로써 기업 및 개인에게 비슷한 수준의 기회와 위협을 안겨주고 있다. 이것을 받아들이고 잘 활용하면 큰 이익을 볼 수 있다. 개인이나 기업에 의해 인터넷에 올려진 모든 의견은 좋든 나쁘든 그것이 최초 출발지로 간주되며, 대부분은 그 즉시 컴퓨터 프로그램에 의해 자동적으로 다른 사람들에게 유출되고 활용된다.

감성분석은 '특정 주제에 대해 사람들이 어떻게 느끼는가?'에 대해 여러 가지 자동화 도구를 이용해서 여러 의견을 찾아내어 답을 한다. 감성분석은 기업, 컴퓨터과학, 계산언어학, 데이터마이닝, 텍스트마이닝, 철학, 심지어 사회학에서의 연구자와 전문가들이 함께 모여서 의견지향적인 정보 시스템을 구축하여 기존의 사실 기반의 텍스트 분석을 새로운 개척지로 확장한다. 감성분석은 비즈니스 환경, 특히 마케팅과 고객관계관리에서 수많은 텍스트로 된 데이터 소스(웹게시물, 트윗, 블로그 등의 형태로 된 고객의견들)를 활용하여 특정 제품이나 서비스에 대해 호의적이거나 악의적인 의견들을 탐색한다.

텍스트에서 나타나는 감성은 두 가지의 느낌을 보인다. 텍스트가 의견을 직접적으로 표현('아주 날씨가 좋군')하는 구체적인 경우와 텍스트가 의견을 포함('자루가 너무 쉽게 부러진다.')하는 함축적인 경우이다. 초기 대부분의 감성분석은 분석이 쉽다는 이유로 첫 번째 종류의 감성에 초점을 두었다. 현재의 추세는 구체적인 경우와 함축적인 감성 모두를 고려하는 해석적인 방법을 운용하려고 한다. 감성의 극성은 감성분석에 주로 초점을 두는 텍스트의 특별한 특징이다. 대개 긍정과 부정 등 두 분야로 이분되지만 극성은 일정한 범위로 생각할 수도 있다. 여러 의견이 포함된 문서는 전반적으로 극성이 섞여 있을 수 있는데, 이는 극성이 전혀 없다는 (객관적인) 것과는 다르다(Mejova, 2009).

감성분석의 응용

기존의 감성분석방법들은 조사 기반 또는 집중집단 중심이었다. 이것은 비용과 시간이 많이 들어 소규모의 참가자 표본으로 분석하였다. 반면에 텍스트 애널리틱스 기반 감성분석은 그 한계를 무너뜨리고 있다. 지금의 솔루션들은 실제 및 주관적인 정보 모두를 다루는 지연언어 처리와 데이터마이닝 기술을 통해 대규모의 데이터 수집, 걸러내기, 분류, 군집화 방법 등을 자동으로 처리한다. 감성분석은 트윗, 페이스북 게시물, 온라인 커뮤니티, 토론방, 블로그, 상품평, 콜센터 로그 및 녹음물, 상품 순위평가 사이트, 채팅방, 가격비교 포털, 검색엔진 로그, 뉴스집단 등과 같은 데이터원에 활용되며 아마도 가장 인기 있는 텍스트 애널리틱스가 될 것이다. 다음 절에서는 이 기술의 힘과 광범위한 영역을 예시하는 감성분석의 응용 분야에 대해 설명한다.

고객의 소리

고객의 소리(voice of customer, VOC)는 분석적 CRM과 고객경험관리 시스템을 묶은 것이다. 감성분석은 VOC를 가능케 함으로써 고객들의 불만과 칭찬을 더 잘 이해하고 관리할 수 있도록 기업의 제품과 서비스 평가들에 접근한다. 예를 들면, 영화 광고 · 마케팅 기업이라면 영화관에 곧 상영할 영화에 대한 부정적인 감성들을 찾아내어 그 부정적인 영향을 잠재우기 위해 재빨리 구성을 바꾸거나 마케팅 전략을 수정할 수 있다. 소프트웨어 기업은 새롭게 출시된 제품에서 발견된 버그에 관하여 부정적인 여론들을 초기에 찾아내서 패치를 내놓아 불리한 상황을 빠르게 진정시킬 수 있다.

VOC의 초점은 대개 개별 고객들이고 그들의 서비스 및 지원에 관련된 니즈, 욕구, 문제점들이다. VOC는 이메일, 조사, 콜센터 기록 · 녹음, 사회관계매체 평가 등 모든 고객 접점에서 데이터를 뽑아내고 고객들의 소리를 문의, 구매, 환불 등 각종 거래와 기업의 운영 시스템에 수집된 개별 고객 프로파일에 반영한다. 대개 감성분석에 의해 유도된 VOC는 고객경험관리 계획에 있어서 핵심요소이며 그 목표는 고객과 밀접한 관계를 창출하는 것이다.

시장의 소리

시장의 소리(voice of market, VOM)는 통합된 의견과 추세를 이해한다. 주주들 ― 고객, 잠재적인 고객, 영향력을 행사하는 것 등 무엇이든지 ―

이 당신의, 당신 경쟁자의 제품과 서비스에 대해 무엇을 말하고자 하는지 파악한다. 잘 만들어진 VOM 분석은 경쟁력 있는 정보와 제품개발 및 포지셔닝을 도와준다.

종업원의 소리

기존 종업원의 소리(voice of employee, VOE)는 종업원 만족도 조사에 머물러 있으나 텍스트 애널리틱스와 감성분석을 도입하면 VOE를 평가하는 데에 큰 도움이 된다. 풍부한 텍스트 형태의 의견 데이터는 종업원들이 무엇을 말하고자 하는지 알 수 있는 효과적이고 효율적인 방법이다. 우리가 잘 알고 있듯이 즐거운 종업원들이 고객만족을 높여준다.

브랜드 경영

브랜드 경영은 누구든지(과거·현재·미래 고객들, 기업 전문가들, 기타 관련자들) 기업이나 브랜드의 명성을 높여주거나 반대로 손상을 주는 의견을 올릴 수가 있는 사회매체에 귀기울인다. 상대적으로 새로 출범한 수많은 벤처기업들은 애널리틱스 기반의 브랜드 경영 서비스를 제공하고 있다. 브랜드 경영은 고객보다는 제품과 기업에 초점을 두고 감성분석 기술을 이용하여 경험보다는 직관을 형성하고자 한다.

금융시장

개별(또는 집단별) 주가의 미래 시세를 예측하기란, 매우 흥미롭지만 좀처럼 풀기 어려운 숙제이다. 주식 가격을 오르고 내리게 하는 것은 정확한 과학이 결코 아니기 때문이다. 많은 사람들이 주식시장은 대개 감성에 좌우되고 특히 단기적인 주식 움직임은 전혀 합리적이지 않다고 본다. 그렇기 때문에 금융시장에 감성분석을 활용하는 것이 큰 관심을 받아 왔다. 사회관계매체, 뉴스, 블로그, 토론그룹 등을 활용하여 시장 감성을 자동으로 분석하는 것이 시장 동향을 계산하는 적절한 방법이라고 여겨지고 있다. 올바르게만 된다면, 감성분석은 시장에서 유동성과 거래에 영향을 미치는 소란스런 움직임을 바탕으로 단기적인 주식시세를 예측해낼 수도 있다.

정치

잘 알다시피 여론은 정치에서 매우 중요하다. 정치 토론에서는 사람, 조직, 생각 등을 인용하거나 상대방의 의견에 빈정거리는 태도를 취한다든지, 또는 이것저것 복잡하게 참조하는 등의 행동이나 말들이 난무하기 때문에 정치란 감성분석에서 가장 어려운 — 그리고 잠재적으로는 해볼 만한 — 분야이기도 하다. 선거 포럼에서의 감성을 분석함으로써 누가 당선되거나 낙선할지 예측할 수도 있다. 감성분석은 유권자가 무엇을 생각하는지 이해하고, 어떤 이슈에 대해 각 후보자들의 견해를 구분할 수 있다. 감성분석은 정치적 조직, 유세, 뉴스 분석가들로 하여금 유권자들에게 가장 중요한 이슈와 위치가 무엇인지를 잘 알게 해줄 수 있다. 이 기법은 2008년과 2012년 미국 대통령 선거 유세과정에서 민주당과 공화당에게 모두 성공적으로 적용되었다.

국가 안보

안보 부문은 감성분석의 또 다른 응용 분야이다. 적대적이거나 부정적인 의사표현이 늘어나는 곳을 감시할 수 있다는 제안이 있기도 했다. 정책 현안이나 정부규제 제안에 대하여 사람들이 내놓은 의견들을 자동으로 분석할 수 있다. 부정적인 감성이 급증하는지에 대해 감시하는 일은 국가 안보를 담당하는 정부기관에게 유용할 것이다.

기타 흥미로운 분야들

고객들의 감성은 전자거래 사이트에서 상품 추천, 교차 또는 연쇄판매 광고를 위한 디자인이나 사용자가 보는 페이지의 감성을 고려하여 제품이나 서비스의 광고를 동적으로 배치하고, 사용자 평가들을 요약해주는 이피니언(Epinion)과 같이 의견 또는 평판에 대한 탐색엔진 등에 사용될 수 있다. 감성분석은 수신되는 이메일을 분류하고 우선순위를 매김으로써 이메일을 걸러낼 수 있으며(예를 들어, 매우 부정적인 또는 격렬한 이메일을 찾아내서 적절한 폴더로 분류해낼 수 있다), 인용분석처럼 저자가 어떤 연구실적물을 후원 증거로 인용할지 아니면 버릴지 결정할 수 있다.

감성분석의 절차

텍스트에 내재된 개념이나 표현들, 텍스트가 표현하고자 하는 상황 등을 분석해야 하는 감성분석 문제는 매우 복잡하기 때문에 감성분석을 수행하는 데에는 미리 정해진 표준화된 절차가 없다. 하지만 지금까지 발표된 감성분석 분야의 연구결과(연구방법과 응용 분야 모두)들을 보면 그림 6.9에서 보는 바와 같이 여러 단계의 간단하고도 논리적인 절차들을 생각할 수 있다. 이 논리적인 절차들은 반복적이고(즉, 피드백, 수정, 반복이 발견과정의 일부이다) 자연히 실험적이며, 일단 완성되면 텍스트 집합에 있는 의견들에 대해 원하는 통찰을 얻을 수 있다.

단계 1 : 감성 탐색

텍스트 문서를 추출하고 준비한 후 감성분석에서의 첫 번째 작업은 객관성을 탐색하는 것이다. 목적은 사실과 의견을 구분하는 것인데, 텍스트를 주관적인 것과 객관적인 것으로 분류하며 객관성-주관성의 극성을 0과 1 사이의 숫자로 표현하는 O-S 극성 계산이다. 객관성의 값이 1에 가까울

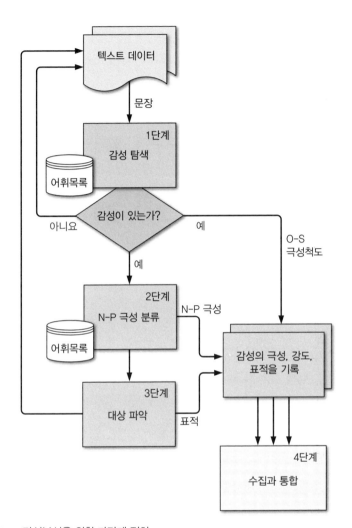

그림 6.9 감성분석을 위한 다단계 절차

수록 채집할 '의견'은 없고(즉, '사실'이다), 따라서 프로세스는 되돌아가서 다음 텍스트를 꺼내어 분석한다. 보통 의견 탐색은 텍스트 안의 형용사를 검토하는데, 예를 들면 '얼마나 멋진 작품인가'라는 텍스트의 경우 형용사 '멋진'이 있으므로 상대적으로 쉽게 극성을 결정할 수 있다.

단계 2 : N-P 극성 분류

두 번째 작업은 극성 분류이다. 주관적인 '의견'이 포함된 텍스트가 주어지면 서로 반대되는 감성의 극성 중 하나로 분류하거나 또는 이들 두 극성 사이의 위치를 정한다(Pang and Lee, 2008). 이진 속성이라는 측면에서 볼 때, 극성 분류는 전반적으로 긍정적인 의견인가 전반적으로 부정적인 의견인가(예 : 만족 또는 불만족)를 나타냄으로써 의견이 있는 문서에 라벨을 붙이는 이진 분류작업이기도 하다. N-P 극성 확인뿐만 아니라 그저 긍정이라기보다는 약간, 중간 정도, 매우, 아주 강하게 긍정 등으로 표현해서 감성의 강도를 나타낼 수도 있다. '긍정'과 '부정'의 정의가 아주 명백한 상품과 영화의 평가에 대해서는 수많은 연구가 있어 왔다. '좋음'과 '나쁨'으로 뉴스를 분류하는 작업들은 약간 어렵다. 예를 들어, 특별한 주관적인 단어나 용어를 명시적으로 사용하지 않은 채로 부정적인 소식을 포함하는 기사가 있을 수 있다. 게다가 어떤 문서가 긍정과 부정적인 감성을 모두 표현할 때에는 대개 이들 부류가 섞여서 나타나기도 한다. 그럴 경우에는 문서의 주된(또는 지배적인) 감성이 무엇인지 확인해야 한다. 긴 텍스트에서는 분류작업이 용어, 구문, 문장, 문서 등 몇 개의 수준으로 이루어져야 할 수도 있다. 이때, 한 수준에서의 결과를 다음 상위 수준의 입력으로 사용하는 것이 일반적이다.

단계 3 : 대상 파악

이 단계에서는 표현하고자 하는 감성의 표적(이를테면 사람, 제품, 사건)을 확인하는 것이 목적이다. 이 작업에서의 어려움은 분석대상의 영역에 크게 좌우된다. 상품이나 영화평가에서는 평가가 표적에 직접 연결되기 때문에 표적을 정확하게 확인하는 것이 쉽지만, 다른 영역에서는 매우 어려울 수 있다. 예를 들어, 웹페이지, 뉴스기사, 블로그와 같이 내용이 길고 특정적이지 않은 텍스트는 그것을 분류할 미리 정해진 주제가 항상 있지는 않다. 또한 종종 여러 객체들을 언급하기 때문에 그 모든 것들이 다 표적일 수도 있다. 때로는 감성문장에 하나 이상의 표적이 있기도 한데, 비교를 위한 텍스트일 경우 그러하다. 주관적이면서 비교를 하는 문장은 '이 랩탑 컴퓨터는 내 데스크탑 컴퓨터보다 좋다'와 같이 선호하는 순서로 객체가 나열된다. 그런 문장은 비교급의 형용사나 부사(더 많은, 덜한, 더 좋은, 더 긴), 최상급의 형용사(가장 많은, 가장 적은, 가장 좋은)와 똑같은, 다르다, 이기다, 선호한다 등과 같은 기타 단어들을 사용하여 확인할 수 있다. 문장이 추출되고 나면 객체들은 텍스트에 기술된 것처럼 그들의 장점을 가장 잘 대표하는 순서로 둔다.

단계 4 : 수집과 통합

문서에 있는 모든 텍스트 데이터들의 감성을 확인하고 계산하고 나면 이 단계에서는 이들을 통합하여 전체 문서에 대해 단일의 감성 척도로 변환한다. 이 통합과정은 모든 텍스트의 극성과 강도를 종합하는 단순한 일일 수도 있고, 자연언어 처리에서 감성통합 기법을 사용하여 궁극적인 감성을 찾아내는 복잡한 일일 수도 있다.

극성 확인을 위해 사용하는 방법들

이전 절에서 언급했다시피 극성 확인은 단어, 용어, 문장, 문서 수준에서 이루어질 수 있다. 가장 말단의 극성 확인은 단어 수준에서이다. 단어 수준에서의 극성 확인이 이루어지고 나면 다음 높은 수준으로 통합되고, 그리고 감성분석으로부터 바라는 통합의 수준에 이를 때까지 다음 수준으로 통합되어 올라간다. 단어·용어 수준에서 극성 확인을 하는 두 가지 기법이 있으며 각각 장점과 단점이 있다.

- 어휘목록을 참고 라이브러리로 사용한다. 이 라이브러리는 특정 작

업을 위해 개인에 의해 수동으로 또는 자동으로 만들었을 수도 있고, 아니면 일반적인 사용을 위해 기관에 의해 개발되었을 수도 있다.

- 특정 영역 내에서 용어의 극성에 대한 지식을 얻을 수 있는 훈련용 문서들을 사용한다(즉, '의견'이 있는 텍스트 문서로부터 예측 모형을 도출한다).

응용 예   ## 텍스트 기반의 사기탐지

웹 기반 정보기술의 발전과 세계화의 진행에 힘입어 컴퓨터를 통한 통신이 매일의 일상에 녹아들어 있으며, 이로써 속임수도 새로운 국면에 접어들고 있다. 즉, 텍스트 기반의 채팅, 즉시 전달되는 메시지, 텍스트 메시지 전달, 온라인 커뮤니티에 의해 생성되는 텍스트 등이 빠르게 늘고 있으며 이메일도 사용량이 크게 많아졌다. 이렇게 텍스트 기반의 의사소통이 대량으로 증가함에 따라 컴퓨터를 통한 의사교환을 이용하여 다른 사람을 속이는 일도 늘어났으며 그러한 속임은 큰 재앙을 가져올 수 있다.

불행히도, 사람들은 일반적으로 속임수를 능숙하게 탐지해내지 못하는 경향이 있다. 이러한 현상은 텍스트 기반의 통신에서 더욱 심해진다. 사기탐지(신용성 평가라고도 함)에 관련된 연구의 대부분은 직접 만나서 얼굴을 맞대고 인터뷰하는 상황을 포함하고 있다. 하지만 텍스트 기반의 통신이 많아지면서 텍스트 기반의 사기탐지 기술이 필수화되었다.

사기—즉, 속임수—를 성공적으로 탐지해내는 기술은 그 응용 범위가 넓다. 법 집행을 할 때, 범죄를 수사할 때, 공항에서 보안검색을 할 때, 테러분자들로 의심되는 사람들의 통신을 감시할 때 이 의사지원 도구들과 기술들을 사용할 수 있다. 인사부서에서는 입사지원자들의 거짓을 탐지해내는 도구로 쓸 수도 있다. 또한 이 도구와 기술들을 사용하여 기업 간부들의 위조나 부정행위 등을 밝혀내기 위해 이메일을 검사할 수 있다. 하지만 정직하지 못한 사람을 쉽게 찾아낼 수 있다고 믿는 사람들도 있지만, 연구결과에서 사기탐지에 관한 한 사람들은 평균적으로 진실성 결정에 있어서 정확성이 54%밖에 되지 않는다고 한다(Bond and DePaulo, 2006). 이 숫자는 텍스트에서 사기를 탐지해내려는 경우에 실제로 더 나빠질 수 있다.

풀러와 그의 동료들(Fuller et al., 2008)은 텍스트마이닝과 데이터마이닝 기법을 결합해서 군사기지에서 범죄에 연루된 용의자들의 진술서를 분석했다. 이 진술서는 용의자

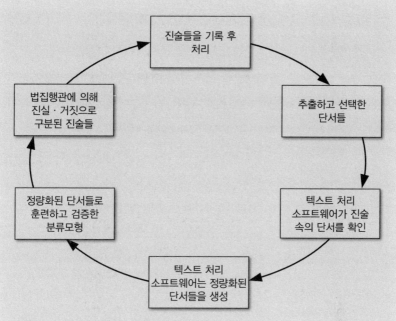

그림 6.10 텍스트 기반의 사기탐지 과정

들과 목격자들이 자신들의 단어로 사건을 재구성하여 작성한 것이다. 군법집행 담당관은 서류보관소에 있는 데이터 가운데에서 증거와 해결된 사례들을 바탕으로 진실인가 혹은 거짓인가를 뚜렷이 확인할 수 있는 진술들을 추출했다. 군법집행 담당관이 이렇게 진실 혹은 거짓이라는 라벨이 결정된 진술들에서 그 라벨정보를 삭제하고 연구팀에게 넘겨주어 분석에 사용토록 했는데, 모두 371개의 진술들을 넘겨받았다. 풀러 등(2008)이 사용한 텍스트 기반의 사기탐지방법은 **메시지 특성 마이닝**이라는 것으로, 데이터마이닝과 텍스트마이닝 기법의 요소들을 사용하는 것이다. 이 과정을 그림 6.10에서 간단히 그림으로 나타냈다.

첫째, 연구팀은 처리할 데이터를 준비한다. 손으로 쓴 원래의 진술서는 워드프로세서 파일로 옮겨 적어야 한다. 둘째, 특징(즉, 단서)들을 확인한다. 연구팀은 텍스트 내용과는 상대적으로 독립적이면서 자동화된 방법으로 쉽게 분석이 가능한 언어 범주 또는 종류를 나타내는 31개의 특징을 결정하였다. 예를 들어, '나' 또는 '나에게' 등과 같은 1인칭 대명사는 주변 텍스트를 분석하지 않고서도 찾아낼 수 있다. 다음 표 6.1은 이 연구에서 사용한 범주와 단서들의 목록이다.

표 6.1 | 사기탐지에서 사용한 언어 특징의 범주와 예

수	범주	단서의 예
1	양	동사 개수, 명사구 개수 등
	복잡도	절의 평균 개수, 문장의 평균 길이 등
	불확실성	수식어, 조동사 등
	비신속성	수동태, 객관화 등
	표현성	감정 자극성
	다양성	어휘적 다양성, 중복성 등
	비공식성	입력오류율
	특이성	시공간적 정보, 지각적 정보 등
	영향	긍정적 영향, 부정적 영향 등

특징은 텍스트 진술문에서 추출하였고 차후 처리를 위해 단층파일에 입력하였다. 10-중 교차검증과 함께 몇 가지 특징선택법을 사용하여 연구팀은 잘 알려진 세 가지 데이터마이닝 기법과 예측 정확도를 비교하였다. 이들의 결과에 따르면, 신경망 모형이 가장 성능이 좋아서 시험 데이터에 대해 73.46%의 예측 정확도를 보였고 그 다음으로 결정나무가 71.60%의 정확도를, 로지스틱 회귀는 마지막으로 67.28%의 정확도를 기록하였다.

이 결과로 자동화된 텍스트 기반의 사기탐지가 텍스트에서 거짓을 찾아내야 하는 이들에게 도움이 될 수 있으며 실제 데이터에도 성공적으로 적용할 수 있음을 보이고 있다. 비록 텍스트로 된 단서에 한정된 것이지만 이 기법들의 정확도는 다른 대부분의 사기탐지 기법들에 비해 높았다.

출처 : C. M. Fuller, D. Biros, & D. Delen, "Exploration of Feature Selection and Advanced Classification Models for High-Stakes Deception Detection," Proceedings of the 41st Annual Hawaii International Conference on System Sciences (HICSS), Big Island, HI, IEEE Press, pp.80-99, 2008; and C. F. Bond & B. M. DePaulo, "Accuracy of Deception Judgments," Personality and Social Psychology Reports, 10(3): 214-234, 2006.

참고문헌

Bond C. F., & B. M. DePaulo. (2006). "Accuracy of Deception Judgments," *Personality and Social Psychology Reports,* 10(3): 214-234.

Chun, H. W., Y. Tsuruoka, J. D. Kim, R. Shiba, N. Nagata, T. Hishiki, & Jun'ichi

Tsujii. (2006, January). "Extraction of Gene-Disease Relations from Medline Using Domain Dictionaries and Machine Learning," *Pacific Symposium on Biocomputing,* 11: 4-15.

Delen, D., & M. Crossland. (2008). "Seeding the Survey and Analysis of Research Literature with Text Mining," *Expert Systems with Applications,* 34(3): 1707-1720.

Etzioni, O. (1996). "The World Wide Web: Quagmire or Gold Mine?" *Communications of the ACM,* 39(11): 65-68.

EUROPOL. (2007). *EUROPOL Work Program 2007,* state-watch.org/news/2006/apr/europol-work-programme-2007.pdf (accessed October 2008).

Feldman, R., & J. Sanger. (2007). *The Text Mining Handbook: Advanced Approaches in Analyzing Unstructured Data.* Boston: ABS Ventures.

Fuller, C. M., D. Biros, & D. Delen. (2008). "Exploration of Feature Selection and Advanced Classification Models for High-Stakes Deception Detection," *Proceedings of the 41st Annual Hawaii International Conference on System Sciences (HICSS),* Big Island, HI: IEEE Press, pp. 80-99.

Ghani, R., K. Probst, Y. Liu, M. Krema, & A. Fano. (2006). "Text Mining for Product Attribute Extraction," *SIGKDD Explorations,* 8(1): 41-48.

Grimes, S. (2011, February 17). "Seven Breakthrough Sentiment Analysis Scenarios," *InformationWeek.*

Kanayama, H., & T. Nasukawa. (2006). *Fully Automatic Lexicon Expanding for Domain-Oriented Sentiment Analysis, EMNLP: Empirical Methods in Natural Language Processing,* http://trl.ibm.com/projects/textmining/takmi/sentiment_analysis_e.htm (accessed February 2014).

Lin, J., & D. Demner-Fushman. (2005). "'Bag of Words' Is Not Enough for Strength of Evidence Classification," *AMIA Annual Symposium Proceedings,* pp. 1031-1032. http://pubmedcen-tral.nih.gov/articlerender.fcgi?artid=1560897 (accessed December 2013).

Mahgoub, H., D. Rösner, N. Ismail, & F. Torkey. (2008). "A Text Mining Technique Using Association Rules Extraction," *International Journal of Computational Intelligence,* 4(1): 21-28.

Manning, C. D., P. Raghavan & H. Schutze. (2008). *Introduction to Information Retrieval.* Cambridge, MA: MIT Press.

Masand, B. M., M. Spiliopoulou, J. Srivastava, & O. R. Zaïane. (2002). "Web Mining for Usage Patterns and Profiles," *SIGKDD Explorations*, 4(2): 125-132.

McKnight, W. (2005, January 1). "Text Data Mining in Business Intelligence," *Information Management Magazine*. http://information-management.com/issues/20050101/1016487-1.html (accessed May 2009).

Mejova, Y. (2009). *Sentiment Analysis: An Overview*, www.cs.uiowa.edu/~ymejova/publications/CompsYelenaMejova.pdf (accessed February 2013).

Miller, T. W. (2005). *Data and Text Mining: A Business Applications Approach*. Upper Saddle River, NJ: Prentice Hall.

Nakov, P., A. Schwartz, B. Wolf, & M. A. Hearst. (2005). "Supporting Annotation Layers for Natural Language Processing." *Proceedings of the ACL*, interactive poster and demonstration sessions. Ann Arbor, MI: Association for Computational Linguistics, pp. 65-68.

Pang, B., & L. Lee. (2008). *Opinion Mining and Sentiment Analysis*, http://dl.acm.org/citation.cfm?id=1596846.

Peterson, E. T. (2008). *The Voice of Customer: Qualitative Data as a Critical Input to Web Site Optimization*, http://foreseeresults.com/Form_Epeterson_WebAnalytics.html (accessed May 2009).

Shatkay, H., et al. (2007). "SherLoc: High-Accuracy Prediction of Protein Subcellular Localization by Integrating Text and Protein Sequence Data," *Bioinformatics*, 23(11): 1410-1417.

StatSoft. (2014). *Statistica Data and Text Miner User Manual*. Tulsa, OK: StatSoft, Inc.

Weng, S. S., & C. K. Liu. (2004) "Using Text Classification and Multiple Concepts to Answer E-mails," *Expert Systems with Applications*, 26(4): 529-543.

Zhou, Y., et al. (2005). "U.S. Domestic Extremist Groups on the Web: Link and Content Analysis," *IEEE Intelligent Systems*, 20(5): 44-51.

제7장

빅데이터 애널리틱스

오늘날 기업에서 지속적인 성장과 이윤의 향상을 위한 고객과의 비즈니스를 이해하는 데에 데이터를 사용하기가 더 힘겨워지고 있다. 이는 더욱 더 많은 데이터들이 그 형태와 사용방식이 달라져서 기존의 방식으로는 데이터를 적시에 처리하기가 불가능해지고 있기 때문이다. 이러한 현상의 중심에는 빅데이터가 있으며 언론의 주목을 크게 받으며 비즈니스 사용자와 IT 전문가들로부터 관심이 크게 늘고 있다. 결과적으로 빅데이터는 시장에서 과장되고 남용되는 유행어가 되어가고 있다.

서로 다른 배경과 관심을 가진 사람들에게는 빅데이터의 의미도 서로 다르게 받아들여진다. 전통적으로 빅데이터라는 용어는 구글과 같은 큰 조직이나 NASA에서 진행하는 과학연구 프로젝트에서 분석하는 매우 큰 용량의 데이터를 가리켜 왔다. 하지만 기업의 크기에 따라 빅(big)의 의미는 상대적이며 다르게 받아들여질 수 있으므로, 기존 데이터 소스의 내부와 외부 모두에서 새로운 가치를 발견한다는 점을 중요하게 봐야 한다. 데이터 애널리틱스의 경계를 허물어서 새로운 통찰과 기회를 찾아내는 것은 빅의 기준이 어디에서 출발하고 어떻게 진행하는가에 달려 있다. 빅데이터의 이러한 인기에 대한 다음의 설명을 보자. 빅데이터는 사용자들이 수용할 만한 시간 내에 담아내고 운영하며 처리할 정도의 보통 사용하는 하드웨어 환경의 범위와 소프트웨어 도구의 능력을 넘어선다. 빅데이터는 정형 및 비정형 정보의 지수적인 성장, 가용성 그리고 활용을 설명하는 일반 용어가 되었다. 빅데이터 추세와 이것이 혁신, 차별화, 성장의 기초로서 어떻게 기여할 것인가에 대해 많은 글들이 있어 왔다.

빅데이터는 어디에서 생기는가?

간단히 대답하면 '모든 곳'이다. 기술적인 어려움 때문에 무시되었던 데이터 소스는 이제 금광으로 취급받고 있다. 블로그, RFID 태그, GPS, 센서 네트워크, 사회관계망, 인터넷 기반 텍스트 문서, 인터넷 검색 찾아보기, 자세한 전화통화 기록, 천문학, 대기과학, 생물학, 유전학, 핵물리학, 생체화학 실험, 의료기록, 과학연구, 군사 감시, 사진기록물, 비디오기록물, 대규모 전자거래 등등 수많은 소스로부터 빅데이터가 생겨난다.

그림 7.1은 빅데이터 소스를 3개 수준의 다이어그램으로 예시하고 있다. 기존의 데이터 소스 — 주로 비즈니스 거래 — 는 제일 아래 단에 있는데, 데이터의 분량, 다양성, 속도 측면에서 '낮음'이다. 다음 단은 인터넷과 사회매체로부터 발생하는, 인간이 만들어내는 데이터이다. 이 단의 데이터는 인간의 집합적 아이디어와 지각을 이해하는 데에 가장 가치가 있지만 아주 복잡하다. 이 단에서 데이터의 분량과 다양성, 속도는 '보통~높다'이다. 가장 위의 단은 기계가 만들어내는 데이터이다. 모든 것들이 다른 모든 것들과 연결되는 사물 인터넷에 의해 수많은 말단 시스템에서 자동적으로 데이터가 수집됨에 따라 불과 수년 전 각 조직에서는 그 양과 다양성 면에서 상상할 수도 없었던 데이터를 수집할 수가 있었다. 데이터

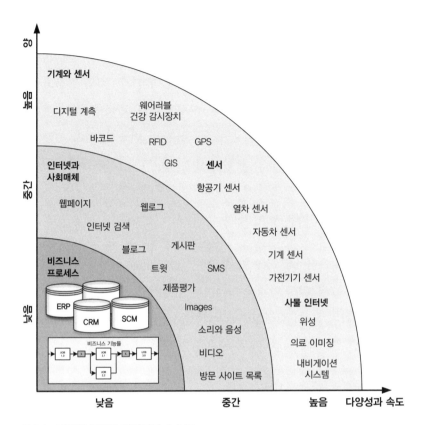

그림 7.1 다양한 범위의 빅데이터 소스들

소스의 세 단 모두 적절히 인지되고 활용될 경우, 복잡한 문제를 풀고 기회를 살릴 수 있는 기업의 능력을 획기적으로 개선할 풍부한 정보를 만들어낸다.

빅데이터는 새로운 개념이 아니다. 빅데이터의 정의와 구조가 지속적으로 변한다는 것이 새로울 뿐이다. 기업들은 1990년대 초에 데이터 웨어하우스가 나타난 이후 많은 양의 데이터를 저장하고 분석해왔다. 테라바이트가 빅데이터 웨어하우스와 동의어로 사용된 적이 있지만 이제는 페타바이트이다. 기업들이 고객 행태와 비즈니스 동력을 더 잘 이해하기 위해 웹과 기계가 만들어내는 데이터뿐만 아니라 더 큰 수준에서의 거래 세

부사항을 저장하고 분석하면서 데이터 양의 성장속도는 계속해서 더 빨라지고 있다. 학술기관과 기업 분석가 및 지도층에서는 모두 빅데이터가 적절하지 않은 이름이라고 생각한다. 그것이 의미하는 바와 말하고자 하는 것이 정확히 일치하지 않는다. 즉, 빅데이터는 그냥 큰 것이 아니다. 단지 데이터의 양은 특히 다양성, 속도, 진정성, 변동성, 가치 제안 등과 같이 빅데이터와 연관된 많은 특징들 가운데 하나에 불과하다.

V들이 빅데이터를 정의한다

빅데이터는 대개 세 V로 정의할 수 있다. 양(volume), 다양성(variety), 속도(velocity). 이 세 가지 이외에 빅데이터 솔루션의 선두 공급자들은(학계나 산업계 거의 모두) 진정성(veracity)(IBM), 변동성(variability)(SAS) 그리고 가치 제안(value proposition) 등과 같이 다른 V들을 추가하기도 한다.

양

빅데이터에서 양은 당연하게도 가장 일반적인 특징이다. 수년간 저장된 거래 기반 데이터, 사회매체로부터 지속적으로 나오는 텍스트 데이터, 센서로부터 수집되는 데이터, 자동으로 생성되는 RFID와 GPS 데이터 등으로 인해 그 양이 지수적으로 증가하고 있다. 과거에는 데이터의 양이 너무 많으면 이를 저장하는 데에 기술적으로나 재정적으로 어려운 문제를 초래했다. 하지만 오늘날 기술이 진보하고 저장비용이 줄어듦에 따라 이런 문제는 더 이상 중요하지 않다. 그 대신 많은 양의 데이터 중에서 어떤 데이터가 적절한가, 그리고 적절하다고 간주된 데이터로부터 어떻게 가치를 만드는가 등의 또 다른 문제가 등장한다.

이전에 언급했듯이 빅은 상대적인 용어이다. 시간에 따라 변화하고 조직이 다르면 다르게 받아들여진다. 놀라울 정도로 데이터 양이 늘어남에

표 7.1 | 늘어나는 데이터 양을 위한 이름

이름	약자	값(바이트)
킬로바이트	kB	10^3
메가바이트	MB	10^6
기가바이트	GB	10^9
테라바이트	TB	10^{12}
페타바이트	PB	10^{15}
엑사바이트	EB	10^{18}
제타바이트	ZB	10^{21}
요타바이트	YB	10^{24}
브론토바이트*	BB	10^{27}
게고바이트*	GeB	10^{30}

* 아직 공식적인 SI(국제 단위 시스템) 이름은 아님.
출처 : en.wikipedia.org/wiki/Petabyte

따라 향후의 빅데이터 단계에서는 이름을 붙이는 것조차도 어려워지고 있다. 가장 큰 데이터 단위가 페타바이트(PB)였는데 지금은 1조 기가바이트(GB) 또는 10억 테라바이트(TB)에 해당하는 제타바이트(ZB)를 말하고 있다. 데이터의 양이 늘어나면서 다음 수준에 대해 범용적으로 수용할 수 있는 이름 붙이기를 따라가는 데에도 어려움을 겪고 있다. 표 7.1은 데이터 양의 크기와 이름에 대한 설명이다(Sharda et al., 2014).

매일 인터넷에서 2억5천만 개의 DVD에 수록된 정보에 해당하는 엑사바이트(exabyte)대의 데이터가 생성되고 있음을 생각하라. 연간 웹상을 돌아다니는 정보의 양을 보면 훨씬 더 많은 양의 데이터 ― 제타바이트(zettabyte) ― 를 상상하는 것도 멀지 않다. 사실 업계 전문가들은 2016년까지는 연간 인터넷상에서 1.3제타바이트의 트래픽이 있을 거라고 이미 추정하고 있다. 앞으로는 더 큰 숫자를 말하기 시작할 듯하다. 몇몇 빅데이터과학자들 중에는 NSA와 FBI가 이미 요타바이트(yottabyte) 급의 데이터를 가지고 있다고 의심하기도 한다. 이 양을 따져보면 요타바이트는

250조 개의 DVD의 저장용량이다. 브론토바이트(brontobyte)는 공식적인 SI단위는 아니지만 측정 업계에서 몇몇 사람들이 그 존재를 인식하고 있는데, 숫자 1 뒤에 숫자 0이 27개가 붙은 것이다. 그 양의 크기는 모르긴 해도 향후 10년 이내에 사물 인터넷에서 우리가 얻게 될 센서 데이터들을 설명할 때 사용될 것이다. 게고바이트(gegobyte)는 10^{30}이다. 빅데이터가 어디서부터 생기는지에 대해서는 다음을 보라(Higginbotham, 2012).

- CERN의 대형 하드론 충돌기는 초당 1페타바이트의 데이터를 만든다.
- 보잉 제트엔진의 센서는 매 시간 20테라바이트의 데이터를 생성한다.
- 페이스북 데이터베이스는 하루에 500테라바이트의 새로운 데이터를 수록한다.
- 유튜브에는 분당 72시간 분량의 비디오가 업로드되고, 이는 매 4분마다 1테라바이트에 해당한다.
- 현재 추진 중인(세계에서 제일 큰 망원경인) 1제곱킬로미터 배열 망원경은 하루에 엑사바이트의 데이터를 만들어 낼 것이다.

간단히 역사를 살펴봐도 2009년에 세계는 0.8제타바이트의 데이터를 가졌는데, 2010년에 1제타바이트선을 넘어섰고 2011년 말에는 1.8제타바이트가 되었다. IBM은 지금부터 2020년 즈음에 35제타바이트가 될 것으로 예상하였다. 이 숫자는 크기로도 놀랍지만 도전과 기회를 함께 가지고 있기도 하다.

다양성

오늘날의 데이터는 기존의 데이터베이스에서부터 최종 사용자와 OLAP 시스템에 의해 생성되는 계층적 데이터 저장소, 텍스트 문서, 이메일, XML, 센서에 의해 측량 수집된 데이터, 비디오, 소리, 주식시세 표시에 이르기까지 온갖 형태로 만들어진다. 한 분석에 의하면 모든 조직의 80~85%의 데이터는 비정형 또는 반정형(semistructured, 즉 기존의 데이터베이스 형식에 적당하지 않은) 형태라고 한다. 그렇다고 해도 그 가치는 조금도 부정할 수 없으며 의사결정지원을 위한 분석에 반드시 포함되어야 한다.

속도

저명한 기술 컨설팅 기업 가트너에 의하면, 속도는 데이터가 얼마나 빠르게 생성되는가와 필요 또는 수요에 대응해서 얼마나 빠르게 처리되는가(즉, 획득되고 저장되며 분석되는가) 모두를 의미한다. RFID 태그, 자동화 센서, GPS장치, 스마트 계측 등이 거의 실시간으로 마구 쏟아지는 데이터를 처리할 필요성이 높아지고 있다. 속도는 아마도 빅데이터에서 가장 간과되는 특징일 것이다. 대부분의 조직에서는 속도를 제어하기에 충분할 정도로 반응하기란 어려운 문제이다. 시간에 민감한 환경에서는 데이터가 생성된 순간부터 데이터의 기회비용 시계는 똑딱거리기 시작한다. 시간이 지남에 따라 데이터의 가치는 떨어지고 결국에는 쓸모가 없어진다. 중요한 주제가 환자의 건강 상태이든, 교통 시스템의 복지이든, 투자 포트폴리오의 건강이든 간에 데이터에 접근해서 환경에 보다 빠르게 대응하는 것이 언제나 보다 나은 결과를 창출할 것이다.

　우리가 오늘날 목도하고 있는 빅데이터 폭풍속에서 거의 모든 사람들이 수많은 다양한 데이터 소스를 얻어내기 위해 최적화된 소프트웨어와 하드웨어를 사용해서 '멈추어 있는' 애널리틱스에 집중하고 있다. 비록 이것도 매우 중요하고 그 가치가 높지만, 속도라고 하는 측면에서 또 다른 종류의 애널리틱스가 진행되고 있다는 점이 종종 간과되고 있는데, 이것이 바로 데이터 스트림 애널리틱스 또는 움직이는 애널리틱스라고 불리는 것이다. 데이터 스트림 애널리틱스는 고정된 애널리틱스 만큼 — 어떤 비즈니스 환경에서는 이보다 더 — 중요할 수 있다. 이 장의 후반부에 좀 더 자세히 설명한다.

진정성

IBM은 진정성이라는 용어를 빅데이터를 설명하는 네 번째 V로 들었다. 이는 사실과의 부합, 즉 데이터의 정확성, 품질, 진실성, 신뢰성 등을 의미한다. 종종 도구들과 기법들을 사용하여 데이터를 신뢰할 만한 통찰로 변환함으로써 빅데이터의 진정성을 다루는 데에 사용한다.

변동성

데이터의 속도와 다양성의 증가 이외에도 데이터의 흐름은 주기적인 정점과는 매우 불일치하기도 한다. 데이터 흐름에서의 불일치성으로 인해 데이터의 하부구조를 적절하고 비용효과적으로 만드는 데에 큰 어려움을 겪는다. 최고 정점 시간대를 다루기 위해 자원들을 잘 배치하면 그 나머지 시간에는 활용도가 크게 저하될 것이다. 변동성의 문제를 해결하기 위해 많이 쓰이는 방법 중 하나는 하부구조 서비스 비즈니스 모형에 의해서 자원을 공유하는 것이다. 대기업뿐만 아니라 중소기업들도 클라우드 컴퓨팅, 서비스 지향적 구조(service oriented architecture, SOA), 대량의 병렬처리 등을 통해서 데이터의 변동성으로 인한 문제들을 해결해 나가고 있다.

가치 제안

빅데이터를 둘러싼 흥미로운 것은 가치 제안에 관한 것이다. 빅데이터는 '스몰' 데이터에 비해서 패턴과 흥미로운 현상들이 더 혹은 잠재적으로 많을 것이라는 것이 선입관 중 하나이다. 따라서 양이 많고 특성이 많은 데이터를 분석함으로써 기업들은 그렇지 않을 때보다 더 큰 비즈니스의 가치를 얻을 수 있다. 작은 데이터 집합에서는 간단한 통계 및 기계학습 방법이나 전용 질의 및 보고 도구를 사용함으로써 패턴을 발견할 수 있지만, 빅데이터는 '큰' 애널리틱스를 뜻한다. 큰 애널리틱스는 모든 기업들이 필요로 하는 그 더 큰 통찰과 더 나은 의사결정을 의미한다.

빅데이터의 정확한 정의는 아직 학계나 업계에서 논의가 진행 중이지만, 더 많은 특징들(아마도 더 많은 V들)이 추가될 것이다. 어떤 일이 일어나든 간에 빅데이터의 중요성과 가치 제안은 실제로 존재하고 있다.

빅데이터의 기초 개념

빅데이터 그 자체는 데이터의 크기, 형태, 속도와 상관없이 비즈니스 사용자가 기업조직에 무언가 가치를 제공해주지 않는다면 쓸모가 없다. 이로써 '큰' 애널리틱스가 중요해진다. 대부분의 기업들은 아무리 데이터 웨어하우스를 위한 장기적인 보고서와 계기판을 가지고 있다고 해도 심도 있고 필요한 탐구를 위해 이 저장소를 연 적이 없다. 이는 보통의 사용자를 위한 분석 도구들이 너무 복잡하기 때문이기도 하고 열혈 사용자들에게 필요한 데이터가 이 저장소에 없기 때문이기도 하다. 하지만 이러한 상황도 새로운 빅데이터 애널리틱스 패러다임에 의해 아주 극적인 방식으로 변화하고 있으며, 어떤 측면에서는 이미 변화했다.

가치 제안과 함께 빅데이터는 조직에 큰 과제를 가져다주었다. 데이터를 획득하고 저장하며 분석하는 기존의 수단들은 빅데이터를 효과적이고 효율적으로 다루지 못한다. 그러므로 빅데이터의 과제를 극복하기 위해서는 새로운 종류의 기술이 개발되어야 하며, 그러한 투자를 하기 전에 방법이 타당한지 보여야 한다. 이 상황을 헤쳐나가는 데에 도움이 될 몇 가지 질문들이 있다. 다음 문장들의 어느 하나라도 참이면 빅데이터라는 여행에 동참할 것을 심각히 고려해야 한다.

- 현재의 플랫폼이나 환경에 의해 부과되는 제약으로 인해 처리하고자 하는 양만큼의 데이터를 처리하지 못한다.
- 분석 플랫폼에 새롭고 현대적인 데이터 소스들, 예를 들어 사회매체, RFID, 센서, 웹, GPS, 텍스트 데이터들을 포함하기 위해서는 데이터 저장 스키마가 정의하는 행과 열을 맞추기 위해 새 데이터의 충실도나 풍부함을 희생해야 한다.
- 분석을 진행하기 위해 가능한 한 빨리 데이터를 통합해야 한다(또는 통합하기 원한다).
- 새 데이터의 성질이 알려지지 않았거나 그것을 결정하고 스키마를 개발할 시간이 충분하지 않기 때문에(RDBMS에서 사용하는 사전에 정해진 스키마와 반대로) 주문형 스키마 데이터 저장 패러다임으로 작업하기 원한다.
- 데이터가 조직에 너무 빠르게 도착하고 있어서 기존의 애널리틱스 플랫폼으로는 다룰 수가 없다.

다른 큰 IT 투자의 경우에서처럼 빅데이터 애널리틱스에서의 성공은 여러 요소에 의해 정해진다. 그림 7.2는 가장 중요한 성공요소들을 그래프로 나타내고 있다(Watson, 2012).

다음은 빅데이터의 가장 핵심적인 성공요소들이다.

- **명확한 비즈니스 니즈(비전과 전략 간의 균형 조정)** : 비즈니스 투자는 단순히 기술진보를 위한 것이 아니라 비즈니스 성공을 위한 것이어야 한다. 따라서 빅데이터 애널리틱스의 주된 구동력은 전략, 전술, 운용 등 모든 측면에서 비즈니스의 요구사항들이어야 한다.
- **강력하고 열성적인 후원(경영층의 옹호자)** : 강하고 열성적인 경영층의 후원이 없으면 성공하기가 어렵거나 불가능하기까지 하다는 것은 잘 알려진 사실이다. 단일 혹은 몇 가지 분석적 응용 분야의 범위라면

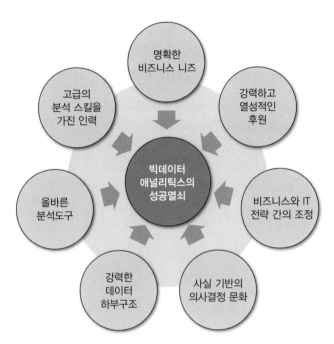

그림 7.2 빅데이터 애널리틱스를 위한 핵심 성공요소

부서 수준의 후원일 수 있다. 하지만 대부분의 빅데이터 추진계획에서처럼 전사적인 변환이 목적일 경우에는 최고층의 후원이 필요하며 조직 전체가 움직여야 한다.

- **비즈니스와 IT 전략 간의 조정** : 분석적 작업이 항상 비즈니스 전략을 지원하고 있는가를 확인해야 한다. 애널리틱스는 비즈니스 전략을 수행함에 있어서 힘을 주는 역할을 해야 한다.

- **사실 기반의 의사결정 문화** : 사실 기반의 의사결정 문화에서는 직관이나 육감, 추정 등이 아니라 숫자로 의사결정을 해야 한다. 무엇이 이루어지고 무엇이 아닌가를 알아볼 수 있는 실험의 문화이기도 하다. 사실 기반의 의사결정을 만들기 위해 고위층 경영자는

  - 어떤 사람들은 적응하지 못하거나 하지 않으려 함을 알고 있어야 한다.

- 음성으로 응원해주어야 한다.
- 낡은 방법은 중단해야 함을 강조한다.
- 애널리틱스가 무엇을 결정했는지 알기 위해 물어본다.
- 바람직한 행태에 대해서는 인센티브와 보상을 베풀어야 한다.
- **강력한 데이터 하부구조** : 데이터 웨어하우스는 애널리틱스를 위한 데이터 하부구조이다. 이 하부구조는 빅데이터에서 새로운 기술로 변화하고 발전해간다. 상승작용을 일으키는 전반적인 하부구조에서 옛것과 새로운 것이 잘 화합해야 성공한다.

데이터의 크기와 복잡도가 늘어감에 따라 보다 효율적인 분석 시스템의 필요성도 높아진다. 빅데이터의 계산 수요를 맞추어가기 위해서 새롭고 혁신적인 수많은 계산 기법과 플랫폼이 개발되고 있다. 이들 기법은 종합적으로는 고성능 컴퓨팅이라고 하며 다음을 포함한다.

- 인메모리(in-memory) 애널리틱스는 분석적 계산과 빅데이터로 하여금 인메모리 및 전용의 노드 집단에 걸쳐 분산처리를 하게 함으로써 매우 정확하게 거의 실시간으로 복잡한 문제를 풀어준다.
- 인데이터베이스(in-database) 애널리틱스로 데이터베이스 안에서 데이터 통합과 분석적 기능을 수행하여 데이터를 더 잘 제어함으로써 반복적으로 데이터를 옮기거나 변환할 필요가 없다.
- 그리드 컴퓨팅(grid computing)은 IT 자원들을 공유하고 중앙에서 공동으로 관리 운영해서 작업을 처리함으로써 고효율, 저비용, 성능향상 등을 촉진한다.
- 기기(appliance)들은 빠를 뿐만 아니라 필요에 따라 그 규모를 조절할 수 있는 물리적 단위 안에 하드웨어와 소프트웨어를 함께 묶어준다.

계산능력이 높아야 한다는 점은 빅데이터가 오늘날의 기업들에게 주는 과제 가운데 작은 일부에 지나지 않는다. 다음은 비즈니스 경영층들이 빅데이터 애널리틱스를 성공적으로 수행하는 데에 중요한 영향을 준다고 한 과제들이다. 빅데이터 프로젝트와 구조를 고려할 때 이들 과제들을 염두에 둔다면 애널리틱스 경쟁력 확보의 과정이 덜 힘들 것이다.

- **데이터의 양** : 필요할 때 최신의 정보들이 의사결정자에게 제공될 수 있도록 허용될 만한 속도로 엄청난 양의 데이터를 획득하고 저장하며 처리할 수 있어야 한다.
- **데이터 통합** : 구조나 소스가 유사하지 않은 데이터를 결합하되 신속하고 합리적인 가격으로 할 수 있어야 한다.
- **처리능력** : 데이터를 획득하는 대로 신속히 처리할 수 있어야 한다. 기존의 방식처럼 데이터를 수집한 후에 처리하면 안 된다. 많은 상황에서 데이터는 그 최고의 가치를 활용하기 위해 획득하는 즉시 분석해야 한다. 이는 스트림 애널리틱스라고도 하는데, 이 장의 후반부에서 다룰 것이다.
- **데이터 지배** : 빅데이터에 관련된 보안, 사생활보호, 소유권, 품질문제 등을 잘 처리할 수 있어야 한다. 양과 다양성(형태와 소스 측면에서의) 데이터 속도 변화에 맞게 지배력도 따라갈 수 있어야 한다.
- **기술 가용성** : 빅데이터는 새로운 도구들로 무장하고 있으며 여러 가지 모습을 보이고 있다. 이 일을 할 수 있는 기술을 가진 사람(데이터과학자라고 부르는 사람들로, 이 장의 후반부에 설명한다)들이 부족하다.
- **솔루션 비용** : 빅데이터에 의해 발전가능성이 있는 비즈니스를 시작한 이후, 의미 있는 패턴과 가치 있는 통찰을 찾아내기 위해 매우 많은 실험과 발견들이 있어 왔다. 빅데이터 프로젝트에서 긍정적인 ROI를 실현하기 위해서는 그 가치를 얻게 해 줄 솔루션의 비용이 낮

아지지 않으면 안 된다.

빅데이터 애널리틱스의 과제는 현실이지만 그 가치 제안도 마찬가지이다. 새로운 데이터 소스의 가치를 증명하기 위해 비즈니스 애널리틱스 지도자는 단지 데이터를 실험하고 탐구하는 것뿐만 아니라 그것에 적응하고 포용하도록 할 수 있는 모든 일을 해내야 다른 조직과의 차별적인 경쟁력을 가질 수 있다. 탐구하는 게 잘못되었다는 것이 아니라 궁극적으로 빅데이터의 가치는 통찰을 실제 행동으로 옮기게 하는 데에 있기 때문이다.

빅데이터 애널리틱스가 해결하는 비즈니스 문제

빅데이터가 해결하는 가장 중요한 비즈니스 문제는 개선된 고객의 경험뿐 만 아니라 프로세스 효율성과 비용감소 등이지만, 산업별로 보면 우선순위가 달라질 수 있다. 프로세스의 효율성과 비용감소는 빅데이터를 분석함으로써 해결할 수 있는 일반적인 비즈니스 문제이고 이들은 아마도 제조, 정부, 에너지와 공공사업, 통신과 미디어, 운송, 건강관리 부문에서 빅데이터 애널리틱스가 해결하는 가장 최상위 문제일 것이다. 개선된 고객경험은 보험사나 소매점에서 해결해야 할 문제들 중 우선순위이다. 은행이나 교육 관련 기업에서는 위험관리가 최우선이다. 다음은 빅데이터 애널리틱스를 이용하여 해결할 수 있는 문제들이다.

- 프로세스 효율성과 비용감소
- 브랜드 경영
- 수익 극대화, 교차판매와 연쇄판매
- 개선된 고객경험
- 고객이탈 확인과 고객모집
- 개선된 고객 서비스

- 신제품과 시장 기회의 발견
- 위험경영
- 규정 준수
- 향상된 보안능력

빅데이터 기술들

빅데이터를 처리하고 분석하는 데에는 많은 기술들이 있지만 대부분 공통적인 특징이 있다(Kelly, 2012). 즉, 스케일 아웃(scale out, 서버의 대수를 늘려 처리능력을 향상시킴)과 병렬처리를 가능케 하는 커머디티 하드웨어(commodity hardware, 특별한 기능이 많지 않은 저가형 하드웨어 기기)를 활용한다. 비정형과 반정형 데이터를 처리하기 위해 비관계형 데이터 저장능력을 채택한다. 그리고 빅데이터에 고급의 애널리틱스와 데이터 시각화 기술을 적용하여 최종 사용자에게 의미를 전달한다. 비즈니스 애널리틱스와 데이터 운영시장을 변형하기 위해 서로 비슷하게 두드러진 맵리듀스, 하둡, NoSQL 세 가지의 빅데이터 기술이 있다. 다음 절에서 이들 세 기술을 검토한다.

맵리듀스

맵리듀스(MapReduce)는 많은 기기 클러스터에 걸쳐 있는 매우 크고 다양한 구조의 데이터 파일을 분산처리해주는 기술로, 구글에 의해 잘 알려져 있다. 클러스터 내에 수백 개 ― 수천 개일 수도 ― 의 기기들이 병렬로 가동하여 작업을 작은 단위로 나누어서 처리함으로써 높은 성능을 달성한다. 맵리듀스에 대한 중요한 논문(Dean and Ghemawat, 2004)을 보면,

맵리듀스는 큰 데이터 집합을 처리하고 생성하기 위한 프로그래밍 모형이며 관

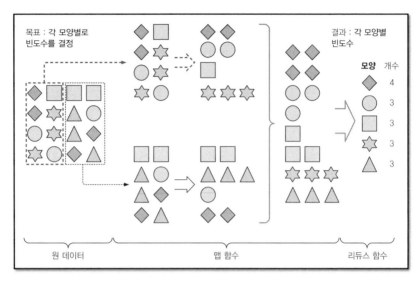

그림 7.3 맵리듀스 과정의 도식화

런 실행 도구이다. 이 기능 스타일로 작성된 프로그램은 자동적으로 병렬화되어 많은 기기들의 클러스터에서 실행된다. 이로써 병렬처리와 분산 시스템에 경험이 없는 프로그래머라도 쉽게 큰 분산 시스템 자원을 활용할 수 있다.

이 인용문에서 주목할 핵심은 맵리듀스가 프로그래밍 언어가 아니라 프로그래밍 모형이라는 점이다. 즉, 비즈니스 사용자보다는 프로그래머들이 사용하도록 설계되었다.

맵리듀스가 어떻게 작동하는지 예를 들어 보자. 그림 7.3은 여러 색으로 색칠되어 있는 도형들의 개수를 세는 계수기를 나타내는데, 맵리듀스 프로세스에 들어가는 입력은 색칠되어 있는 도형들의 집합이며, 목표는 각 색깔별로 도형의 개수를 세는 것이다. 이 예에서 프로그래머는 맵과 리듀스 프로그램을 코딩해야 한다. 나머지 프로세싱은 맵리듀스 프로그래밍 모형을 수행하는 소프트웨어 시스템이 알아서 한다.

맵리듀스 시스템은 우선 입력파일을 읽어 들인 후 여러 개의 조각으로 나눈다. 이 예에서는 2개로 나누었지만 실제로는 대개 훨씬 많은 개수로 나눈다. 클러스터의 노드들은 이 나누어진 조각들을 병렬로 수행되는 여러 개의 맵 프로그램으로 처리한다. 이 경우에 각 맵 프로그램의 역할은 조각 내에 데이터를 색깔별로 묶어주는 일이다. 맵리듀스 시스템은 그 후 각 맵 프로그램에서 출력을 받아서 그 결과들을 합하여(즉, 섞고 분류함) 리듀스 프로그램으로 보내면 각 색깔별 도형들의 개수를 합하는 계산을 한다. 이 예에서는 리듀스 프로그램이 1개만 사용되었지만 실제로는 더 많을 수 있다. 최적의 성능을 위해 프로그래머는 섞고 정리하는 프로그램을 자체적으로 만들 수도 있고, 섞고 분류하는 단계에 의해 여러 클러스터들에 걸쳐 원격으로 접근해야 하는 출력파일의 개수를 줄이기 위해 로컬 맵 출력파일을 결합해주는 프로그램을 채택할 수도 있다.

왜 맵리듀스를 사용하는가?

맵리듀스는 양이 많고 다양한 구조를 가진 데이터를 처리하고 분석하는 데에 도움이 된다. 응용 예로는 찾아보기화 및 탐색, 그래프 분석, 텍스트 분석, 기계학습, 데이터 변환 등이다. 이들은 대개 관계형 DBMS가 사용하는 표준적인 SQL로는 실행하기가 어렵다.

맵리듀스의 절차는 숙련된 프로그래머가 이해하기 쉽고 개발자가 병렬 컴퓨팅의 수행에 대해 신경을 쓸 필요가 없다는 장점이 있다. 이것은 시스템이 투명하게 그것을 처리하기 때문이다.

맵리듀스는 프로그래머를 위해 설계되었지만 프로그래머가 아니더라도 미리 만들어진 맵리듀스 응용과 기능 라이브러리들을 활용할 수 있다. 광범위한 분석적 능력을 제공해주는 상용 및 오픈소스 맵리듀스 라이브러리들이 있다. 예를 들어, 아파치 마훗은 맵리듀스를 사용하여 실행되는 군집화, 분류 및 배치(batch) 기반 협업 필터링을 하는 알고리즘의 오픈소스 기계학습 라이브러리이다.

하둡

하둡(hadoop)은 대량의 분산된 비정형 데이터를 처리하고 저장하며 분석하기 위한 오픈소스 프레임워크이다. 원래 야후의 더그 커팅이 개발하였으며 하둡은 웹을 찾아보기화하기 위해 2000년대 초에 구글에서 개발된 사용자 정의 함수인 맵리듀스에서 영감을 받았다. 하둡은 여러 노드에 걸쳐 병렬로 분산되어 있는 페타바이트와 엑사바이트급의 데이터를 다루기 위해 설계되었다.

하둡 클러스터는 저렴한 커머디티 하드웨어에서 작동하므로 은행을 털지 않고서도 프로젝트를 스케일 아웃(scale out)할 수 있다. 하둡은 지금은 아파치 소프트웨어 재단의 프로젝트이며, 여기서는 수백 명의 참여자가 지속적으로 핵심기술을 개선하고 있다.

하둡은 어떻게 작동하는가?

하둡은 큰 데이터 덩어리를 하나의 기계에 집어넣기보다는 기본적으로 빅데이터를 여러 부분으로 나누고 나누어진 모든 부분들을 동시에 처리하고 분석한다. 클라이언트는 로그파일이나 사회매체 피드, 내부 데이터 소스 등 여러 소스로부터 비정형이며 반정형인 데이터에 접근한다. 데이터를 부분으로 쪼개어 나누고 이들을 커머디티 하드웨어에서 작동하는 여러 노드로 구성된 파일 시스템에 로드한다. 하둡에서의 디폴트 파일 저장은 하둡 분산형 파일 시스템(hadoop distributed file system, HDFS)이 한다. HDFS와 같은 파일 시스템은 데이터가 관계형 행과 열로 정리되어 있지 않아도 되므로 대용량의 비정형 및 반정형 데이터를 저장하는 데에 적절하다. 각 부분들은 여러 번 복제되어 파일 시스템으로 로드되어서 만약 한 노드가 고장이 나도 그 노드가 가지고 있던 데이터의 복사본을 다른 노드에서 가지고 있도록 했다. 이름노드가 촉진자의 역할을 하는데, 어느 노드가 가용한가, 클러스터 내에 어떤 데이터가 어디에 있는가, 어느 노드가 고장났는가 등의 클라이언트 정보를 교환해준다.

일단 데이터가 클러스터에 로드되면 맵리듀스 프레임워크를 통해 분석할 준비가 된다. 클라이언트는 작업 추적자라고 하는 클러스터 내의 노드 중 한 곳에 길찾기 작업—대개는 자바(Java)로 작성된 질의—을 제출한다. 작업 추적자는 이름노드를 참조하여 작업을 수행하기 위해 어느 데이터에 접근해야 하는지, 그 데이터가 클러스터 내의 어디에 있는지를 알아낸다. 이것이 정해지고 나면 작업 추적자는 해당 노드로 질의를 보낸다. 모든 데이터를 중앙위치로 돌려보내서 처리하기보다는 각 노드에서 동시에 병렬적으로 처리한다. 이것이 하둡의 근본적인 특징이다.

각 노드가 주어진 작업을 마치면 결과를 저장한다. 클라이언트는 작업 추적자를 통해서 리듀스 작업을 개시하는데, 여기서 개별 노드에 국지적으로 저장되었던 길찾기 단계의 결과를 통합해서 원래의 질의에 대한 '대답'을 결정하고 클러스터에 있는 다른 노드로 로드한다. 클라이언트는 이들 결과에 접근하는데, 이들은 여러 분석환경 중 하나로 로드되어서 분석에 들어간다. 맵리듀스 단계는 이로써 완성된다.

맵리듀스 단계 후에 처리된 데이터는 진보된 데이터 애널리틱스 기술들에 의해 데이터과학자 등이 더 분석을 한다. 데이터과학자들은 숨겨진 통찰과 패턴을 찾거나 사용자 대면 분석 응용을 만드는 등 다양한 용도를 위해 데이터를 손질하고 분석한다. 데이터는 하둡 클러스터로부터 기존의 관계형 데이터베이스, 데이터 웨어하우스, 기타 전통적인 IT 시스템 등으로 보내지고 더 깊은 분석이나 거래처리 등을 지원하게 된다.

하둡의 기술적 요소들

하둡 '모음(stack)'은 다음을 포함하여 여러 개의 요소들로 구성된다.

- **하둡 분산형 파일 시스템**(HDFS) : 이것은 주어진 하둡 클러스터에서의 디폴트 저장층이다.
- **이름노드**(name node) : 클러스터 내에서 특정 데이터가 어디에 저장되었는가와 어떤 노드가 고장났는지에 대한 정보를 클라이언트에게 제공하는 노드이다.
- **작업 추적자**(job tracker) : 맵리듀스 작업이나 데이터 처리를 개시하고 조율하는 하둡 클러스터 내의 노드이다.
- **2차노드**(secondary node) : 이름노드의 백업노드로, 2차노드는 이름노드로부터 주기적으로 데이터를 복제해서 저장하여 이름노드가 고장날 경우를 대비한다.
- **종노드**(slave node) : 하둡 클러스터의 수족과 같은 노드로, 종노드는 데이터를 저장하고 작업 추적자로부터 처리할 방향을 얻는다.

추가로, 하둡 에코 시스템은 몇 개의 보조적인 하부 프로젝트로 구성된다. 카산드라(Cassandra)와 HBase와 같은 NoSQL 데이터 저장을 사용하여 하둡에서 맵리듀스의 결과를 저장한다. 자바와 더불어 몇 가지 맵리듀스 작업과 다른 하둡기능들은 하둡을 위해 특별히 고안된 오픈소스 언어 피그(Pig)로 작성한다. 하이브(Hive)는 원래 하둡 내에서 분석적 모형화가 가능하도록 페이스북에 의해 개발된 오픈소스 데이터 웨어하우스이다. 하둡 관련 다양한 프로젝트와 이를 지원하는 도구ㆍ플랫폼들을 샤르다 등(Sharda et al., 2014)에서 볼 수 있다.

하둡에 대한 찬반의견

하둡의 주요 장점은 이것이 기업으로 하여금 예전에는 접근할 수 없었던 대량의 비정형과 반정형 데이터를 비용 및 시간 효율적으로 처리하고 분석하게 해준다는 점이다. 하둡 클러스터는 페타바이트, 심지어는 엑사바이트의 데이터급으로도 규모를 높일 수 있어서 기업은 더 이상 표본 데이터에 의존할 필요 없이 해당되는 전체 데이터를 처리하고 분석할 수 있다. 데이터과학자는 이전에 알려지지 않았던 패턴이나 의미를 밝히기 위해 질의를 지속적으로 수정하고 시험하는 반복적인 접근을 할 수 있다. 또한 하둡으로 시작하면 비용이 많이 들지 않는다. 개발자들은 아파치 하둡 배포판을 무료로 다운받을 수 있고 하루도 안 되어 하둡으로 실험을 시작할 수 있다.

반면에 하둡과 그의 수많은 구성요소들의 단점은 이것들이 아직 미숙하고 개발진행 중이라는 점이다. 다른 초기의 기술들과 마찬가지로 하둡 클러스터를 실행하고 운영해서 대용량의 비정형 데이터에 고급의 애널리틱스를 수행하기에는 많은 전문가와 숙련기술, 훈련이 필요하다. 불행히도 지금은 하둡 개발자와 데이터과학자들이 부족하며, 따라서 많은 기업들이 복잡한 하둡 클러스터를 유지하고 활용하기가 실용적이지 않다. 게다가 하둡의 수많은 구성요소들은 커뮤니티에 의해 개선되기 때문에, 새로운 요소들이 만들어짐에 따라(미숙한 오픈소스 기술·접근법이 그러하듯이) 기술이 여러 개의 호환 불가능한 버전으로 분리되는 포킹(forking)의 위험이 있다. 마지막으로, 하둡은 배치 지향이기 때문에 실시간 데이터 처리나 분석은 지원하지 않는다.

그래도 좋은 점은 IT에서 많은 훌륭한 사람들이 아파치 하둡 프로젝트에 기여를 하고 있으며 새로운 세대의 하둡 개발자들과 데이터과학자들이 등장하고 있다는 점이다. 기술은 빠르게 진보하고 있으며 보다 강력해지고 실행 및 관리가 쉬워지고 있다. 클라우데라와 호손워크스와 같은 하둡 중심의 벤처기업들과 IBM, 마이크로소프트와 같은 잘 갖추어진 IT 중견기업 등 벤더들의 에코 시스템이 기술을 실용적인 현실로서 채택하고 운영할 수 있도록 상용 또는 기업용 하둡 배포판, 도구, 서비스들을 기업들에게 공급하기 위해 노력하고 있다. 기타 최첨단의 벤처기업들이 하둡과 결합하여 실시간에 가까운 통찰력을 줄 수 있는 완벽한 NoSQL[SQL만이 아님(not just SQL)을 나타냄] 데이터 저장을 위해 힘쓰고 있다.

하둡에 대한 이해를 돕는 몇 가지 사실들

하둡, 맵리듀스, 하이브와 같은 기술들은 이제 5년 정도 되었는데 많은 사람들이 아직도 이들에 대해 잘못된 인식을 가지고 있다. 다음 10가지 사실들은 하둡이 무엇이고 BI에 대해서 무엇을 할 수 있는지, 그리고 어떤 비즈니스와 기술상황에서 하둡 기반의 BI, 데이터 웨어하우징, 애널리틱스가 유용한지 명확히 하고자 한다(Russom, 2013).

- **사실 1: 하둡은 여러 제품들로 구성되어 있다.** 우리는 하둡이 마치 하나의 단품인 것처럼 이야기하지만, 사실은 아파치 소프트웨어 재단(ASF)이 관장하는 오픈소스 제품들과 기술들의 집합체이다. 몇 가지 하둡 제품들은 벤더 배포로도 얻을 수 있다. 보다 자세한 것은 다음에 나온다.

  아파치 하둡 라이브러리에는(BI 우선순위 순서로) 하둡 분산 파일 시스템, 맵리듀스, 하이브, HBase, 피그, Zookeeper, Flume, Sqoop, Oozie, Hue 등이 포함되어 있다. 이들을 다양한 방법으로 결합할 수 있지만 HDFS와 맵리듀스(아마도 HBase, 하이브와 함께)가 BI, DW, 애널리틱스에서 쓸모 있는 기술모음일 것이다.

- **사실 2: 하둡은 오픈소스이지만 벤더로부터도 얻을 수 있다.** 아파치 하둡의 오픈소스 소프트웨어 라이브러리는 www.apache.org에서 ASF로부터 얻을 수 있다. 보다 기업친화적인 패키지를 원하는 사용자에게 몇몇 벤더는 추가적인 운영자 도구와 기술지원을 포함하는 하둡 배

포본을 제공하고 있다.

- **사실 3 : 하둡은 에코 시스템이며 단품이 아니다.** 아파치로부터의 제품 뿐만 아니라 확장된 하둡 에코 시스템에는 하둡기술과 통합하거나 확장하는 벤더 제품들의 수가 늘고 있다. 검색엔진을 1분만 돌려보면 이를 발견할 것이다.

- **사실 4 : HDFS는 파일 시스템이며 DBMS가 아니다.** 하둡은 일차적으로 분산형 파일 시스템이며 데이터의 찾아보기화나 랜덤 접근, SQL 지원 등과 같은 DBMS와 관련된 능력은 부족하다. 하지만 HDFS는 DBMS가 못하는 것들을 할 수 있으므로 이 정도는 괜찮다.

- **사실 5 : 하이브는 SQL과 유사하지만 표준 SQL은 아니다.** 우리 중 많은 사람들이 이미 잘 알고 있다는 이유로 SQL에 집착하고 있다. SQL을 아는 사람들은 손으로 코딩한 하이브를 빠르게 배우지만 SQL 기반의 도구들과의 호환성 문제를 해결하지 못한다. 데이터 웨어하우스 연구소는 이를 인지하고 하둡 제품들이 표준 SQL을 지원할 수 있도록 준비 중이며, 따라서 이 문제는 조만간 해결될 것이다.

- **사실 6 : 하둡과 맵리듀스는 관련이 있지만 서로를 필요로 하지 않는다.** 구글에서 개발자들은 HDFS가 존재하기 이전에 맵리듀스를 개발했으며, 몇몇 맵리듀스 변형들이 HDFS와 다른 파일 시스템, 일부 DBMS 등을 포함한 다양한 저장기술들로도 작동한다.

- **사실 7 : 맵리듀스는 애널리틱스에 대한 제어를 하며, 애널리틱스 그 자체는 아니다.** 맵리듀스는 네트워크 통신 및 병렬 프로그래밍의 복잡성과 손으로 코딩할 수 있는 모든 종류의 응용에 대한 허용고장을 다루는 다목적의 실행 엔진이다.

- **사실 8 : 하둡은 데이터 다양성에 대한 것이며 데이터 양에 대한 것이 아니다.** 이론적으로 HDFS는 데이터를 파일에 넣고 이 파일을 HDFS 안으로 복사할 수 있는 한 모든 데이터 형태의 저장과 접근을 관리할

수 있다. 너무나도 터무니없이 간단하다고 생각되겠지만 이는 엄연한 사실이며, 많은 사용자들이 아파치 HDFS로 몰리는 바로 그 이유이기도 하다.

- **사실 9**: **하둡은 DW를 보완하며, 대체품이 아니다.** 대부분의 조직이 정형이며 관계형 데이터를 위한 자신들의 DW를 설계하는데, 이로써 비정형 및 반정형 데이터로부터 BI 가치로 선회하는 것이 어려워진다. 하둡은 대부분의 DW가 다루지 못하는 다양한 형태의 데이터를 다룸으로써 DW를 보완해준다.

- **사실 10**: **하둡은 그저 웹 애널리틱스만이 아니라 많은 형태의 애널리틱스를 가능하게 한다.** 하둡은 인터넷 기업들이 웹로그와 다른 웹데이터를 분석할 때 많이 사용하지만 다른 사용 사례도 있다. 예를 들어, 제조에서 로보틱스, 소매점에서의 RFID, 전력회사의 그리드 감시 등의 센서장치로부터 오는 빅데이터를 고려하자. 고객 기반 분할, 사기탐지, 위험분석 등과 같은 큰 데이터 표본을 필요로 하는 전통적인 애널리틱스 응용 분야에서는 하둡에 의해 운영되는 빅데이터의 혜택을 누릴 수 있다. 마찬가지로 하둡에 의해 360도 경치를 확장하여 보다 완전하고 자세한 경치를 만들 수 있다.

NoSQL

NoSQL(not only SQL을 나타냄)은 데이터베이스 관련 새로운 스타일로, 하둡처럼 대용량의 다양한 구조의 데이터를 처리한다. 하지만 하둡이 대규모 배치 형태의 분석을 지원하는 데에 익숙한 데 비해 NoSQL 데이터베이스는 대부분의 경우(몇 가지 중요한 예외가 있지만) 대용량이면서 다양한 구조를 가지는 이산형 데이터를 최종 사용자 또는 자동화된 빅데이터 응용프로그램에 지원하는 것을 목표로 하고 있다. 이 같은 능력은 빅데이터 규모에서 필요한 성능의 수준을 갖지 못했던 관계형 데이터베이스 기술에서는 없는 것이다.

어떤 경우에는 NoSQL과 하둡이 연결되어 작동하기도 한다. 예를 들면, HBase는 하둡에서 짧은 지연시간(low-latency) 및 빠른 검색(lookup) 기능을 제공하기 위해 HDFS의 맨 위에 적용되는 구글의 빅테이블을 본떠서 만든, 잘 알려진 NoSQL 데이터베이스이다. 대부분 NoSQL 데이터베이스의 단점은 성능과 규모 확장성을 위해 ACID[원소성, 일관성, 분리성, 지속성(consistency, isolation, durability)]의 준수를 희생하였다는 점이다. 또한 원숙한 운영능력과 감시 도구도 부족하다. 이와 같은 단점은 오픈소스 NoSQL 커뮤니티와 다양한 NoSQL 데이터베이스를 상용화하려는 일부 벤더들에 의해 극복되는 과정에 있다. NoSQL 데이터베이스로는 현재 HBase, 카산드라, 몽고DB, Accumulo, Riak, CouchDB, DynamoDB 등이 있다.

데이터과학자

데이터과학자는 빅데이터나 데이터과학과 자주 연관되는 직분 또는 직업이다. 매우 짧은 기간임에도 불구하고 시장에서 가장 인기 있는 직분이 되었다. 하바드 비즈니스 리뷰의 2012년 10월호에 실린 한 기사에서 토마스 데븐포트와 파틸은 데이터과학자를 "21세기에 가장 매력적인 직업"이라고 했다. 이 기사에서 그들은 데이터과학자의 가장 기본적이고 범용적인 기술은(최신의 빅데이터 언어와 플랫폼으로) 코딩하는 능력이라고 지정하였다. 이는 조만간 명함에 데이터과학자라고 쓰는 사람들이 점점 더 많아질 것이므로 더 이상 적절치 않은 옛날이야기가 되겠지만, 지금으로서는 데이터과학자로서 필요한 가장 기본적인 기술인 듯하다. 데이터과학자에게는 모든 주주들이 이해할 수 있는 언어로 의사소통할 수 있는 ― 말로든 시각적으로든 또는 이상적으로는 둘 다의 방법으로 데이터와 관련된 이야기를 할 수 있는ㅡ특별한 능력을 보여주는 것이 보다 더 오래 지속될 기술일 것이다(Davenport and Patil, 2012).

데이터과학자는 비즈니스 및 기술을 결합하여 현재의 비즈니스 애널리틱스 실행(서술적인 것으로부터 예측적이고 규범적인 것에 이르기까지)을 개선해서 새로운 비즈니스 기회를 추구하고 의사결정을 위해 빅데이터를 탐구한다. 데이터과학자와ㅡ비즈니스 분석가와 같은ㅡ비즈니스 인텔리전스 사용자 간의 가장 큰 차이점은 데이터과학자는 새로운 가능성을 탐구하고 찾는 반면 BI 사용자는 기존의 비즈니스 상황과 운영에 대해 분석한다는 것이다.

데이터과학자의 가장 두드러진 특징은 강렬한 호기심ㅡ즉, 문제의 이면을 파고 들어가서 핵심에서 질문들을 찾아내며, 이 질문들을 정제해서 검증가능한 매우 명확한 가설들을 뽑아내고자 하는 바람ㅡ이다. 이는 종종 어떤 분야에서든 가장 창조적인 과학자를 특징짓는 연상적 사고를 수반한다. 예를 들면, 사기문제를 연구하는 데이터과학자가 이 문제가 DNA 서열문제의 한 형태와 비슷하다는 것을 깨달을 수 있다(Davenport and Patil, 2012). 이 서로 떨어져 있던 두 세계를 한데 모음으로써 그와 그의 팀은 사기피해를 극적으로 줄일 수 있는 정교한 해결책을 찾을 수 있었다.

데이터과학자는 어디에서 오는가?

과학이라는 말을 쓰는 것에 동의하지 않는 사람도 아직 있지만 데이터과학은 이제 그 논란이 점차 줄어들고 있다. 진정한 과학자는 지식을 확장하기 위해 다른 과학자들이 만든 도구를 사용하거나, 그런 것이 없으면 직접 만든다. 데이터과학자들이 바로 이렇게 한다. 예를 들어, 실험물리학자들은 지식을 발견하고 그 결과들을 보고하기 위해 장치를 설계하고 데이터를 수집하며 여러 차례의 실험을 수행한다. 하얀 가운을 입지도 않고 황량한 실험실 환경에서 살고 있지는 않지만, 데이터과학자는 데이터를 행동가능한 정보로 바꾸어서 다른 사람들이 더 나은 의사결정을 내릴 수 있도록 창조적인 도구와 기법을 사용한다는 점에서는 실험물리학자와 유사한 역할을 한다.

데이터과학자들이 어떤 교육배경을 가져야 하는지에 대해서도 일치된 의견은 없다. 컴퓨터과학, MIS, 산업공학 또는 최근의 애널리틱스의 석사 또는 박사학위가 필요할 수도 있으나 데이터과학자라고 부르기에는 충분하지 않다. 데이터과학자로서 가장 인기 있는 특징 중 하나는 기술 및 비즈니스 응용 등 두 영역 모두에서의 전문성이다. 이 점에서 기술사(professional engineer, PE)나 프로젝트관리전문가(project management professional, PMP)와 그 역할이 비슷한데, 기술 능력과 교육배경만큼이나 현장경험이 중요하다. 향후 몇 년이 지나지 않아 데이터과학자 관련 자격증을 보더라도 크게 놀랄 일이 아니다.

데이터과학자라는 직업은 아직도 그 정의가 확립되지 않았고, 실제로 데이터과학자가 활동할 현장의 많은 부분들이 아직 실험 중이며 표준화되어 있지 않아서 기업에서는 데이터과학자의 경험 차원에 대해 민감하다. 하지만 직업이 정착되고 실천내용이 표준화되면 데이터과학자의 정의에서 경험은 덜 중요해질 것이다. 오늘날 기업들은 복잡한 데이터를 다룬 광범위한 경험이 있는 사람을 찾고 있으며 그중에서도 물리학 또는 사회과학의 교육이나 직업배경을 함께 가진 사람이면 더욱 좋다. 최고로 영리한 데이터과학자들 가운데 일부는 생태학과 체계생물학과 같이 극소수 분야의 박사학위 소지자였다(Davenport and Patil, 2012). 데이터과학자가 어디에 있는지에 대해 일치된 견해는 없지만 어떤 기술과 자질을 가질 것인가에 대한 공통된 의견들은 있다. 그림 7.4는 데이터과학자가 필요로 하는 기술들을 그래프로 도식화한 것이다.

데이터과학자는 창의성, 호기심, 의사소통·대인관계, 영역전문성, 문

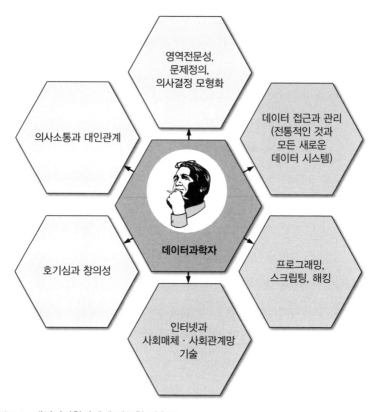

그림 7.4 데이터과학자에게 필요한 기술들

제정의, 관리기술 등과 같은 소프트 기술을 가져야 한다(그림 7.4의 왼쪽). 또한 데이터 다루기, 프로그래밍·해킹·스크립팅, 인터넷과 사회매체·사회관계망 기술 등과 같은 단단한 기술력도 필요하다(그림의 오른쪽).

빅데이터와 스트림 애널리틱스

양과 다양성과 더불어 이 장의 앞에서 보았듯이 빅데이터를 정의하는 핵심 특징 중 하나가 속도이며 이는 데이터가 만들어지고 애널리틱스 환경 속으로 흘러 들어가는 속도를 말한다. 조직들은 고객을 즐겁게 하고 경쟁

우의를 점하기 위해 문제들과 기회들에 빠르고 정확하게 반응하도록 스트리밍 데이터가 들어오는 대로 처리하는 새로운 방법을 찾고 있다. 데이터가 빠르고 연속적으로 흐르는 상황에서 이전에 축적된 데이터(즉, 붙잡혀 있는 데이터)를 사용하는 기존의 애널리틱스 방법은 지금의 상황과는 너무나도 동떨어진 데이터를 사용하기 때문에 잘못된 의사결정을 하거나, 아니면 올바른 결정을 하더라도 너무 늦어져 비즈니스에 아무런 도움이 되지 못한다. 따라서 수많은 비즈니스 상황에서 데이터가 만들어지자마자 또는 애널리틱스 시스템에 흘러 들어오자마자 곧바로 분석하는 것이 매우 중요하다.

거의 대부분의 현대 비즈니스에 있어서 모든 데이터들은 지금 즉시 또는 가까운 미래에 사용되어야 가치 있는 정보를 포함하고 있을 수 있으므로 모두 다 기록해두는 것이 중요하다. 하지만 데이터 소스의 수가 늘어나면서 모든 것을 다 저장하는 방식은 점점 더 실천하기 어려워지고 어떤 경우에는 불가능하기조차 하다. 사실, 기술진보에도 불구하고 현재의 총저장용량은 전 세계에서 생성되고 있는 디지털 정보들에 훨씬 못 미친다. 게다가 지속적으로 변화하는 비즈니스 환경에서 새 환경에 더 잘 맞는 방향을 찾기 위해 데이터에서 의미 있는 변화를 복잡한 패턴변동과 함께 실시간으로 탐지해야만 한다. 이는 스트림 애널리틱스(stream analytics)라고 하는 패러다임의 주된 계기가 되고 있다. 스트림 애널리틱스 패러다임은 추후에 분석할 목적으로 영구적으로 저장하는 것이 불가능한 데이터의 끊임없는 흐름과, 발생되자마자 적시에 효과적인 방법으로 탐지해내서 대응해야 하는 복잡한 패턴변화 등과 같은 과제를 해결하기 위해 생겨났다.

스트림 애널리틱스[움직이는 데이터 애널리틱스(data-in-motion analytics), 실시간 데이터 애널리틱스라고도 부름]는 연속적인 스트리밍 데이터로부터 실행가능한 정보를 추출하는 분석적 처리를 목표로 한다. 스트림이란 데이터 요소들의 연속적인 순차라고 정의할 수 있다(Zikopoulos et al., 2013). 스트림에서 데이터 요소는 튜플(tuple)이라고 부른다. 관계형 데이터베이스 측면에서 튜플은 데이터의 행(즉, 레코드, 객체 또는 사례)과 유사하다. 하지만 반정형 또는 비정형 데이터 측면에서의 튜플은 데이터 묶음을 대표하는 초록과도 같으며 어떤 주어진 객체의 속성집합으로 특징지을 수 있다. 튜플 자체로 분석을 위한 충분한 정보력이 없다면 튜플 간의 상관관계나 기타 집합적 관계가 필요하며 여러 튜플의 집합을 포함하는 데이터 창(window)이 사용된다. 데이터 창은 유한개의 튜플이며, 창은 새 데이터가 들어오면 연속으로 업데이트된다. 창의 크기는 분석하는 시스템에 따라 정해진다. 스트림 애널리틱스는 다음 두 가지에 의해 그 인기가 높아지고 있다. 첫째, 동작시간이 감소하고 있으며, 둘째, 데이터가 만들어지는 동안에 그것을 획득하고 처리할 수 있는 기술적인 수단을 가지고 있다.

　스트림 애널리틱스가 응용되는 분야는 에너지산업, 구체적으로는 스마트 그리드(전력공급체인) 시스템이다. 새로운 스마트 그리드는 실제 고객의 니즈를 충족할 최적의 전력배분을 결정하기 위해 복수의 데이터 스트림의 실시간 생성과 처리뿐만 아니라 예상치 못한 수요와 재생가능한 에너지 발생의 최고점을 파악하기 위해 비교적 정확한 단기예측을 해줄 수 있다.

　그림 7.5에서는 에너지산업(전형적인 스마트 그리드 응용)에서 스트리밍 애널리틱스를 위한 일반적 활용 사례를 도식화하였다. 목표는 스마트 계측기, 생산 시스템 센서들, 기상학 모형들로부터 나오는 스트리밍 데이터를 사용함으로써 전기수요와 생산을 실시간으로 정확히 예측하는 것이다. 단기적으로는 미래 소비와 생산 추세를 예측하고 실시간으로 이상징후를 발견하는 능력을 사용하여 공급 결정을 최적화하고(이를테면 얼마나 생산하는가, 어떤 생산소스를 사용하는가, 생산능력을 어떻게 최적화

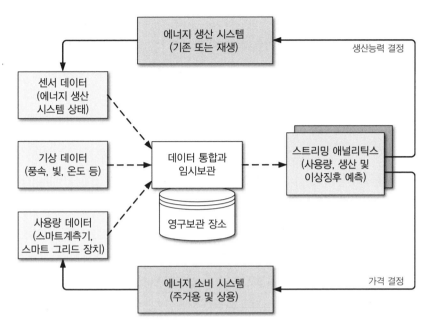

그림 7.5 에너지산업에서 스트리밍 애널리틱스의 활용 사례

하는가), 이와 함께 스마트 계측기를 조절하여 소비를 규제하고 바람직한 에너지 가격을 결정한다.

데이터 스트림 마이닝

데이터 스트림 마이닝은 스트림 애널리틱스를 가능케 하는 기술로, 연속적이고 빠른 데이터 레코드들로부터 새로운 패턴과 지식구조를 추출하는 과정이다. 이 책에서 보았듯이, 기존의 데이터마이닝 방법들은 데이터를 적절한 파일 형식으로 수집하고 정리한 뒤 내재되어 있는 패턴을 학습하기 위해 반복적인 방식으로 처리해야 한다. 반면에 많은 데이터 스트림 마이닝에서 데이터 스트림은 한정된 컴퓨팅 및 저장능력하에서 단 한 번 또는 적은 횟수로만 읽거나 처리할 수 있는 사례들이 순서적 순차 형태로 연속적으로 오는 흐름이다. 데이터 스트림의 예로는 센서 데이터, 컴퓨터 네트워크상의 트래픽, 전화대화, ATM 거래, 웹 탐색, 재무 데이터 등이다. 데이터 스트림 마이닝은 데이터마이닝, 기계학습, 지식발견 등의 일부 분야라고 볼 수 있다.

많은 데이터 스트림 마이닝 응용은 데이터 스트림의 이전 사례들로부터 부류나 값에 대해 어떤 지식이 주어져 있을 때, 새로운 데이터 스트림 사례들의 부류나 값을 예측한다. 기존의 기계학습 기법들을 변형한 전문화된 기법들을 이용해 자동화 방식으로 라벨이 있는 예들로부터 학습한다. 이 같은 예측법의 한 예가 델렌과 그의 동료들(Delen et al., 2005)에 의해 개발되었는데, 데이터의 일부를 한번에 조금씩 사용하여 점진적으로 의사결정나무를 만들어나가고 고쳐가는 방식이다.

응용 예 | # 선거운동을 위한 빅데이터

빅데이터와 애널리틱스를 사용함으로써 큰 변화를 이끌어낼 수 있는 응용 분야 중 하나가 정치 분야이다. 최근 대통령 선거로부터의 경험이 빅데이터와 애널리틱스의 힘을 보여주고 있는데(현대의 풀뿌리운동의 형태로), 수백만 명의 자원봉사자들을 모집하거나 수억 달러의 선거운동자금을 모금하는 데에 그치지 않고 잠재적인 유권자들을 최적으로 조직화하고 움직여서 대량으로 투표장으로 나오게 해서 투표하게끔 한다. 2008년과 2012년 미국 대통령 선거에서는 대선 승리의 가능성을 높이기 위해 빅데이터와 애널리틱스를 창의적으로 사용함으로써 정치영역에서 신기원을 이루었다. 그림 7.6은 광범위한 데이터를 선거 승리를 위한 중요 재료로 바꾸는 분석과정을 도식화해서 보이고 있다.

그림 7.6에서 보는 바와 같이 데이터는 정보의 소스이다. 더 풍부하고 더 깊을수록 통찰은 더 훌륭하고 더 적절하다. 빅데이터의 주요 특징 — 양, 다양성, 속도(3개의 V) — 은 선거운동을 위해 사용되는 데이터 등에 아주 잘 들어맞는다. 정형 데이터뿐만 아니라 (이를테면 이전 선거운동에서의 세부적인 기록들, 인구통계 데이터, 시장조사 및 여론조사 데이터) 방대한 양과 진정성을 가진 사회매체(트위터의 트윗, 페이스북의 담벼락 게시글, 블로그 게시물), 웹데이터(웹페이지, 뉴스기사, 뉴스집단) 등은 유권자들에 대해 더

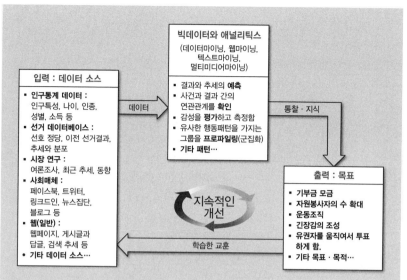

그림 7.6 선거운동을 위한 빅데이터와 애널리틱스의 활용

많은 것을 알게 해주며 이로써 그들을 움직이거나 변화시킬 수 있는 더 깊은 통찰력을 얻게 한다. 종종 개개인의 검색 혹은 브라우징들도 고객(정치분석가)들이 획득하여 이들 데이터를 사용해서 더 나은 통찰과 행동 표적화를 할 수 있다. 제대로 될 경우 빅데이터와 애널리틱스는 이전보다 더 좋은 선거운동을 할 수 있는 소중한 정보들을 제공할 수 있다.

 선거결과의 예측을 보면 잠재적인 유권자와 기부자의 표적화에 이르기까지 빅데이터와 애널리틱스는 현대의 선거운동에 기여하는 바가 많다. 사실, 이것은 대통령 선거의 운동 방식을 바꾸었다. 2008년과 2012년 대통령 선거에서 공화당과 민주당은 보다 효과적이며 효율적인 운동을 위해 사회매체와 데이터 구동의 애널리틱스를 채택하였지만, 많은 사람들이 동의하듯이 민주당이 명백히 경쟁 이득을 보았다(Issenberg, 2012). 오바마의 2012년 데이터 및 애널리틱스에 의한 작전이 그 예고편이었던 2008년 과정에서보다 훨씬 더 정교하고 효율적이었는데, 주로 사회매체가 그 동력의 중심이었다. 2012년 선거운동에서는 수백 명의 분석가들이 매우 크고 다양한 데이터 소스에 애널리틱스를 적용하여 누구를, 무슨 이유로, 어떤 메시지를 가지고 공략할 것인가를 정확히 — 지속적으로 집어냈다. 2008년과 비교해볼 때 더 많은 전문가와 하드웨어, 소프트웨어, 데이터(예를 들어, 페이스북과 트위터는 2008년에서보다 2012년에 훨씬 더 많았다), 그리고 계산 자원들을 가졌고 이전에 달성했던 것을 넘어섰다(Shen, 2013). 2012년 선거 이전에 **폴리티코**(Politico)지의 기자는 오바마가 데이터 이득을 보았다고 주장했으며, 계속해서 정치적 및 인구통계학적 데이터마이닝에서부터 유권자 구분 및 행태분석에 이르기까지 선거운동의 디지털 작전의 깊이와 폭에 있어서 이전 정치의 모든 것을 넘어섰다고 했다(Romano, 2012).

쉔(Shen, 2013)에 따르면, 2012년 선거의 진정한 승자는 애널리틱스이다. 대개 육감과 경험에 의존하는 정치전문가라는 사람들을 포함해서 대부분의 사람들은 2012년 대선은 박빙승부일 것이라고 생각했지만, 많은 분석가들은 데이터에 의한 분석 모형을 바탕으로 99%에 가까운 확신을 가지고 오바마가 쉽게 이길 것이라고 예측했다. 예를 들어, 뉴욕타임즈에서 발행하는 유명한 정치 블로그인 파이브써티에잇(FiveThirtyEight)의 네이트 실버는 오바마가 이길 뿐만 아니라 얼마의 표차가 날 것인지도 정확히 예측했다. 스탠포드 대학교의 사이먼 잭만 정치과학 교수는 오바마가 332표로 이길 것이며, 2008년 오바마가 이겼던 주 중에서 노스캐롤라이나 주와 인디애나 주가 경쟁자 롬니에게 패할 유일한 두 주라고 정확히 예측했다.

요약하면, 빅데이터와 애널리틱스는 선거운동에서 매우 중요한 부분이 되었다. 정당 간에 활용 및 전문성의 간격은 사라지겠지만, 분석적 능력의 중요성은 가까운 장래에도 계속될 것이다.

출처 : G. Shen의 "Big Data, Analytics and Elections," *INFORMS* Analytics Magazine, 2013년 1-2월호; L. Romano의 "Obama's Data Advantage," Politico, 2012년 6월 9일자; M. Scherer의 "Inside the Secret World of the Data Crunchers Who Helped Obama Win," Time, 2012년 11월 7일자; S. Issenberg의 "Obama Does It Better," ("Victory Lab : The New Science of Winning Campaigns"에서), Slate, 2012년 10월 29일자.; D. A. Samuelson의 "Analytics : Key to Obama's Victory," ORMS Today, 2013년 2월호, pp. 20-24에서 정리함.

참고문헌

Davenport, T. H., & D. J. Patil. (2012, October). "Data Scientist." *Harvard Business Review*, pp. 70-76.

Dean, J., & S. Ghemawat. (2004). *MapReduce: Simplified Data Processing on Large Clusters*. http://research.google.com/archive/mapreduce.html (accessed May 2014).

Delen, D., M. Kletke, & J. Kim. (2005). "A Scalable Classification Algorithm for Very Large Datasets," *Journal of Information and Knowledge Management*, 4(2): 83-94.

Higginbotham, S. (2012). *As Data Gets Bigger, What Comes After a Yottabyte?* http://gigaom.com/2012/10/30/as-data-gets-bigger-what-comes-after-a-yottabyte (accessed June 2014).

Issenberg, S. (2012, October 29). "Obama Does It Better," *Slate*.

Kelly, L. (2012). *Big Data: Hadoop, Business Analytics and Beyond.* wikibon.org/wiki/v/Big_Data:_Hadoop,_Business_Analytics_and_Beyond (accessed June 2014).

Romano, L. (2012, June 9). "Obama's Data Advantage," *Politico.*

Russom, P. (2013). "Busting 10 Myths About Hadoop," *Best of Business Intelligence,* 10: 45-46.

Samuelson, D. A. (2013, February). "Analytics: Key to Obama's Victory," *ORMS Today,* pp. 20-24.

Sharda, R., D. Delen, & E. Turban. (2014). *Business Intelligence and Analytics: Systems for Decision Support.* New York: Prentice Hall.

Shen, G. (2013, January-February). "Big Data, Analytics and Elections," *INFORMS Analytics Magazine.*

Watson, H. (2012). "The Requirements for Being an Analytics-Based Organization," *Business Intelligence Journal,* 17(2): 42-44.

Watson, H., R. Sharda, & D. Schrader. (2012). "Big Data and How to Teach It," Workshop at AMCIS 2012, Seattle.

Zikopoulos, P., et al. (2013). *Harness the Power of Big Data.* New York: McGraw-Hill.

찾아보기

Dursun Delen

비즈니스 애널리틱스와 데이터마이닝 분야에서 국제적으로 유명한 전문가이다. 전국 및 국제적 학술대회에 종종 초대받아서 데이터·텍스트마이닝, 비즈니스 인텔리전스, 의사결정지원시스템, 비즈니스 애널리틱스, 지식경영에 관련된 주제에 대해 강연을 하고 있다.

그는 William S. Spears and Neal Patterson Endowed Chairs in Business Analytics 직책을 맡고 있고 Center for Health Systems Innovation에서 Director of Research이며, 오클라호마주립대학교 스피어스 경영학부의 경영과학과 정보시스템 교수이다.

그의 연구는 *Decision Sciences, Decision Support Systems, Communications of the ACM, Computers and Operations Research, Computers in Industry, Journal of Production Operations Management, Artificial Intelligence in Medicine, and Expert Systems with Applications* 등의 주요 학술지에 발표되었다.

그의 저서로는 *Advanced Data Mining Techniques* (Springer, 2008), *Decision Support and Business Intelligence Systems* (Prentice Hall, 2010), *Business Intelligence: A Managerial Approach* (Prentice Hall, 2010), *Practical Text Mining and Statistical Analysis for Non-structured Text Data Applications* (Elsevier, 2012), *Business Intelligence: A Managerial Perspective on Analytics*, 3rd edition (Prentice Hall, 2013), *Business Intelligence and Analytics: Systems for Decision Support*, 10th edition (Prentice Hall, 2014) 등이 있다.

허선

서울대학교에서 학사, 석사학위를 받았고 삼성전자 경영기획실과 삼성경제연구소 산업연구실에서 근무하였다. 1993년 미국 Texas A&M 대학교에서 산업공학 박사학위를 받았으며 현재 한양대학교 산업경영공학과 교수로 재직하고 있다. 주요 연구 분야는 데이터마이닝, 응용확률론, 대기행렬이론과 응용 등이다. 데이터과학입문(한빛미디어, 2014), 확률과정론(청문각, 1997)을 번역하였고 유비쿼터스 환경에서 물류정보의 적시성 확보(정석물류통상연구원, 2008), 공학의 마에스트로-산업공학(청문각, 2010)의 저서가 있으며 SCI급 국제저명학술지에 32편, 국내저명학술지에 37편의 논문을 게재하였다. 현재 대한산업공학회, 한국산업경영시스템학회, 한국SCM학회 종신회원이다.

신동민

한양대학교에서 학사, 포항공과대학교에서 석사학위를 받았고 현대자동차(주) 남양연구소에서 근무하였다. 2005년 미국 펜실베니아 주립대학교에서 산업공학 박사학위를 받았으며 현재 한양대학교 산업경영공학과 부교수로 재직하고 있다. 주요 연구 분야는 인간-기계 시스템, 생산-정보 시스템 등이다. BPR 실무교재(한국IT비즈니스진흥협회, 2010), 제조업의 서비스화 사례 연구-자동차 산업(서비스혁신 연구소, 2009), 섬유·의류 산업의 RFID 도입 가이드라인(한국전자거래협회, 2008), 유비쿼터스 환경에서 물류정보의 적시성 확보(정석물류통상연구원, 2008)의 저서가 있으며, SCI급 국제저명학술지에 20여 편, 국내저명학술지에 15여 편의 논문을 게재하였고, 국내학술대회에 28여 편, 국제학술대회에 40여 편의 학술논문을 발표하였다. 현재 대한산업공학회, 한국산업경영시스템학회, 전자거래학회 회원이다.